公司治理与国企改革研究丛书

主编 高明华

国有垄断企业改革与高管薪酬

Reform of China's State-Owned Monopoly Enterprises and Executive Compensation

杜雯翠 著

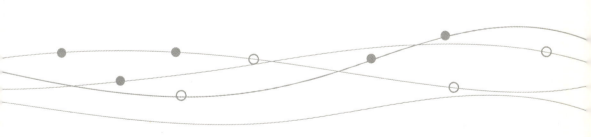

中国出版集团 东方出版中心

作者简介

杜雯翠，1983年生，吉林通化人，北京师范大学经济学博士，北京大学经济学院博士后，首都经济贸易大学经济学院讲师，研究方向为公司治理、产业经济学、环境经济学。主持一项国家社科基金青年项目及多项局级科研项目，参与多项国家社科基金项目、国家自然科学基金项目、教育部人文社会科学研究项目。先后在《中国环境科学与工程前沿》(*Frontiers of Environmental Science and Engineering in China*)、《当代亚洲经济研究》(*Contemporary Asian Economy Research*)、《中南大学学报》(*Journal of Central South University*)、《经济社会体制比较》、《中国软科学》、《中国人口·资源与环境》、《当代经济科学》等国内外核心期刊发表学术论文30余篇，合作出版著作两本，译著一本。

总 序

两年多前，我在自己的办公室接待了中国出版集团东方出版中心副总编辑祝新刚先生以及财经编辑部主任鲁培康先生。他们从上海赶来北京向我约稿，并向我介绍了中国出版集团努力发挥国家队的使命担当，围绕中心、服务大局，建设财经产品线的战略规划。近年来，由于国企改革渐成热点，公司治理广受关注，所以他们希望我发挥自己的学术专长和资源优势，为他们组织和主编一套丛书。我听了他们的想法和思路很受触动，所以一拍即合，当即就接受了他们的约稿。

20 世纪 90 年代初，我开始致力于企业理论与公司治理问题的研究。多年来有关公司治理理论和实践的探索和研究，使我深刻体会到中国公司治理行政化的积弊根深蒂固。2014 年，在国务院国资委职业经理人研究中心举办的"经理人大讲堂"上，我做了题为"公司治理与国企发展混合所有制"的演讲，演讲结束后，国务院国资委一位官员说，中国企业家需要进行公司治理 ABC 的普及工作。他说的没有错，也曾有多次，我给企业家做报告，企业家反馈的信息是：公司治理原来是这个样子，我们原来的理解很多都错了。可见，公司治理在中国确有普及之必要，更有研究之急需。

公司治理的本质属性是契约，它要求企业必须尊重每个利益主体的法律地位和独立人格，要在充分尊重每个利益主体意见的基础上提出企业发展的战略决策，同时要使企业的每个行为主体都能够为自己的行为独立承担责任，这是契约之应有之义。然而，现实中很多中国企业，拥有话语权的只是少数特权者，而且还不用为自己的行为承担独立责任。权力和责任的不对称是中国企业公司治理的通病，也是中国畸形政商关系形成的土壤。

有鉴于此,自2007年开始,我做了三件事情,试图为促进中国公司治理的规范化发展尽自己的绵薄之力:一是从高管薪酬、信息披露、财务治理、董事会治理、企业家能力、中小投资者权益保护等六个方面,研制中国公司治理分类指数。目前已出版六类14部指数报告,从而全方位、多角度地阐述了中国公司治理的现状,以图找出中国公司治理的病症所在;二是主编"治理译丛"。这套译丛出版了四本(原计划五本),均是国外著名出版社的最新公司治理著作,所选书目以学术著作为主,兼及实务性著作。我们力求通过这套译丛的出版,为中国企业的公司治理规范化提供资料和借鉴;三是出版《公司治理学》,试图能够为大学开设公司治理课程提供支持。目前,开设公司治理课程的大学越来越多,这表明,中国公司治理规范化的教材得到了越来越多高校认同。

我现在所做的是第四件事,也是以上工作的延续和深化,这就是策划和出版这套"公司治理与国企改革研究丛书"。这是我多年来的一个夙愿,希望通过出版这套丛书,把中国学者(尤其是青年学者)最前沿的公司治理和国企改革研究成果奉献给社会,一方面扶持公司治理研究中的青年才俊;另一方面则是把脉中国国企改革中的公司治理"病症",以利于探索和建立有中国特色的公司治理模式,因为这些研究成果均是以中国公司治理,特别是以国有企业的公司治理为研究对象的。

中国公司治理的不规范,尤其是政府介入公司治理的错位,导致中国滋生畸形的政商关系,而这种畸形的政商关系又是官商勾结和腐败的温床。改革开放以来,这种官商勾结已经达到触目惊心的程度。为什么存在如此严重的官商勾结?一个明显的且公认的原因是政府权力过大,且不受法律约束,造成公权可以随意介入和侵害私权,导致创租和寻租盛行,进而导致腐败。显然,杜绝官商勾结和腐败,必须从依法治企、压缩公权入手,而依法治企的实质是强化公司治理。

2013年11月,党的十八届三中全会通过的《中共中央关于全面深化改革若干重大问题的决定》明确提出,要"健全协调运转、有效制衡的公司法人治理结构。建立职业经理人制度,更好发挥企业家作用……建立长效激励约束机制",由此开启了中国企业尤其是国有企业公司治理制度改革和机制创新的新局面。2014 年 10 月,党的十八届四中全会通过的《中共中央关于全面推进依法治国若干重大问题的决定》提出"依法治国"的执政治国方针,从企业层面讲,这意味着企业改革和发展必须着眼于"依法治企",而"依法治企"的本质就是公司治理的制度化(尤其是法治化)和规范化。2015 年 9 月,中共中央、国务院发布《关于国有企业深化改革的指导意见》以及国务院《关于国有企业发展混合所有制的意见》,进一步强调,要"依法治企,健全公司法人治理结构。切实保护混合所有制企业各类出资人的产权权益"。无疑,国家已经把公司治理的规范化提到了国企改革的战略层面上。

本丛书即将付梓之时,正值党的十八届五中全会闭幕。五中全会报告再次强调:"发展是党执政兴国的第一要务",而且必须"运用法治思维和法治方式推动发展"。可以说,党的十八大及十八届三中、四中、五中全会,为我国国企改革的不断推进和公司治理的深入发展奠定了理论基础。就此机会,着眼当前的国企改革与公司治理现状,我谈几个具体问题。

一、政府直接介入导致公司治理行政化

公司治理是通过建立一套制度安排(尤其是法律制度安排)或制衡机制,以契约方式来解决若干在公司中有重大利益关系的主体之间的关系,其实质是各利益相关者之间的权利安排和利益分配问题。换言之,公司治理是制度范畴,尤其是法律范畴,从这个角度,政府公权力(行政权力)是不能介入公司治理的。但是,政府作为制度尤其是法律的制定者,又是可以介入公司治理的。此时,政府是作为财产保护者而存在的,即政府要为企业发展提供规范、秩序和公平,其相应的收益是税收。对于国有企业,政府还作为国有财产所有者的代表而介入公司治理。此时,政府是作为投资者(国有股东)而存在,它要通过监督(法律监督和经济监督)获取最大化投资收益。但是,不管政府是作为法律的制定者,还是作为国有企业财产的所有者(代表),政府的行为都限定在公司治理制度的框架内,而不是以自己掌握的行政权力介入。

然而,政府介入公司治理的方式却经常错位。现实中经常发生这样的情况,一方面,如果政府是股东,尤其是大股东的情况下(国有控股企业),则政府不仅派出代理人,而且必须让自己的代理人担任董事长,还可以越过董事会直接派人担任公司的总经理、副总经理、总经济师等高管人员。无疑,这是政府行政权力介入公司治理。当然,对于派出的高管人员,可能通过了董事会,但其实通过董事会仅仅是走形式,实质上董事会是被架空的。在很多情况下,尤其是在中央企业和地方重点国有企业中,政府派出的高管人员很多都具有行政级别,最高行政级别可达副部甚至正部级别。在政府公开招聘的国有企业高管中,即使没有赋予其行政级别,他们的行政色彩也是客观存在的。从国务院国资委多次全球公开招聘副总经理等高管情况看,由于招聘企业中并非只有国有独资企业,还有股份有限公司和有限责任公司,这类企业的高管聘用,按照公司法,无疑只能由董事会负责独立选聘,国家作为非单一股东,是无权单独招聘的。在政府直接任命或聘用的情况下,高管出现问题的概率不仅高,而且将无人对此负责。像中石化的陈同海、中石油的蒋洁敏、中国一汽的徐建一、东风汽车公司的朱福寿等,由于聘任他们的主体实际上是国资委或上级组织部门,而不仅仅是走形式的董事会,因此董事会是不可能对此负责的,而任命他们的国资委或上级组织部门由于是一个个集体组织,也无人对此负责,集体负责等于无人负责。

另一方面,如果政府不是股东,则政府通过设租,让公司治理服从于自己的意志,而企业(主要是民营企业)也乐于(或者无奈)通过寻租,寻求政府的支持,这使企业发展会因政府政策或领导人的变化而起伏,甚至走向不归路,同时也加大了投资者的投资风险。在民营企业中,寻求具有政府背景的人员担任公司高管具有相当的普遍性,这反映了中国企业与政府难以割舍的关系,聘请人大代表、政协委员,或聘请离退休的前任政府官员进入企业,是很多民营企业的追求。例如,在 2013 年度上市公司中,有31.84％的企业曾有政府官员到访(企业对此视为荣耀而大力宣传),有

12.08％的 CEO 曾在政府部门任职，有 9.77％的 CEO 为各级人大代表，有 6.93％的 CEO 为各级政协委员。如果统计的对象是董事长，则曾在政府任职、担任人大代表和政协委员的比例将会更高。另外，同一企业还经常有多位政府背景的高管。如"七匹狼"，其高管中有政府背景的比例高达 40％。

二、公司治理行政化导致畸形政商关系

公司治理行政化，是对法律的背离。公司治理的核心问题是股东大会、董事会和经理班子（执行层）的关系。三者是什么关系？对此各国公司法都有明确的规定，且所有国家的公司法在这方面几乎没有什么差别。公司法的规定是：股东大会选举产生董事会，董事会选聘总经理（CEO）。很显然，股东（大会）、董事会和经理班子相互之间不是一个纵向的等级关系（只有在经理班子领导的生产和经营系统，才是一个纵向的行政管理系统），而是一组授权关系。每一方的权力和责任都受到法规的保护和约束，也就是说各方都有相对独立的权力运用空间和对应的责任，任何一方都不能越过边界、违反程序、滥用权力。如果股东大会和董事会被"架空"或"虚置"，则会出现股东对董事会，以及董事会对总经理监督上的"真空"。

仅就董事会和总经理的关系来说，他们代表的是不同的主体。董事会（包括董事长）作为股东的代理人，代表的是股东利益（现在已演变为以股东为核心的众多利益相关者的代表，独立董事作为"中立者"，就是代表这些不同的利益相关者的利益的）；而总经理作为从市场上选聘来的职业经理人，代表的是个人利益，他通过与董事会的契约关系获得授权。董事会是会议体制，董事会成员代表不同的利益主体，在董事会中，每个成员是平等的，没有身份高低之分，他们通过契约联系在一起，董事会的决策通过讨价还价而形成，包括董事长在内的任何人都没有凌驾于其他人之上的权力，所不同的只是投票权多少的不同（其实在美英习惯法系发达国家里，由于公司董事会的构成发生了很大变化，绝大部分都是独立董事，这种投票

权的差异正在大大缩小），而董事长则不过是董事会的召集人，并没有高于他人的权力。基于董事会和总经理的这种差异，为了保证公司决策的科学性和高效性，并形成相互制衡的机制，董事长与总经理两个职务应该是分开的。

当然，在公司实际运作中，董事长和总经理是否分开可视具体情况而定，一般情况下取决于公司的规模，以及资本市场（尤其是控制权市场）和职业经理人的发育程度。当公司规模较小时，两职合一可以提高决策效率。当资本市场和职业经理人发育成熟时，来自这两个市场的强大的约束力量足以让同时担任董事长职务的总经理实现自我约束。但是，即使两职是合一的，在行使职权时也必须明确当时所处的角色，这样可以保证董事会和经理层两个权力主体的协调和相互制衡。当公司规模较大时，董事长和总经理则必须分开，因为此时二者代表的是更大的群体，二者合一会加大彼此的冲突。当资本市场和职业经理人发育不成熟时，由于来自这两个市场对经理人的约束力量偏弱，同时担任董事长的总经理的权力就会被放大，或者说，总经理侵害股东等利益相关者利益的可能性就会加大。因此，此时两个职务也必须分开。总之，无论董事长与总经理的职位是否分开，董事长与总经理的职权都要分开，应各负其责。董事长和总经理不相互兼任的原则，体现着公司的权责明确以及公司决策的科学性和效率性。

那么，公司治理是如何演化为行政治理的？这与对公司治理的错误认识有关，恐怕还存在着故意认知错误。行政治理实际上是沿用政府权力机构的"一把手"观念来治理公司，"一把手"被视作公司治理的核心，而董事长经常被作为"一把手"的不二人选，总经理则是董事长属下的"二把手"，甚至干脆由董事长直接兼任总经理，即使不兼任，总经理的目标也是"升任"董事长。这种"一把手"观念使得规范的公司治理变得扭曲，甚至成为董事长和总经理之间矛盾的根源。本来，独立董事是可以在一定程度上化解这种矛盾的，然而，由于独立董事缺乏资本市场的支撑，在客观上和主观上都难以做到独立。加之独立董事人数太少，公司设立独立董事只满足于证监会的 1/3 的要求（2014 年，全部上市公司独立董事比例平均只有36.79％），这更进一步加剧了独立董事的非独立性。加之，在国有企业（包括国有控股企业)中,董事长这个"一把手"又是政府任命的,因此,公司治理的行政化也就在所难免了。即使是在民营企业中,董事长"一人独大"也同样充斥着行政色彩,尽管这种行政色彩和政府的行政权力介入有一定的区别,但在"权力"行使上并没有根本性区别,公司治理本应具有的契约属性基本上不复存在。

近些年接连发生的公司腐败(如窝案)以及其中的官商勾结,在很大程度上其实就是董事会(董事长)和经理层(总经理)两个角色混同,以及企业负责人任免掌握在政府手中或与政府官员有瓜葛的必然结果,是畸形政商关系的具体表现。在这种畸形的关系中,本来的监督和授权关系变成了利益共同体关系。从这些腐败案中,我们不难发现,或者总经理和董事长合二为一,权力过大;或者在董事会中,经理层占据多数席位,而董事长也自认为是职业经理人。在这种情况下,董事长显然就不再是股东的代理人,而是演变为典型的追求自身利益的经理人。对政府,他们寻求租金;对投资者,他们制造信息不对称,侵害股东利益。尽管国企高管被政府作为"干部"来管理和监督,但由于信息不对称,内部人控制和企业资产流失仍普遍存在。

三、消除公司治理行政化,
强化公司治理规范化

如何减少畸形的政商关系导致的官商勾结和高管腐败?高管腐败曝光后,人们往往归因于高管的贪婪和无耻。无疑,高管的贪婪是官商勾结和腐败的推动力。但事实上,个体的贪婪不是官商勾结和腐败的根本原因,真正引起官商勾结和腐败的原因是公司治理制度的缺陷,更进一步说,就是公司治理的官僚化或行政化。个体的贪婪只是经济人的本性,在面对丰厚利益时,贪婪永远是理性经济人的最优选择。真正使这些经济人偏离正轨、铤而走险的,是人们对预期非法利益与惩戒风险的权衡,而这种权衡最终取决于公司治理制度的完善与否。因此,要从根本上杜绝官商勾结和腐败,最关键的是要完善公司治理制度,首先需要分清何者是治理主体,何者是治理客体。股东大会和董事会毫无疑问是治理主体,经理层则是治理客体,二者绝不能混同。其次要提高官商勾结和腐败行为被发现的概率,加大对官商勾结和腐败的惩罚力度,而这一点又是以治理主体和治理客体的区分作为前提的。

在市场化的企业中,对企业负责人的基本监督体制是法律监督和市场监督。法律监督的核心是强化公司治理,实现依法治企;市场监督的核心是健全市场体系,促进自我约束,而市场监督也是建立在法律基础上的。

以国企发展混合所有制为例。国企负责人可以分为政府董事(外部非独立董事)、独立董事、高管董事和非董事的高管。他们的来源不同,监督机制应有所不同。由于政府董事、独立董事、高管董事都是董事会成员,因此均应接受股东的监督和市场约束;对于高管董事和非董事的高管,则必须接受董事会的监督和市场约束。从规范的公司治理角度,必须强化以下制度和机制建设:

第一,要调动所有股东监督的积极性,以形成监督合力,防止大股东侵害和政府公权力介入。对此,一是实现股东权利平等,国有股东不应享有特权,对中小股东应该实行累积投票制,以保证他们参与公司决策的权利。二是大幅度降低股东行权成本,提高中小股东参与公司治理的动力。三是出台集体诉讼和索赔方面的法律,切实保护股东利益。四是实行股东满意度调查制度(类似于民调),如果董事会支持率低于80%,则应启动董事会解体程序。五是在公司控股形态上,尽可能采用国有相对控股,最终股权形态是竞争的结果。六是股东对董事要采取不同监督体制。对于政府董事,由于政府股东是代表公众的,同时考虑到公司经营的独立性,政府董事应设置为外部非执行董事(外部非独立董事),并借鉴公务员监督方式对政府董事进行监督;对于独立董事和高管董事,要通过对这些董事的市场(经理人市场)选择,以及满意度和惩罚等机制来实施强约束。

第二,要强化董事会对经营者的监督,并健全董事自我约束机制。对此,必须把董事会和经营层的职能区分开来,这有利于避免国有股东和政府干预企业经营问题。董事会中必须有较多独立董事,应不少于50%,否则独立董事难以发挥作用。独立董事必须是高度专业化的,而高度专业化的独立董事又来自高度职业化的经理人市场。要根据公司法,实行董事会独立选聘总经理(CEO)机制,并通过董事会备忘录制度使每个董事承担选错总经理的责任。

第三,应在厘清董事会职能的前提下,高度重视企业家的独立性和能动性,并建立企业家自我约束机制。高管董事和其他高管应来自经理人市场,应明确企业的企业家不应是董事长,而是总经理。董事会(包括董事长)负责监督,但监督不是干预,要充分发挥总经理的能动性,为此必须给予其独立性,包括赋予独立权力和独立承担责任,以实现企业家的自我约束。市场化选择是高能力企业家(总经理)产生的重要机制。高能力企业家有两个要素:一是能力,二是忠诚。这样的企业家是在激烈的市场竞争中涌现出来的,靠政府的"独具慧眼"是选不出来的,也是不合法的。必须建立职业化的经理人市场,市场的惩戒机制能够对现任经理人产生强激励和强约束,从而造就和涌现更多的高能力企业家。市场选聘的总经理不再具有行政级别,成功的民营企业家也可以做国有控股的混合所有制企业的总经理。要以贡献(企业价值或股东回报)来对企业家进行考核,市场选择和淘汰是重要的考核机制。

第四,要"分层"确定负责人激励方式,以实现国企负责人的自我约束。对于政府董事(外部非独立董事),应实行"公务员基准+贡献+行政级别"的激励机制,薪酬待遇可以略高于同级公务员的薪酬待遇;对于独立董事,应采用国际通行做法,即车马费加少部分津贴,应通过经理人市场,建立独立董事声誉机制,强调薪酬机制是不利于独立董事的独立的。对于高管董事和非董事的高管,应实行市场化薪酬,但前提是由董事会独立从经理人市场选聘。在经理人市场上,高能力的企业家应有高价格,这是建立企业家自我约束机制的重要方面。

第五,严格信息公开。充分的信息披露对于防止代理人的违规行为(如内部人控制、国资和民资流失、内幕交易等),以及形成企业家的均衡价格,都具有重要意义。因此,应确保及时准确地披露公司所有重要事务的信息,包括财务状况、绩效、所有权结构和公司治理。不能只满足强制性信息披露,更要高度重视自愿性信息披露,这在中国尤为重要,根据笔者在《中国上市公司自愿性信息披露指数报告 2014》中提供的数据,中国的自愿性信息披露对于投资者理性投资的需求具有很高的信息含量。

总之,要依法治企,消除公司治理行政化,实现公司治理规范化,建立企业各行为主体的外部监督与自我约束有机契合的机制,要使每个行为主体能够对自己的行为独立承担责任,这是防止官商勾结和腐败的重要制度保障。

最后,非常感谢东方出版中心的鼎力支持,感谢祝新刚先生和鲁培康先生,他们是这套丛书的积极推动者。希望在中国出版集团以及东方出版中心的支持下,使这套丛书能够延续下去,成为公司治理和国企改革研究的品牌产品。

高明华

2015 年 10 月 29 日

目 录

前　言

　　高管是公司战略的制定者和实施者,是代理问题的核心。如何有效激励高管努力,让高管发挥最大的潜能,如何严格约束高管行为,使高管不损害股东利益,是公司治理理论经久不衰的核心话题。而盈利性国有垄断企业高管薪酬契约是否合理,关乎盈利性国有垄断企业的运作效率,关乎国民收入分配的公平与否。因此,研究盈利性国有垄断企业高管薪酬契约具有重要的理论意义和实践意义。

　　国外学者对高管薪酬契约的集中研究开始于 20 世纪 70 年代,学者们以委托代理理论为基础,寻找解决股东与高管利益冲突的最优高管薪酬契约,称之为"最优契约论"(Optimal Contract Theory)。最优契约论认为,通过股东与高管之间最优契约的制定,可以解决信息不对称带来的道德风险和逆向选择问题。中国学者对高管薪酬契约的研究起步较晚,且大多为检验高管薪酬与企业绩效之间相关性的实证检验。对于盈利性国有垄断企业,现有研究并没有充分考虑其特殊的利润来源和高管背景。盈利性国有垄断企业的高管薪酬契约不同于一般企业,这源于盈利性国有垄断企业的历史变迁和制度背景。不同于非国有企业,盈利性国有垄断企业的所有者是国家,但作为大股东,国家没有足够的时间和精力维护股东权益。不同于竞争性国有企业和公益性国有企业,盈利性国有垄断企业享受国家赋予的垄断优势。因此,研究盈利性国有垄断企业高管薪酬契约必须从其特殊的制度背景出发。

　　本书并不讨论垄断是好是坏,只研究在垄断存在的前提下,盈利性国有垄断企业的高管薪酬契约是什么样的,应当是什么样的。本书利用

2001～2010 年盈利性国有垄断企业的数据,运用理论模型、非参数检验、参数检验和事件研究法等多种方法,从理论模型和经验检验两个角度研究了盈利性国有垄断企业的高管薪酬契约。书中提出盈利性国有垄断企业的利润不仅来源于物质投入和人力投入,还来源于政府赋予的垄断优势,这种垄断优势放大了高管对企业业绩的实际贡献。因此,不应将企业业绩作为盈利性国有垄断企业高管薪酬的支付标准,而应将高管贡献作为支付依据。同时,应使用"高管薪酬—高管贡献匹配度"来衡量盈利性国有垄断企业高管薪酬契约的合理性,而不是"高管薪酬—企业业绩相关度"。本书检验了盈利性国有垄断企业高管薪酬契约的合理性以及影响这种合理性的因素,还进一步比较了高管贡献、EVA 与 ROE 的信息含量。本书主要研究发现如下:

第一,盈利性国有垄断企业的主要利润来源是政府赋予的垄断优势,而这种垄断优势放大了高管对企业的实际贡献。垄断优势指的是盈利性国有垄断企业凭借政府赋予的各种特权,在资源获取、商品销售、融资筹资和政府补贴等各方面享受的垄断权力。盈利性国有垄断企业的垄断优势主要来源于土地租、资源租、价格租、利息租、分红租和政府补贴等方面。以中国石油(601857)为例,2007～2010 年,中国石油的名义利润率均维持在 13％以上,但若将垄断利润从实际利润中扣除,实际利润率便降至 10％以下,2009 年的实际利润率为负值。可见,中国石油实际利润率与名义利润率的差别巨大。若用垄断利润占名义利润的比重表示垄断利润率,2007年的垄断利润率为 61.68％,2008 年的垄断利润率为 46.59％,2010 年的垄断利润率为 81％,说明 2007 年、2008 年和 2010 年,中国石油凭借政府赋予的垄断优势而获得的利润是构成其营业利润的主要部分。2009 年的垄断利润率为 151.98％,说明 2009 年中国石油若不是凭借垄断优势,其营业利润实际上是小于零的,属于事实亏损。正是由于垄断优势的存在,原本归因于垄断优势的企业业绩被误认为是高管努力的结果,进而放大了高管对企业业绩的实际贡献,放大了以企业业绩为支付标准的高管薪酬。

第二,在求解盈利性国有垄断企业薪酬契约最优解时,必须将垄断优势写入企业业绩函数和高管薪酬契约,这样的薪酬契约才是有效的。本书

第 6 章以最优契约论的基本模型为基础，一方面将高管贡献和垄断优势写入 C-D 形式的企业业绩函数，提出用高管贡献与高管薪酬的匹配度检验盈利性国有垄断企业高管薪酬契约的合理性；另一方面将垄断优势写入高管薪酬契约，求高管薪酬契约的最优解。有效的高管薪酬契约必须充分考虑垄断优势带来的"放大效应"，否则将严重高估高管贡献，支付过高的高管薪酬。如此，薪酬契约对高管的评价作用和激励作用都无从谈起。

第三，盈利性国有垄断企业的总资产最高，创造利润不及国有非垄断企业，利润中来自高管的贡献更少。本书第 7 章借鉴 Solow 模型和 Richardson 模型对回归残差的理解，利用企业实际业绩与预期业绩的差值表示高管贡献，估计了盈利性国有垄断企业、国有非垄断企业和非国有企业的高管贡献。研究发现，盈利性国有垄断企业的总资产最高，创造的利润却不如国有非垄断企业。在盈利性国有垄断企业的利润中，来自高管的贡献更少。相比之下，非国有企业的总资产最少，但这些利润中来自高管的贡献却是最大的。

第四，现有盈利性国有垄断企业的高管薪酬契约并不合理，相比之下，非国有企业的高管薪酬契约较为合理。本书第 8 章检验了 2001～2010 年盈利性国有垄断企业高管薪酬契约的合理性，研究发现，全部样本（包括盈利性国有垄断企业、国有非垄断企业和非国有企业）的高管薪酬契约是合理的。但是，据我们了解的实际情况，盈利性国有垄断企业高管薪酬契约其实是不合理的，其不合理主要表现为高管贡献较低时却支付了过高的薪酬；只有非国有企业的高管薪酬契约较为合理，高管贡献越高，薪酬支付越多。另外，垄断优势越大，高管薪酬契约的合理性越低。

第五，高管贡献和 ROE 的信息含量均明显高于 EVA 的信息含量，但高管贡献与 ROE 的信息含量并无显著差异。2010 年 1 月，国资委发布《中央企业负责人经营业绩考核暂行办法》，办法规定放弃传统的净资产收益率（ROE）指标，采用经济增加值（EVA）指标作为对央企负责人的业绩考评标准。EVA 指标是否修正了高管行为，促使高管付出更多的努力，增加了高管贡献？本书第 9 章检验了 EVA 考评机制实施后高管行为的改变。研究发现，EVA 考评机制实施后，高管贡献与高管薪酬的匹配度提高了,说明 EVA 机制是有效的,它促使高管为了获得更多薪酬而付出更多努力。我们还利用事件研究法(Event Study)比较了高管贡献、EVA 和 ROE 的信息含量和市场反应,发现高管贡献和 ROE 的信息含量均明显高于 EVA 的信息含量。

第六,垄断企业"业绩对高管努力程度的敏感度"大于非垄断企业"业绩对高管努力程度的敏感度",即在高管付出同样努力的情况下,由于垄断的"放大效应",垄断企业的业绩对高管努力更敏感,能够获得更高的业绩。本书第 10 章从理论和实证两个角度检验了垄断优势对高管努力的"放大效应",以及"放大效应"对垄断企业高管薪酬的影响。研究发现,理论上,垄断企业"高管薪酬—企业业绩相关度"应该小于非垄断企业"高管薪酬—企业业绩相关度",即在垄断企业和非垄断企业具有相同业绩的情况下,垄断企业支付给高管的薪酬应该低于非垄断企业支付给高管的薪酬。但现实中,垄断企业"高管薪酬—企业业绩相关度"大于非垄断企业"高管薪酬—企业业绩相关度",这说明目前垄断企业高管薪酬水平并不合理,存在激励过度问题。

第七,解决高管代理问题的方式有薪酬机制和监督机制两种,前者随着高管持股计划、股票期权计划、高管养老金计划等一系列激励手段的发明而成为人们研究的焦点,后者却被看作是一种成本高、收益低的传统方式而被忽视。本书第 11 章从理论和实证两个角度分析了薪酬机制与监督机制两种公司治理机制对公司绩效的影响,以此对国有垄断企业监督机制进行有效补充。理论模型说明,促进高管努力工作,可以通过薪酬机制与监督机制实现。而监督机制对薪酬机制的作用可能存在两种效应:替代效应和促进效应。经验研究发现,中国国有上市公司监督机制对高管薪酬机制的作用既存在直接的替代效应,又存在间接的促进效应。这说明强化对高管的监督机制可能成为高薪酬的有效替代,也可以从间接角度促使薪酬机制的有效实施。但是,目前上市公司对高管的监督机制并不完善,监督机制的替代效应和促进效应也没有充分发挥出来。因此,应该在一定程度上回归高管监督机制,重新认识并重视对高管行为的监督,而不是一味依赖增加高管薪酬。全球范围的金融危机告诉我们,高管永远都是贪婪的,那些试图通过提高高管薪酬,增加"薪酬—业绩相关度"的措施可能在一段时间内是有效的,但决不能代替监督机制的作用。有时,这些薪酬机制可能反而诱使高管做出有损公司利益的选择。

第八,高管更换模式选择对公司来说至关重要,新任高管的选择过程可以看作是一场内部参赛者和外部参赛者之间的锦标赛,双方争夺的目标就是总经理的职位,而获胜奖金则是继任后的高额薪酬。因此,上市公司不仅要根据内部参赛者和外部参赛者的能力选择高管更换模式,还要从参赛者获胜奖金出发,充分考虑模式选择的成本。本书第12章以锦标赛理论为基础,构建了高管更换模式选择的理论模型,证明相对于外部参赛者来说,内部参赛者越努力,获胜奖金越低,公司选择内部参赛者继任的概率越大。另外,由于选择外部参赛者继任而造成的内部激励损失越大,外部参赛者获胜后与高管团队的磨合成本越高,选择内部参赛者继任的概率越大。

第九,高管不仅关注其绝对薪酬,也十分重视其相对薪酬。当高管相对薪酬较低时,便会对现状不满,甚至产生心理障碍和极端行为,进而消极怠工或增加在职消费,造成更为严重的代理问题,即高管薪酬的攀比效应。本书第13章检验高管相对薪酬对代理成本的影响,以及不同所有制、不同行业中攀比效应的差异。研究发现,与地区(或行业)最高薪酬相比,高管薪酬的相对水平越低,企业代理成本越高,这证明了攀比效应的存在。从所有制角度看,国有企业的高管薪酬攀比效应更加明显;从行业角度看,能源、电信等市场集中度较高的行业,高管薪酬攀比效应并不明显,消费常用品等市场集中度越低的行业,高管薪酬的攀比效应较为明显。因此,企业在制定高管薪酬契约时,不但要考虑企业经营绩效等自身因素,还要充分考虑高管薪酬在同地区、同行业的相对位置,尤其是国有企业和竞争性企业,应尽量避免高管薪酬的消极攀比效应。

第1章 导　　论

高管是公司战略的制定者和实施者,是代理问题的核心。如何有效激励高管努力,让高管发挥最大的潜能,如何严格约束高管行为,使高管不损害股东利益,是公司治理理论经久不衰的核心话题。而盈利性国有垄断企业高管薪酬契约是否合理,关乎盈利性国有垄断企业的运作效率,关乎国民收入分配的公平。因此,研究盈利性国有垄断企业高管薪酬契约具有重要的理论意义和实践意义。本章是全书的导论,介绍本书的选题背景和研究意义,界定相关概念,说明研究内容和研究方法,并指出全书结构和创新之处。

1.1　选题背景与研究意义

首先是选题背景。

在阿罗-德布鲁(Arrow-Debreu)的分析范式中,企业被看作是黑箱,人们只讨论其投入产出问题,从不触碰企业内部。对于所有者和经营者是同一个人的传统企业来说,这种分析范式是适用的。但是,随着企业规模的不断扩大,所有者的资金已经无法满足企业扩张的需求。于是,股份制公司应运而生。在股份制公司中,所有者不再是唯一的,而是有多个;经营者也不再是所有者,而是有能力和经验的职业经理人。这就是伯利和米恩斯(Berle & Means,1932)①提出的企业所有权与经营权的分离问题,两权

---

① Berle, A. , Means, G. C.. *The Modern Corporation and Private Property* [M]. Revised Edition. New York: Harvourt, Brace and World Inc. , 1967.

分离使所有者和职业经理人各尽其能,通过发挥各自的比较优势来实现企业绩效的提高。但是,正如斯密(Smith,1776)[①]所说,"经营者手中的钱是别人的,我们没有理由期待经营者像对待自己的财产一样那么小心翼翼",两权分离也带来了传统经济学无法解释的问题。作为所有者,股东目的是最大化投资收益,即用最少的支出获得最多的利益;而作为经营者,高管目的则是最大化自身收入,即用最少的努力获得最多的补偿。显然,这两个最大化问题是冲突的。解决这一问题的方法就是通过一些机制促使管理者从股东利益出发,努力最大化股东利益,公司治理理论就是在这样的背景下产生的。

促使高管努力工作是公司治理问题产生的源头,也是公司治理理论研究的核心。促使高管努力工作的途径包括两个方面:激励和约束。为了激励高管努力工作,人们使用各种形式的薪酬机制,包括与业绩挂钩的薪酬支付标准,股权激励,期权激励,递延工资和在职消费等,将高管自身的利益与股东的当前利益和未来利益紧密联系起来,利用高管的自利行为促使其努力工作。为了约束高管偷懒,人们设置了很多职位,例如董事会、监事会、独立董事、薪酬委员会、审计委员会、提名委员会等,这些职位都起到了监督高管行为、制约高管偷懒的作用。公司治理理论就是围绕激励和约束这两条主线逐渐丰富和发展起来的。所有解决所有者和经营者矛盾的机制中,高管薪酬是最常见和最有效的,但也是最复杂和最易引发高管短视行为的。本书的着手点正是高管薪酬。

高管薪酬的理论研究得益于委托代理理论的发展。股东与高管是典型的委托代理关系,于是,学者们利用委托代理模型寻找最优的高管薪酬契约,这便是高管薪酬理论的开始。通过模型分析,学术界普遍认为,要想使高管从股东利益出发,就必须将高管利益与股东利益联系起来,而这个纽带就是高管薪酬契约。高管薪酬契约将高管薪酬与企业业绩联系起来,不仅为高管争取了应得的补偿,还为高管提供了付出的动力。基于此,高

[①] Smith A.. *An Inquiry into the Nature and Causes of the Wealth of Nations* [M]. Fifth edition. London: Methuen and Co., Ltd., , 1776.

管薪酬契约问题便转化为确定薪酬激励系数(即"高管薪酬—企业业绩相关度")的问题,即公司绩效的变动将如何引起高管薪酬的变动。于是,学者们围绕高管薪酬与公司绩效的关系展开了广泛的讨论,这方面的经验检验大量涌现。这些论文选取的样本不同,方法各异,因而得到的结论也千差万别,关于高管薪酬与企业业绩的相关性大小,至今仍没有定论。但有一点是肯定的,高管薪酬必须与公司绩效挂钩,关键是如何挂钩。尽管如此,高管薪酬契约仍存在很多缺陷,这些缺陷也在不断暴露。安然事件后,人们开始意识到高管可能通过手中的权力虚报企业绩效,利用"高管薪酬—企业业绩相关度"提高薪酬。此时,以激励为目的的薪酬契约反而成为高管牟利的手段。于是,人们开始关注对高管行为的约束。次贷危机后,人们反思薪酬机制的合理性和有效性,当公司陷入危机时,挺身而出的是政府,并不是那些拿着高薪的高管。高管似乎总是可以同富贵,不能共患难,那高薪的作用何在? 可见,虽然高管薪酬理论发展了很多年,但问题犹在。

国内关注高管薪酬激励的时间并不长,无论在高管薪酬水平决定上,还是高管薪酬结构选择上,中国企业都与发达国家企业存在很大差距。这个差距主要表现在两个方面:一方面,中国的高管薪酬制度只学会了西方高管薪酬制度的"激励作用",却没有学会"约束作用"。另一方面,中国的高管薪酬结构还不完整,只有高管眼前利益的安排,而没有长远发展的打算,这种短视的高管薪酬制度直接诱发了高管的机会主义行为。因此,高管薪酬契约成为中国学术界、实践界和政府部门共同关注的焦点,高管薪酬水平的确定、高管薪酬形式的选择、不同性质企业高管薪酬契约的差别……这些都是人们讨论的话题。尽管如此,天价高管薪酬频频曝出,高管丑闻层出不穷。引用克拉克(Clark,2003)①在哈佛商学院演讲中的一句话:问题在于,是苹果烂了,还是装苹果的桶烂了? 的确,到底是高管薪酬契约的问题,还是某个公司高管自身的贪婪,这成为理论界和实践界共同

---

① Clark. Corporate Scandals: Is It a Problem of Bad Apples, or Is It the Barrel? [R]. National Press Club, 2003.

的困惑。

在中国,还有一类特殊企业的高管薪酬问题时常见诸报端——盈利性国有垄断企业。盈利性国有垄断企业虽然数目不多,但利润却令其他企业望尘莫及。2010 年 8 月,中国企业联合会公布民企 500 强,这 500 家民营企业佼佼者在 2009 年的利润总额为 2 179.52 亿元,还不及中国石油和中国移动两家公司的利润之和。与此同时,盈利性国有垄断企业的高管薪酬却常引争议。一方面,学术界认为盈利性国有垄断企业的利润多来自政府赋予的垄断优势(高明华和杜雯翠,2010①),因此无需支付过高的高管薪酬;另一方面,盈利性国有垄断企业的高管却声称薪酬过低,要求薪酬与国际水平接轨。实际上,盈利性国有垄断企业的高管薪酬虽然表面不高,但其隐性薪酬却令人咋舌。2007 年,原中石化董事长陈同海因贪污被双规;2009 年,中石化曝出"天价灯"事件;2011 年,中石化再曝"天价茅台"事件,中石油深陷"购房门";2011 年 5 月 20 日,审计署通报了对 17 家央企的审计结果,部分企业出现领导职务消费不清、违规发薪酬、少缴税收等问题。其中,违规薪酬成为主要问题:南方电网违规购保险 19 亿元;2007～2009 年,三峡集团为职工支付住宅物业管理费用 86.28 万元;2007 年,三峡集团为职工购买经济适用房垫款 2.254 亿元,截至 2009 年底尚有 7 001.33 万元垫款未收回;2003～2010 年,中国远洋运输(集团)总公司所属广州远洋等两家企业违规使用福利费和工会经费 1 276.93 万元,其中 1 037.06 万元用于发放职工奖金、补贴;2007～2010 年,中远集团本部和所属企业使用虚假发票分别套取资金 97.9 万元和 1 689.18 万元,主要用于发放职工奖金和补贴;2006～2009 年,南方电网公司及所属单位违规动用工资结余等资金为职工购买商业保险 19.40 亿元;2007～2009 年,招商地产及其所属企业采取凭员工个人旅游费用单据报销并在成本费用中列支的方式,向员工发放旅游费 507.15 万元。员工尚且如此,高管可想而知。

针对盈利性国有垄断企业的特殊产权背景,国资委和财政部陆续出台了一系列高管薪酬管理办法:《中央企业负责人经营业绩考核暂行办法》、

---

① 高明华,杜雯翠.垄断企业高管薪酬:不足还是过度?[J].学海,2010(3).

《中央企业负责人薪酬管理暂行办法》、《中央企业综合绩效评价管理暂行办法》、《关于规范中央企业负责人职务消费的指导意见》，以及财政部于2009年4月9日出台的"限薪令"等。但同时，盈利性国有垄断企业高管对自己的薪酬却仍表现出不满，矛盾的社会现象更加突显出研究盈利性国有垄断企业高管薪酬契约的必要性。

经典的高管薪酬理论关注"高管薪酬—企业业绩相关度"，认为相关度高的薪酬契约能够较好地将高管薪酬与企业业绩联系起来，起到激励高管的作用。但是，这种思路并不适用于盈利性国有垄断企业，原因如下：

第一，传统的高管薪酬理论假设企业业绩是高管努力的结果，即使有随机扰动影响企业业绩，其作用也远不及高管行为，这个前提不适用于盈利性国有垄断企业。盈利性国有垄断企业天生地被赋予了垄断优势，这包括垄断资源（如石油、天然气和煤炭等资源的使用）和垄断地位（如电信、电网和军工等行业的进入）。盈利性国有垄断企业高利润的来源是国家赋予的这种垄断优势，并非全是高管行为的结果（高明华和杜雯翠，2010[①]）。

第二，传统的高管薪酬理论认为薪酬是对高管作出的补偿，这也不适用于盈利性国有垄断企业。盈利性国有垄断企业的高管有很强的寻租能力（唐清泉等，2005[②]）和管理者权力（陈冬华等，2005[③]），他们利用手中的权力牟取在职消费，使得隐性收入远远高于显性收入。可见，对于盈利性国有垄断企业来说，表面的薪酬并不是全部，只是高管不得不让大家知道的部分薪酬。

第三，传统的高管薪酬理论认为薪酬是激励高管的主要途径，这同样不适用于盈利性国有垄断企业。盈利性国有垄断企业的高管并非市场聘用，而是由国资委委派。他们同时具备高管和高官的双重身份，这个特殊的身份使他们对薪酬的追求不及职业经理人那样敏感。对于国有垄断企业的高管来说，除了薪酬以外，还存在一个很大的诱惑，这就是仕途升迁的

① 高明华,杜雯翠.垄断企业高管薪酬:不足还是过度?[J].学海,2010(3).
② 唐清泉,朱瑞华,甄丽明.我国高管人员报酬激励制度的有效性——基于沪深上市公司的实证研究[J].当代经济管理,2008(2).
③ 陈冬华,陈信元,万华林.国有企业中的薪酬管制与在职消费[J].经济研究,2005(2).

机会。"商而优则仕"的现象在盈利性国有垄断企业是普遍存在的,而这对垄断国企高管的诱惑远远大于薪酬的诱惑。因此,在研究国有垄断企业高管薪酬时,必须考虑升迁机制对薪酬机制的补充作用,因为有时这种补充作用甚至超过了薪酬机制本身的作用,也只有这样才能更好地解释国有垄断企业的表面低薪现象。

其次是研究意义。

盈利性国有垄断企业的高管薪酬问题不同于一般企业,有着复杂的历史背景和制度背景。正如刘芍佳和李骥(1998)在研究超产权理论与企业绩效关系时提出的,在完全没有竞争的市场中,企业产品无替代性,经营者完全可以通过抬价的方式来增加利润收益。这种"坐地收租"不会刺激经营者增加努力与投入,这正是在垄断市场上,企业私有化效益改善不明显的根本原因。① 由于经济体制的差别,国外研究较少关注盈利性国有垄断企业,可借鉴的理论少之又少。因此,以国有经济环境为制度背景,以盈利性国有垄断企业的实际利润为衡量标准,以盈利性国有垄断企业高管效用函数为激励对象,研究适用于中国盈利性国有垄断企业的高管薪酬契约不仅有重要的理论意义,更有深远的现实意义。

从理论角度看,高管薪酬契约一直以来都是公司治理理论的核心内容,这不仅因为高管这一特殊群体的引人注目,更因为高管处于企业委托代理链的关键位置,高管是否努力工作直接影响到股东价值和企业发展。高管薪酬契约是激励高管努力的主要手段,更是约束高管行为的关键方式。但是,国外几乎没有关于盈利性国有垄断企业高管薪酬契约的研究,国内的研究也大多停留在实证检验的层面,并不深入,这使得我们在评价和制定盈利性国有垄断企业高管薪酬契约时没有足够的理论依据,只能依靠直观感觉对盈利性国有垄断企业高管薪酬做出推测,这些都充满了主观色彩。因此,深入研究国有垄断企业高管薪酬契约对发展和补充最优契约论具有重要意义。

从实践角度看,中国与西方国家不同,国有经济在中国国民经济中占

---

① 刘芍佳,李骥. 超产权论与企业绩效[J]. 经济研究,1998(8).

有重要的地位,而盈利性国有垄断企业又是重中之重。盈利性国有垄断企业掌握着全国的主要资源,控制着全国的关键产业,其高管更是拥有高管和高官的双重身份,享受着高管和高官的双份好处。这让我们不得不更加关注盈利性国有垄断企业,更加关注盈利性国有垄断企业高管薪酬契约。随着国有垄断企业高管薪酬问题的逐一暴露,盈利性国有垄断企业高管薪酬已经不再是国有垄断企业自己的事情,也不仅是国资委重视的问题,而成为全社会关注的焦点。盈利性国有垄断企业高管薪酬是否合理不仅关系到盈利性国有垄断企业高管的工作积极性,还关系到国有资产收益分配的合理性和国民收入分配的公平性。因此,深入研究盈利性国有垄断企业高管薪酬契约对各个利益主体都有至关重要的实践意义。

1.2　概念界定、研究内容与研究方法

首先是概念界定。

(1) 盈利性国有垄断企业

按照所有制性质,企业分为国有企业和民营企业两种。国有企业分为公益性国有企业、竞争性国有企业和盈利性国有垄断企业。① 我们的研究对象是盈利性国有垄断企业,本书涉及的盈利性国有垄断企业专指石油、发电和矿产开采等行业的央企。这类企业被政府赋予了垄断资源或者垄断地位,具有垄断优势。

(2) 高管

对高管的界定一般有两种观点:一种是广义的高管,指整个高管团队,包括董事长、总经理、副总经理等;一种是狭义的高管,专指总经理(或CEO)。一般公司中,对公司运作起关键作用的是总经理(或 CEO),但盈利性国有垄断企业的情况有所不同,董事长在盈利性国有垄断企业中所起的作用也是不容忽视的。因此,本书采用广义的高管概念。文中的高管指

---

① 本书第 4 章 4.1 节对国有企业分类作了详细论述。

盈利性国有垄断企业的执行层,包括总经理、副总经理和执行董事。

(3) 高管薪酬

对高管薪酬的界定也有两种观点:一种是广义的薪酬,即指高管从企业获得的所有好处,包括现金薪酬、股票薪酬、福利待遇和在职消费;一种是狭义的薪酬,专指高管获得的现金薪酬。根据中国证监会 2001 年修订的《年报准则》规定,现金薪酬包括基本工资、各项奖金、福利、补贴、住房津贴及其他津贴等。由于信息披露的限制,我们无法获得准确的在职消费和福利待遇数据。另外,监管部门对盈利性国有垄断企业的股票激励控制严格。因此,本书谈论的是狭义的薪酬,即高管的现金薪酬。

(4) 高管贡献

高管贡献指高管对企业业绩的实际作用效果,这种作用效果是高管行为在企业业绩上的体现,取决于高管能力和高管偏好。高管能力指高管自身具备的管理才能,由高管学历和工作经验等因素决定。高管偏好指高管运用能力的意愿,即高管的工作态度,也可以理解为一种概率,即高管能力转变成高管贡献的概率分布。高管能力是一种天然禀赋,由外生决定。而高管偏好则是高管薪酬契约直接作用的对象。可见,在公司选定高管之后,高管能力就是既定的。高管薪酬契约的作用就是促进高管偏好于努力付出,贡献更多,进而提升企业业绩。需要说明的是,本书并不区分高管贡献是来源于高管能力,还是来源于高管偏好,只评价高管贡献的大小。

其次是研究内容。

本书认为,最优契约论之所以无法解释盈利性国有垄断企业,是因为它在某种意义上说只是高管薪酬契约的一般模型,或者说是基准模型。这种基准模型的假设往往是比较完美的,要想深入研究高管薪酬契约,必须逐一放宽每个假设,考虑一些特殊情况下的高管薪酬契约制定。只有这样,才能有针对性地制定高管薪酬契约。本书修改经典高管薪酬理论(最优契约论)的某些假设前提,使之更符合中国盈利性国有垄断企业的特点和背景,提出"高管贡献"的概念,通过修正的最优契约论解释盈利性国有垄断企业高管薪酬契约,然后用数据检验现实中盈利性国有垄断企业高管薪酬契约合理与否。

最后是研究方法。

（1）规范分析：以最优契约论为基础，对个别假设进行修正和补充，提出高管贡献的概念，用修正的最优契约论模型探讨盈利性国有垄断企业的高管薪酬契约。

（2）经验分析：以盈利性国有垄断企业为样本，搜集盈利性国有垄断企业 2001～2010 年连续 10 年的数据，利用非参数检验、参数检验和事件研究法等一系列计量分析方法，检验现阶段盈利性国有垄断企业高管薪酬契约的合理性以及影响这种合理性的因素。

1.3　本书结构与主要创新

全书共 14 章。第 1 章导论，介绍选题背景、研究意义、研究内容和研究方法以及主要创新。第 2 章文献综述，总结并评价国内外已有研究成果。第 3 章高管薪酬制度变迁，概述国内外高管薪酬制度变迁历史，评价次贷危机后高管薪酬制度的新发展。第 4 章制度背景，深入剖析盈利性国有垄断企业改革历史和高管薪酬制度变迁。第 5 章盈利性国有垄断企业的垄断优势，从宏观和微观两个角度估算盈利性国有垄断企业的垄断优势，提出垄断优势对高管贡献的"放大效应"。第 6 章盈利性国有垄断企业高管薪酬契约，针对盈利性国有垄断企业的利润来源和高管行为特征，调节最优契约论的前提假设，用修正的最优契约论模型求解盈利性国有垄断企业的最优高管薪酬契约。第 7 章盈利性国有垄断企业高管贡献的估计，借鉴 Solow 模型和 Richardson 模型对回归残差的思想，利用预期业绩与实际业绩的差值估计高管贡献。第 8 章盈利性国有垄断企业高管薪酬契约合理性检验，利用盈利性国有垄断企业 2001～2010 年的面板数据检验目前盈利性国有垄断企业高管薪酬契约的合理性，以及影响契约合理性的因素。第 9 章盈利性国有垄断企业高管贡献、EVA 与 ROE 的信息含量比较，利用事件研究法比较高管贡献、EVA 与 ROE 三种业绩评价指标的信息含量。第 10 章行业垄断、"放大效应"与高管薪酬，从行业垄断的角度研究垄断对国有垄断企业高管努力的"放大效应",以及由此带来的高管薪酬合理性差异。第 11 章高管薪酬机制与监督机制:替代还是促进?检验薪酬机制与监督机制等两种机制在激励国有企业高管努力过程中的关系。第 12 章内部提升、外部选拔与高管薪酬差距,从高管继任的视角,分析薪酬差距对继任来源的影响。第 13 章高管相对薪酬、攀比效应与代理成本,从攀比心理的研究视角,分析高管薪酬差距及其对上市公司代理成本的影响。第 14 章结论与启示,得出主要结论,总结研究不足,指出未来研究方向。

第2章 高管薪酬研究综述

国外学者对高管薪酬契约的集中研究开始于20世纪70年代,学者们以委托代理理论为基础,寻找解决股东与高管利益冲突的最优高管薪酬契约,称之为"最优契约论"。最优契约论认为,通过股东与高管之间最优契约的制定,可以解决信息不对称带来的道德风险和逆向选择问题。中国学者对高管薪酬契约的研究起步较晚,且大多为检验高管薪酬与企业绩效之间相关性的实证研究。最优契约论在主流经济学家的推动下不断发展着,但有学者提出,最优契约论忽略了高管个人在薪酬契约设计中的作用,并提出了"管理者权力论"。本书认为,最优契约论是研究高管薪酬契约的最佳理论,管理者权力论所讨论的只是最优契约论的一些特殊情况,并不影响最优契约论的有效性。

2.1 基于文献计量的高管薪酬研究前沿

高管是公司战略的实施者,是代理问题的核心。如何有效激励高管努力,让高管发挥最大的潜能,如何严格约束高管行为,使高管不损害股东利益,是公司治理理论经久不衰的核心话题,更是公司治理实践频现危机的症结之一。高管薪酬契约是否合理,关乎企业的运作效率,更关乎国民收入分配的公平。因此,高管薪酬一直是近些年来经济学、管理学、会计学等多个学科讨论的核心话题。采用文献计量的方法,描述近些年来国内外高管薪酬领域的研究动态,以期揭示该领域的研究动向。

2.1.1 研究方法、数据来源及数据处理

(1) 数据来源

本研究的目的是基于国内外期刊考察高管薪酬的研究现状,因此主要关注公开发表于期刊的文献,相关专著、会议论文、学位论文等并不在本研究考察之列。我们选定"中国学术期刊网络出版总库"(简称 CNKI)作为中文文献来源,JSTOR(Journal Storage)作为外文文献来源。

(2) 数据检索

本研究在 CNKI 上的检索条件为:期刊年份是"2001~2012 年",来源是"全部期刊",关键词是"高管薪酬"、"CEO 薪酬"、"高管激励"、"CEO 激励";在 JSTOR 的检索条件为:期刊年份是"2001~2012 年",来源是"全部期刊",关键词是"首席执行官薪酬"(CEO compensation)、"高管薪酬"(executive compensation)。截至 2013 年 4 月 17 日,共检索中文文献 1 175 篇,外文文献 3 164 篇。

(3) 研究方法

文献计量分析(Bibliometrics Analysis)是情报学的分析方法,在科学与科技管理、科学评价与预测等学科领域得到了广泛应用,也是学科分析的最好方法之一。[①] 采用文献计量分析法,从年份、作者、地区、单位、方法、话题等角度,对 2001~2012 年国内外学者对高管薪酬问题的研究成果作出分析。

2.1.2 中文文献的分析结果

2001~2012 年,利用"高管薪酬"、"CEO 薪酬"、"高管激励"和"CEO 激励"等关键词对中文文献进行检索,结果见表 2-1。

---

① 邱均平. 信息计量学[M]. 武汉大学出版社,2007.

表 2 - 1　中文文献的年份分布

年　份	篇　数	比例(%)	年　份	篇　数	比例(%)
2001	1	0.09	2007	49	4.17
2002	3	0.26	2008	74	6.30
2003	13	1.11	2009	226	19.23
2004	17	1.45	2010	234	19.91
2005	29	2.47	2011	250	21.28
2006	30	2.55	2012	249	21.19

　　由表 2 - 1 可知,2001～2011 年关于高管薪酬的中文文献数量逐年增加,尤其是 2009 年及以后,关于高管薪酬的中文文献大幅增加,2009～2012 年这四年文献占全部文献的近 82%。这表明次贷危机后国内学者对高管薪酬问题的关注有所提高。

　　图 2 - 1 描绘了 2001～2012 年中文文献的变动情况。

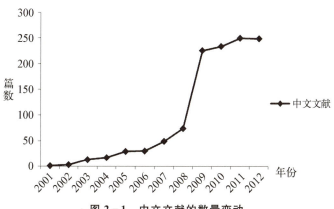

图 2 - 1　中文文献的数量变动

　　同一作者的论文发表数反映了该作者对高管薪酬领域的持续关注,表 2 - 2 统计了高管薪酬领域发表文献多于 4 篇的作者、单位及其论文篇数。

表 2 - 2　中文文献多于 4 篇的作者

排　名	作　者	作　者　单　位	论文篇数
1	李　粟	台州学院	8
2	高明华	北京师范大学	6

排 名	作 者	作 者 单 位	论文篇数
3	毕艳杰	河北经贸大学	6
4	陈 震	中南财经政法大学	6
5	高文亮	河北金融学院	6
6	李维安	南开大学	6
7	彭剑锋	华夏基石高管激励研究中心	6
8	谢获宝	武汉大学	6
9	杨 蓉	华东师范大学	6
10	崔海鹏	华夏基石高管激励研究中心	5
11	陈胜蓝	内蒙古大学	5
12	任国良	中国社会科学院	5
13	管 征	南京大学	4
14	蒋 涛	广东女子职业技术学院	4
15	剧锦文	中国社会科学院	4
16	卢 锐	中山大学	4
17	吴春雷	辽宁工程技术大学	4
18	吴胜涛	德勤中国高管薪酬研究中心	4
19	杨海燕	中央财经大学	4
20	杨 青	复旦大学	4

注：个别作者更换了工作单位，以其发表论文时所在单位为准。

由表2-2可知，在高管薪酬领域发表4篇以上论文的作者只有20位，这20位作者来自18个单位。值得关注的是，来自华夏基石高管激励研究中心的彭剑锋和崔海鹏，以及来自德勤中国高管薪酬研究中心的吴胜涛共发表了15篇高管薪酬文章，表明高管薪酬不仅是学术界的研究焦点，也是现实经济社会中急需解决的问题。

同一单位的文献数反映了该单位对高管薪酬领域研究的支持力度，以及该单位在高管薪酬领域的整体研究实力，表2-3统计了文献多于6篇的单位数。

表 2 - 3　中文文献多于 6 篇的单位

排名	单　　位	论文篇数	排名	单　　位	论文篇数
1	西南财经大学	50	22	重庆大学	12
2	中南财经政法大学	45	23	南京财经大学	11
3	中国人民大学	31	24	上海财经大学	11
4	中央财经大学	29	25	东北财经大学	10
5	复旦大学	25	26	南京审计学院	10
6	山东大学	25	27	山东财经大学	10
7	中山大学	25	28	安徽大学	9
8	南开大学	18	29	华北电力大学	9
9	安徽财经大学	17	30	华南理工大学	9
10	厦门大学	17	31	华夏基石高管激励研究中心	9
11	新疆财经大学	17	32	江西财经大学	9
12	南京大学	15	33	上海交通大学	9
13	浙江工商大学	15	34	北京师范大学	8
14	中国社会科学院	15	35	广东金融学院	8
15	吉林大学	14	36	浙江大学	8
16	暨南大学	14	37	东北师范大学	7
17	华中科技大学	13	38	河北经贸大学	7
18	武汉大学	13	39	南京农业大学	7
19	西安交通大学	13	40	重庆工商大学	7
20	北京大学	12	41	哈尔滨商业大学	6
21	四川大学	12	42	清华大学	6

　　由表 2 - 3 可知,发表高管薪酬论文数目最多的单位是西南财经大学,共发表高管薪酬论文 50 篇,其次是中南财经政法大学(45 篇)和中国人民大学(31 篇)。论文数目超过 20 篇的单位还有:中央财经大学(29 篇)、复旦大学(25 篇)、山东大学(25 篇)和中山大学(25 篇)。这 42 所高校中,有 16 所是财经类院校,可见财经类大学对高管薪酬问题的关注。从地域分布看,表 2 - 3 的论文主要分布在北京、四川、广东、湖南和上海这几个

地区。

同一期刊的文献数反映了该期刊对高管薪酬问题的关注,表2-4统计了发表高管薪酬领域文章最多的前20个中文期刊。

表 2-4　发表高管薪酬文章最多的前 20 个中文期刊

排名	期　　刊	论文篇数	排名	期　　　刊	论文篇数
1	财会通讯	42	11	东方企业文化	10
2	董事会	24	12	会计研究	10
3	财会月刊	21	13	经济管理	10
4	经营管理者	18	14	经济视角	10
5	中国证券期货	16	15	华东经济管理	9
6	时代金融	12	16	经济研究导刊	9
7	企业导报	11	17	人力资源	9
8	商场现代化	11	18	山西财经大学学报	9
9	现代商业	11	19	生产力研究	9
10	中国集体经济	11	20	经济论坛	8

由表2-4可知,发表高管薪酬文章最多的中文期刊是《财会通讯》,在2001~2012年期间共发表42篇有关高管薪酬的文章,其次是《董事会》和《财会月刊》。在这20个期刊中,列入CSSCI检索的期刊只有《会计研究》、《经济管理》、《华东经济管理》、《山西财经大学学报》等期刊。一方面是由于这些核心期刊的版面较少,另一方面也表明尽管高管薪酬的相关文献较多,但档次不高,并没有取得创新性的突破。

关键词在一定程度上反映了作者对高管薪酬问题的基本看法和研究角度,表2-5统计了出现次数高于10次的文献关键词。

表 2-5　出现次数高于 10 次的关键词

排名	关　键　词	出现次数	排名	关　键　词	出现次数
1	高管薪酬	749	3	国　企	120
2	上市公司	166	4	公司治理	105

排名	关　键　词	出现次数	排名	关　键　词	出现次数
5	公司绩效	72	21	薪酬业绩敏感性	28
6	金融业	66	22	盈余管理	27
7	公司业绩	64	23	信息披露	23
8	激励机制	52	24	垄　断	22
9	金融危机	52	25	人力资本	21
10	高管激励	50	26	管理层权力	20
11	股权激励	48	27	经营绩效	20
12	企业绩效	45	28	薪酬差距	20
13	CEO 薪酬	41	29	高管持股	19
14	长期激励	41	30	房地产	15
15	薪酬管理	38	31	风　险	15
16	股票期权	37	32	董事长	13
17	代理成本	35	33	公　平	13
18	委托代理	35	34	高科技行业	10
19	董事会	30	35	经济增加值	10
20	企业业绩	28			

由表 2-5 可知,出现次数最高的关键词是"高管薪酬",这与本研究的内容是一致的。除"高管薪酬"外,出现次数多于 100 次的关键词包括"上市公司"、"国企"和"公司治理"。可见,目前对高管薪酬问题的研究样本多来自上市公司,现有研究较多关注国有企业的高管薪酬,并将高管薪酬作为公司治理的核心内容。除此之外,"公司绩效"(72 次)、"公司业绩"(64次)、"企业绩效"(45 次)、"薪酬业绩敏感性"(28 次)、"经营绩效"(20 次)等关键词的出现频率较高,说明高管薪酬与业绩的相关性是高管薪酬领域的焦点问题。"金融业"(66 次)、"房地产"(15 次)、"高科技行业"(10 次)等关键词出现次数较多,表明由于行业特殊性,个别行业的高管薪酬引起了学术界的广泛关注。"股权激励"(48 次)、"长期激励"(41 次)、"股票期权"(37 次)、"高管持股"(19 次)等关键词的频繁出现,表明中国学术界对高管长期激励的关注在逐渐提升。

2.1.3　外文文献的分析结果

2001～2012 年,以"首席执行官薪酬"(CEO compensation)、"高管薪酬"(executive compensation)为关键词对外文文献进行检索,共计 3 164 篇。这些文献的年份分布见表 2-6。

表 2-6　外文文献的年份分布

年　份	篇　数	比例(%)	年　份	篇　数	比例(%)
2001	230	7.27	2007	355	11.22
2002	260	8.22	2008	244	7.71
2003	285	9.01	2009	330	10.43
2004	296	9.36	2010	257	8.12
2005	345	10.90	2011	165	5.21
2006	331	10.46	2012	66	2.09

由表 2-6 可知,高管薪酬领域的外文文献由 2001 年的 230 篇上升至 2007 年的 355 篇,随后下降至 2012 年的 66 篇。关于高管薪酬的外文文献主要集中于 2005 年、2006 年和 2007 年这三年期间,随后对高管薪酬的关注热度有所下降。

图 2-2 描绘了 2001～2012 年外文文献的变动情况。

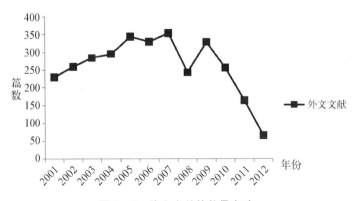

图 2-2　外文文献的数量变动

由图 2-2 可知,外文文献的数量总体上经历了先增加、后减少的变动趋势,与图 2-1 中文文献的数量变化存在较大差异。

同一作者的论文发表数反映了该作者对高管薪酬领域的持续关注,表 2-7 统计了高管薪酬领域发表文献多于 5 篇的作者、单位及其论文篇数。

表 2-7　外文文献多于 5 篇的作者

排　名	作　者	作　者　单　位	论文篇数
1	Westphal, James D.	University of Michigan	16
2	Bebchuk, L. A.	University of Harvard	15
3	Hambrick, Donald C.	University of Pennsylvania	15
4	Dalton, Dan R.	Indiana University Bloomington	13
5	Certo, S. Trevis	Arizona State University	9
6	Daily, Catherine M.	Indiana University	9
7	Hitt, Michael A.	Texas A & M University	9
8	Zhang, Yang	Rice University	9
9	Guay, Wayne	University of Pennsylvania	8
10	Mason, A. Carpenter	Wisconsin School of Business	8
11	Rock, Edward B.	University of Pennsylvania	8
12	Zajac, Edward J.	Northwestern University	8
13	Filatotchev, Igor	Cass Business School	7
14	Sanders, Wm. Gered	Brigham Young University	7
15	Bertrand, M.	University of Chicago	6
16	Fredrickson, James W.	McCombs School of Business	6
17	Griffith, Sean J.	University of Pennsylvania	6
18	Hillman, Amy J.	Arizona State University	6
19	Kaplan, Steven N.	University of Chicago	6
20	Saez, Emmanuel	University of California Berkeley	6
21	Weisbach, Michael S.	Ohio State University	6
22	Dutta, Sunil	University of California Berkeley	5
23	Finkelstein, Sydney	Dartmouth College	5

续　表

排　名	作　者	作　者　单　位	论文篇数
24	Hallock, Kevin F.	Cornell University	5
25	Hartzell, Jay C.	University of Texas	5
26	Henderson, M. Todd	University of Chicago	5
27	Larcker, David F.	Stanford University	5
28	Royston, Greenwood	University of Alberta	5
29	Yermack, David	New York University	5

　　由表 2-7 可知,在高管薪酬领域发表 5 篇以上论文的作者共 29 位,这 29 位作者来自 23 个单位。其中,四位作者来自宾夕法尼亚大学(University of Pennsylvania),三位作者来自芝加哥大学(University of Chicago),两位作者来自加州大学伯克利分校(University of California Berkeley),两位作者来自亚利桑那州立大学(Arizona State University)。有四位学者发表的相关论文数超过 10 篇,分别为密歇根大学(University of Michigan)的詹姆斯·韦斯特佛(Westphal James D.)、哈佛大学(University of Harvard)的卢西恩·贝伯切克(Bebchuk L. A.)、宾夕法尼亚大学(Pennsylvania University)的唐纳德·汉姆布瑞克(Hambrick Donald C.),以及印第安纳大学伯明顿分校(Indiana University Bloomington)的丹·道尔顿(Dalton Dan R.)。

　　同一期刊的文献数反映了该期刊对高管薪酬问题的关注,表 2-8 统计了发表高管薪酬领域文章最多的前 20 个外文期刊。

表 2-8　发表高管薪酬文章最多的前 20 个外文期刊

排　名	期　刊	论文篇数
1	*Journal of Business Ethics*	235
2	*Strategic Management Journal*	133
3	*Journal of Finance*	117
4	*Review of Financial Studies*	100
5	*Journal of Accounting Research*	85

排　名	期　　　刊	论文篇数
6	*Academy of Management Journal*	78
7	*Organization Science*	70
8	*Business Lawyer*	66
9	*Accounting Review*	63
10	*Financial Management*	62
11	*Management Science*	54
12	*Journal of International Business Studies*	53
13	*California Management Review*	51
14	*Journal of Financial and Quantitative Analysis*	45
15	*Economic and Political Weekly*	41
16	*Managerial and Decision Economics*	41
17	*University of Pennsylvania Law Review*	39
18	*Academy of Management Review*	37
19	*University of Chicago Law Review*	36
20	*Business Ethics Quarterly*	33

由表 2-8 可知,发表高管薪酬文献超过百篇的外文期刊共 4 个,分别是:《商业伦理学杂志》(*Journal of Business Ethics*)、《战略管理杂志》(*Strategic Management Journal*)、《金融研究》(*Journal of Finance*)和《金融研究评论》(*Review of Financial Studies*)。值得关注的是,在这些期刊中,共 11 种法律期刊、19 种管理学期刊、2 种会计学期刊、6 种金融学期刊、8 种经济学期刊,多元化的学科背景表明高管薪酬是一个交叉学科问题,现有学者从不同的专业角度解释了高管薪酬。与表 2-4 对中文文献的统计不同,表 2-8 中的外文文献级别较高,例如《金融研究》(*Journal of Finance*)、《管理科学学报》(*Academy of Management Journal*)等。

2.2 理 论 研 究

国外学者对最优契约论的研究开始于 20 世纪 70 年代。最优契约论以委托代理理论的研究框架为基础,将股东看作是委托人,高管看作是代理人,从股东利益出发,建立起一个将企业业绩与高管薪酬紧密联系起来的高管薪酬契约,并通过这种契约实现代理成本最小化,股东利益最大化。

2.2.1 委托代理理论

最优契约论发展的基础是委托代理理论,由威尔逊(Wilson,1969)[1],斯彭斯等(Spence et al.,1971)[2]、罗斯(Ross,1973)[3]、米里斯(Mirrless,1974,1976)[4][5]、霍姆斯特姆(Holmstrom,1979,1982)[6][7]、格罗斯曼等(Grossman et al.,1983)[8],以及霍姆斯特姆和米尔格罗姆(Holmstrom &

---

[1] Wilson, R.. The Structure of Incentive for Decentralization under Uncertainty [J]. *La Decision*, 1969(171).

[2] Spence, M., R. Zeckhauser. Insurance, Infermation and Individual Action[J]. *American Economic Review*, 1971(61).

[3] Ross, S.. The Economic Theory of Agency: The Principal's Problem[J]. *American Economic Review*, 1973(63).

[4] Mirrlees, J.. Notes on Welfare Economics, Information and Uncertainty [R]. Essays in Equilibrium Behavior under Uncertainty, edited by Michael Balch, Daniel McFadden and Shif-yen Wu. Amsterdam: North-Holland, 1974.

[5] Mirrlees,J.. The Optimal Structure of Incentives and Authority within Organization[J]. *Bell Journal of Economics*, 1976(7).

[6] Holmstrom, B.. Moral Hazard and Observability[J]. *Bell Journal of Economics*, 1979(10).

[7] Holmstrom, B.. Managerial Incentive Problems: A Dynamic Perspective [J]. *Review of Economic Studies*, 1982(66).

[8] Grossman, S., O. Hart. An Analysis of the Principal-Agent Problem [J]. *Econometrica*, 1983(51).

Milgrom,1987)①等学者创立并发展起来。委托代理理论关心的是,在委托人和代理人利益发生冲突而双方信息不对称的情况下,委托人如何通过机制设计有效地激励代理人。应用到企业,即在股东和高管利益诉求不一致时,股东如何通过设计最优高管薪酬契约有效地激励高管。委托代理理论经过几十年的发展,由传统的双边委托代理理论发展到多代理人理论、共同代理理论和多任务代理理论等。

传统的双边委托代理理论建立在一系列基本假设之上:第一,委托人和代理人的利益相互冲突。因为委托人和代理人都是经济人,他们必然最大化自身利益。但是两者的效用函数是不同的,委托人只关心代理人的产出,而代理人只关心委托人的支付,这就必然造成双方利益的冲突。第二,委托人和代理人之间信息不对称。这种信息不对称包括事前不对称和事后不对称两种情况。事前信息不对称即逆向选择问题,源于委托人对代理人能力的不完全知晓,使委托人只能通过代理人自己提供的一系列信息判断代理人的能力,例如文凭、工作经历等。事后信息不对称即道德风险问题,源于委托人对代理人努力程度的不完全知晓,使委托人只能通过代理人行为产生的结果(例如企业业绩)判断代理人的努力程度。

双边委托代理理论可以用模型进行描述。假定委托人是风险中性的,其目标函数 (V) 等于预期收益减去对代理人的预期薪酬支付。假定代理人是风险规避的,用 a 表示代理人的努力程度,$a \in A$,A 是代理人所有可选行为的集合。用 θ 表示不受代理人控制的外生随机变量,如果给定 a,则委托人的收益取决于 θ。A 和 θ 不为委托人可观测。用 $\pi(a,\theta)$ 表示委托人的收益函数,假定 π 是 a 的严格递增的凹函数(即如果给定 θ,代理人努力程度越高,委托人收益越高,但努力的边际产出递减)。委托人根据能观测到的收益水平决定代理人的薪酬 (s),于是代理人的薪酬函数为 $s(\pi)$。

委托人的目标函数为 $EV[\pi(a,\theta) - s(\pi(a,\theta))]$。代理人的预期效用 (U) 取决于得到的薪酬 (s) 和努力程度 (a)。另外,$U(s,a)$ 是 s 的增函数,

---

① Holmstrom, B. , P. Milgrom. Aggregation and Linearity in the Provision of Intertemporal Incentives[J]. *Econometrica*, 1987(55).

a 的减函数。因为代理人是风险规避的，U 是 s 的凹函数，于是代理人的目标函数为 $EU[s(\pi(a,\theta)),a]$。

要保证委托人和代理人之间委托代理关系的存在，还必须满足两个条件：第一是参与约束条件(IR)，即代理人从接受合同中得到的期望效用不低于不接受合同时能得到的最大期望效用(用 $\bar{u}$ 表示)，即 $EU[s(\pi(a,\theta)),a] \geqslant \bar{u}$。第二是激励相容约束条件(IC)，代理人总是选择自己效用最大化的努力程度。因此，如果 a 是委托人希望的行动，只有当代理人从选择 a 中得到的期望效用大于从选择 a' (a' 属于 A)中得到的期望效用时，代理人才会选择 a，即 $EU[s(\pi(a,\theta)),a] \geqslant EU[s(\pi(a',\theta)),a']$。

如果满足了(IR)和(IC)条件，委托人的目标函数就能达到最大，即：

$$\max EV[\pi(a,\theta) - s(\pi(a,\theta))]$$
$$(IR)EU[s(\pi(a,\theta))] \geqslant \bar{u} \qquad\qquad (2-1)$$
$$(IC)EU[s(\pi(a,\theta)),a] \geqslant EU[s(\pi(a',\theta)),a']$$

这就是经典的双边委托代理理论。在这里，我们看到，代理人产出这个变量将委托人效用函数和代理人效用函数两个看似独立的变量联系起来。委托人通过代理人产出制约代理人行为，代理人则通过代理人产出为自己争取合理的报酬。问题的关键就是代理人产出的可观测性和真实性。如果代理人产出是很容易被观察到的，那委托代理问题就变得很简单了。一方面，委托人按照薪酬合同，根据代理人的实际产出支付报酬；另一方面，代理人根据其想要得到的报酬确定自己的努力程度，进而影响产出。但是事实往往不那么理想。

这里存在两个问题：一是代理人产出的可观测性。由于委托人不能直接观察到代理人的行为，也就无法观测代理人的产出。二是代理人产出观测结果的真实性。由于委托人只能通过一些指标间接确定代理人产出，因此这些指标在多大程度上真实反映了代理人产出是另一个关键问题。之后，对双边委托代理理论的扩展和进一步补充大多是围绕这两个问题展开的。

可见，信息不对称是委托代理问题的关键。因为当委托人和代理人信息对称时,即使双方的利益是冲突的,也可以通过契约使双方利益达到可能的最优水平,这时就不存在激励约束问题了。正是因为信息不对称的存在,使代理人有办法为自己争取更多的利益,而委托人也会相应地保护自己的权益,激励约束问题便产生了。利益冲突为代理人背离委托人利益提供了动机,而信息不对称为代理人背离委托人利益创造了机会。

2.2.2　最优契约论

(1) 基本模型

基于上述委托代理理论的分析框架,一些经济学家把注意力放在了股东和高管之间的委托代理关系上,利用委托代理模型研究股东与高管之间的委托代理关系,求解激励高管的最优契约,这就是最优契约论。最优契约论并不是某个学者提出的理论,而是很多学者利用委托代理模型,寻找最合适的高管薪酬契约,这种基于委托代理理论的研究方法统称为最优契约论。

最优契约论将委托代理模型进一步参数化,假定 a 是高管的一个努力变量,企业产出函数为线性形式 $\pi = a + \theta$,其中,θ 是符合均值为零,方差为 σ^2 的正态分布随机变量,代表外生的不确定性因素。因此,$E\pi = E(a + \theta) = a$,$\mathrm{var}(\pi) = \sigma^2$,即高管的努力水平决定产出的均值,但不影响产出的方差。假定股东是风险中性的,高管是风险规避的。考虑线性的激励合同:$s(\pi) = \alpha + \beta\pi$,其中,$\alpha$ 是高管的固定收入(即基本薪酬),β 是高管分享的产出份额,即产出 π 每增加一个单位,高管的报酬增加 β 单位。$\beta = 0$ 意味着高管不承担任何风险,$\beta = 1$ 意味着高管承担全部风险。因为股东是风险中性的,给定 $s(\pi) = \alpha + \beta\pi$,股东的期望效用等于期望收入:

$$Ev(\pi - s(\pi)) = E(\pi - \alpha - \beta\pi) = -\alpha + E(1 - \beta)\pi = -\alpha + (1 - \beta)a$$

$$(2 - 2)$$

假定高管的效用函数具有不变绝对风险规避特征,即 $u = -e^{-\rho w}$,其中 ρ 是绝对风险规避度量,w 是实际货币收入。假定高管努力的成本是

$c(a) = ba^2/2$，这里 $b > 0$ 代表成本系数。

那么，高管的实际收入为 $w = s(\pi) - c(a) = \alpha + \beta(a + \theta) - (ba^2/2)$，高管的确定性等价收入为 $Ew - (\rho\beta^2\sigma^2/2) = \alpha + \beta a - (\rho\beta^2\sigma^2/2) - (ba^2/2)$。其中，$Ew$ 是高管的期望收入，$\rho\beta^2\sigma^2/2$ 是高管的风险成本。令 $\overline{w}$ 代表高管的保留收入水平，则如果确定性等价收入小于 $\overline{w}$，高管将不接受合同。因此，高管的最优化问题为：

$$\max -\alpha + (1 - \beta)a$$
$$(IR)\,\alpha + \beta a - \frac{1}{2}\rho\beta^2\sigma^2 - \frac{1}{2}ba^2 \geqslant \overline{w} \qquad (2-3)$$
$$(IC)\,a = \beta/b$$

将参与约束和激励相容约束带入目标函数，上述最优化问题可以重新表述为：

$$\max \frac{\beta}{b} - \frac{1}{2}\rho\beta^2\sigma^2 - \frac{b}{2}\left(\frac{\beta}{b}\right)^2 - \overline{w} \qquad (2-4)$$

一阶条件为：$\frac{1}{b} - \rho\beta^2\sigma^2 - \frac{\beta}{b} = 0$，即 $\beta^* = \frac{1}{1 + b\rho\sigma^2} > 0$。

这意味着，最优的高管薪酬契约包括两个部分，一部分是基本薪酬（α），与企业业绩无关；一部分是风险薪酬（$\beta\pi$），与企业业绩相关。其中，β 就是"高管薪酬—企业业绩相关度"，由参数（ρ,σ^2,b）决定。另外，β 是 ρ，σ^2 和 b 的递减函数。就是说，高管越是风险规避，产出的方差越大，高管越是害怕努力工作，他应该承担的风险就越小。后来的很多实证研究就是在利用各国的数据检验"高管薪酬—企业业绩相关度"，即 β 的大小，以及影响 β 的各种因素。

（2）模型扩展

基于最优契约论的基本模型，经济学家又做了进一步的扩展。在设计最优薪酬契约的过程中，最棘手的就是信息量的限制。模型根据企业业绩判断高管行为，但是这种方法在多大程度上能够真正反映高管努力，一直是令学者们烦心的问题，解决这个问题的一个方法就是将其他能够直接或者间接反映高管行为的信息引进模型,利用这些信息制定更准确有效的高管薪酬契约。于是,对最优契约模型的扩展主要围绕最优薪酬契约信息量的扩充问题展开,这些可利用的信息主要来自两个方面:高管过去行为和其他高管行为。

① 高管声誉激励——来自高管过去行为的信息

法码(Fama,1980)[①]认为,激励问题在委托代理文献中被夸大了。在现实中,代理人市场可以对代理人行为产生约束,因此"时间"可以解决问题。同样地,在竞争的经理人市场上,经理的市场价值取决于其过去的经营业绩。从长期来看,经理必须努力工作,建立自己在经理人市场上的声誉,从而获得较高的未来收入。

假设有两个生产阶段,每个阶段的生产函数为 $\pi_t = a_t + \theta + u_t$, $t = 1$,2。这里,π_t 为产出,a_t 为高管的努力水平,θ 为高管的经营能力(与时间无关),u_t 为随机变量。为简单起见,假定高管是风险中性的,并且贴现率为0。因此,高管的效用函数为:

$$U = w_1 - c(a_1) + w_2 - c(a_2) \tag{2-5}$$

假定 $c(a_t)$ 是严格递增的凸函数,且 $c'(a_t) = 0$。如果委托代理关系是一次性的,高管将不会有任何努力工作的积极性。但是,如果委托代理关系持续两个时期,高管则会在第一个时期努力工作。原因是,高管在第二阶段的工资 (w_2) 依赖于股东对高管经营能力 (θ) 的预期,而 a_1 通过对 π_1 的作用影响这种预期。

假定资本市场是完全竞争的,高管薪酬等于预期产出:

$$\begin{aligned} w_1 &= E(\pi_1) = E(a_1) = \bar{a}_1 \\ w_2 &= E(\pi_2/\pi_1) \end{aligned} \tag{2-6}$$

因此, $w_2 = E(\pi_2/\pi_1) = E(a_2/\pi_1) + E(\theta/\pi_1) + E(u_2/\pi_1) = E(\theta/\pi_1)$。

---

① Fama Eugene F.. Agency Problems and the Theory of the Firm[J]. *The Journal of Political Economy*, 1980(88).

市场根据 π_1 推断 θ，令：

$$\tau = \frac{\text{var}(\theta)}{\text{var}(\theta) + \text{var}(u_1)} = \frac{\sigma_\theta^2}{\sigma_\theta^2 + \sigma_u^2} \qquad (2-7)$$

即 τ 为 θ 的方差与 π_1 的方差的比率。σ_θ^2 越大，τ 越大。由此可得：

$$w_2 = E(\theta/\pi_1) = (1-\tau)E(\theta) + \tau(\pi_1 - \bar{a}_1) = \tau(\pi_1 - \bar{a}_1) \quad (2-8)$$

这意味着，给定 $\tau > 0$，时期 1 的产出越高，时期 2 的均衡工资 w_2 越高。将这个结论推广到 T 期，那么除最后一期的努力 a_T 为零外，所有 $(T-1)$ 期之前的努力均为正。并且，努力随年龄的增长而递减，即：$a_1 > a_2 > \cdots > a_{T-1} > a_T$，越接近退休年龄，努力的声誉效应越小。

当然，如果高管薪酬契约中以其过去的业绩表现作为今后高管奖励激励的基准，就会产生所谓的"鞭打快牛"现象。以前的业绩好，奖励的基点高，高管很难得到高报酬；以前的业绩差，奖励的基点低，高管反而得到高报酬，这又被称为"棘轮效应"。棘轮效应对业绩好的经营者是不公平的，不具有激励作用，反而会产生破坏作用。克服棘轮效应的方法是采用横向比较业绩评估的方法，即"相对业绩比较"。

② 相对业绩比较——来自其他高管行为的信息

假定 z 为另一个可观测的变量，与高管努力水平（a）无关。假定 z 服从均值为零，方差为 σ_z^2 的正态分布。高管薪酬合同变为：

$$s(\pi, z) = \alpha + \beta(\pi + \gamma z) \qquad (2-9)$$

其中，γ 代表高管薪酬与 z 的关系。这时，高管的确定性等价收入为：

$$\alpha + \beta a - \frac{1}{2}\rho\beta^2 \text{var}(\pi + \gamma z) - \frac{b}{2}a^2$$
$$\qquad (2-10)$$
$$= \alpha + \beta a - \frac{1}{2}\rho\beta^2(\sigma^2 + \gamma^2\sigma_z^2 + 2\gamma\text{cov}(\pi, z)) - \frac{b}{2}a^2$$

高管选择 a 最大化确定性等价收入，于是有 $a = \beta/b$。这个结果与基本模型是一致的，因为 z 与 a 无关，γ 不影响高管的努力水平，γ 的作用在于增加关于 β 的信息量。根据股东的最大化问题，可以得到：

$$\begin{cases} \beta = \dfrac{1}{1 + b\rho(\sigma^2 - \text{cov}^2(\pi, z)/\sigma_z^2)} \\[4mm] \gamma = -\dfrac{\text{cov}(\pi, z)}{\sigma_z^2} \end{cases} \tag{2-11}$$

可见,z 的引进为高管薪酬契约的设计提供了更多的信息。具体地,这种信息可以分为两种。如果 π 与 z 正相关,$\text{cov}(\pi, z) > 0$,$\gamma < 0$。$z > 0$ 可能意味着较好的外部条件,任何给定的 π 可能更多地反映了高管碰了好运气而不是付出高水平的努力。同样,$z < 0$ 可能意味着较差的外部条件,任何给定的 π 可能更多地反映了较高的高管努力水平。$\gamma < 0$ 将这些因素考虑进去,当外部因素不利时增加高管薪酬,外部因素有利时减少高管薪酬。$z > 0$ 意味着较不利的外部环境,这时应增加高管薪酬;$z < 0$ 意味着较有利的外部环境,这时应减少高管薪酬。就这样,利用与高管努力无关,与企业业绩有关的 z 的引入,增加了高管薪酬契约的信息量,使模型对高管薪酬契约的制定更加准确,提高了最优薪酬契约的有效性。

另外,还有一种特殊形式的相对业绩比较,即"锦标制度"(Lazear & Rosen,1981[①])。在锦标制度下,每个高管的所得只依赖于他在所有高管中的排名,而与其绝对表现无关。n 个高管有 n 个奖品,$w_1 \geqslant w_2 \geqslant \cdots \geqslant w_n$,业绩最好的高管得到 w_1,第二名得到 w_2,以此类推。如果各个高管的业绩是相关的(例如,同行业高管面临的行业竞争环境),锦标制度提供的信息就是有价值的,因为它可以提出更多的不确定性因素从而使股东对高管努力水平的判断更为准确,既降低风险成本,又强化激励机制。

2.2.3　管理者权力论

实践中,最优契约论也受到了很多挑战。其中,最大的挑战来自拜伯

---

① Lazear, E., S. Rosen. Rank-Order Tournaments as Optimum Labor Contracts[J]. *Journal of Political Economy*, 1981(89).

切克和弗里德(Bebchuk & Fried,2003)①提出的管理者权力论。该理论的基本思想是：在内部人控制的前提下,高管往往利用手中的权力以多种方式实现自身利益最大化。例如,高管可以通过对公司的控制权影响自己的薪酬,这时的最优薪酬契约不但没能解决代理问题,反而成为代理问题的另一表现形式。管理者权力越大,租金汲取能力越强,高管越有可能依靠权力自定薪酬。解决管理者权力的手段就是"抱怨成本"(outrage),外部人的"抱怨"会损害董事和高管的声誉,导致股东在代理权竞争中降低对现任高管的支持。高管薪酬契约越容易引起"抱怨",董事越可能不同意,高管也会尽量避免提出这种类型的薪酬提案。因而,一个对高管有利,但对股东不利的薪酬契约是否被采用,关键在于外部人的认可程度。但是,关于抱怨成本的具体形式和作用,管理者权力论并没有作详细解释。

虽然近些年来国内外关于管理者权力论的讨论越来越多,也有学者认为管理者权力论强调在内部人控制的情况下,高管薪酬契约的决定存在内生性,即高管可以通过控制董事会设计出符合自身利益最大化的薪酬契约,这适合解释股权分散或被内部人控制的公司。本书认为管理者权力论既无法取代最优契约论,来解释高管薪酬契约问题,也不能算是最优契约论的补充,来解释现实中的一些疑问。原因如下：

首先,最优契约论与管理者权力论研究的内容根本不属于同一个问题。最优契约论关注高管薪酬契约到底应该是什么样的,应该在多大程度上与公司业绩相结合,应该采取何种结合方式,是高管持股还是股权激励等。实践中,最优契约论出现了一些与结论相悖的现象。就此,管理者权力论批评了最优契约论,认为高管能够参与到自己的薪酬制定中,使最优契约论并不满足实施的前提。其实,管理者权力论提出的这个问题并不是薪酬契约本身的缺陷,只是契约制定过程中的问题。的确,管理者权力的膨胀可能影响到高管薪酬契约的制定,但这只是个别现象,并不影响最优契约论的有效性。

---

① Bebchuk, L. A., Jesse M. Fried. Executive Compensation as an Agency Problem[J]. *Journal of Economic Perspectives*, 2003(17).

其次,管理者权力论对高管薪酬的说明过于模糊化。一些概念是模糊的,例如抱怨成本,管理者权力论认为这种抱怨成本是指在公众普遍认为高管薪酬过高后高管所承担的成本。但究竟什么是抱怨成本,什么因素会影响抱怨成本? 正如墨菲(Murphy)指出的,这个概念"非常含糊以至于不可辩驳"。管理者权力论的一些解释更是模糊,例如,如何衡量管理者权力,管理者权力到底在多大程度上影响高管薪酬等。管理者权力论似乎只是提出了一些不具代表性的现象,将这些现象归结为管理者权力过大,然后就没有下文了。

另外,关于管理者权力论的一些检验大多用外部董事比例、独立董事比例、两职兼任情况等作为衡量管理者权力的变量,但这些变量都只是间接代表管理者权力,并不必然会带来管理者权力。如果从管理者权力论的角度,这些结果似乎说明管理者权力与公司业绩之间的关系。但是,也可以说,这些结果说明了公司治理结构与公司业绩之间的关系,"管理者权力"只是一个新鲜的概念罢了。因此,这些检验结果是值得怀疑的。

因此,管理者权力论研究的内容只是高管薪酬契约制定或实施过程中的一些小问题,这些问题可以通过进一步完善公司治理结构和维护股东权利来解决。而管理者权力论本身的逻辑缺陷则直接降低了管理者权力论的科学性和可信性。

2.3　经 验 检 验

为了促使高管努力工作,最大化股东利益,公司利用高管薪酬契约激励高管。由理论模型可知,确定最优薪酬契约的关键是找到合适的 β,即"高管薪酬—企业业绩相关度",最早关于最优契约论的经验分析就是检验"高管薪酬—企业业绩相关度"。在相当长一段时间内,学者们热衷于利用不同样本检验高管薪酬与企业业绩的相关性,一些研究认为高管薪酬与企业业绩不相关或者关系微弱,另一些研究认为高管薪酬与企业业绩正相关。

一些学者证明了高管薪酬与企业业绩无关或关系微弱。拉帕波特(Rapaport,1978)[①]发现,即使薪酬和绩效之间存在联系,这种联系也是很微弱的。西塞尔和卡罗尔(Ciscell & Carroll,1980)[②]发现 CEO 补偿与公司利润的关系不如其与公司规模的关系来得密切。罗森(Rosen,1992)[③]综述了大部分实证分析,认为股票收益对补偿的对数效应应该在 0.10~0.15 之间,这意味,为公司创造 20% 回报的 CEO 只比创造 10% 回报的 CEO 多拿 1 个百分点。阿加沃尔和西姆维克(Aggarwal & Samwick,1999)[④]发现,随着企业绩效风险增大,高管薪酬与企业业绩相关性大幅下降且趋近于零,即薪酬与企业绩效几乎无关。托西和戈麦斯希亚(Tosi & Gomez-Mejia et al.,2000)[⑤]研究了公司规模和业绩对高管薪酬的影响,发现规模对高管薪酬的解释力度是 40%,而业绩对高管薪酬的解释力度却只有 5%,薪酬与规模的相关度相比薪酬对业绩的相关度要大。

一些学者证明了高管薪酬与企业业绩的正相关关系。卢埃林和亨茨曼(Lewellen & Huntsman,1970)[⑥]对 50 家企业近 20 年的数据进行研究,发现企业会计利润和销售收入共同影响高管薪酬。考夫兰和施密特(Coughlan & Schmidt,1985)[⑦]用 149 家公司的数据证明了高管现金薪酬的变化与市场收益变动正相关,与销售额增长非线性相关。詹森和墨菲

---

① Rappaport, A.. Executive Incentives vs. Corporate Growth[J]. *Harvard Business Review*, 1978(56).

② Ciscel, David H., Thomas M. Carroll. The Determinants of Executive Salaries: An Econometric Survey[J]. *The Review of Economics and Statistics*, 1980(62).

③ Rosen Sherwin. Contracts and the Market for Executives[R]. In Lars Werin and Hans Wijkander, eds., Contract Economics (Blackwell, Cambridge, MA. And Oxford), 1992.

④ Aggarwal, R., A. Samwick, Why Do Managers Diversify Their Firms? Agency Reconsidered [J]. *Journal of Finance*, 2003(58).

⑤ Tosi H. L., Werner S., Katz J. P., Gomez-Mejia L. R.. How Much Does Performance Matter? A Meta-Analysis of CEO Pay Studies[J]. *Journal of Management*, 2000(26).

⑥ Lewellen, W., Huntsman B.. Managerial Pay and Corporate Performance[J]. *American Economic Review*, 1970(60).

⑦ Coughlan, A. T., R. M. Schmidt. Executive Compensation, Management Turnover and Firm Performance: An Empirical Investigation[J]. *Journal of Accounting and Economics*, 1985(7).

(Jenson & Murphy,1990)[1]用福布斯(Forbes)提供的 7 750 家公司的数据估计了"高管报酬—企业绩效相关度",他们发现股东财富每增加 1 000 美元,高管薪酬增加 2.19 美分。他们还认为,由于存在许多政治原因,规模较大的企业高管薪酬与业绩的相关性较低。吉本斯和墨菲(Gibbons & Murphy,1990)[2]对 1974～1986 年的 1 049 家公司研究发现,高管薪酬变化与公司绩效明显正相关,与行业或市场绩效明显负相关。阿宝德(Abowd,1990)[3]以 ROA、ROE 和公司市场收益为自变量,以高管现金薪酬为因变量,发现现金薪酬与经济和市场收益显著正相关,但与会计收益弱相关。格哈特和米尔科维奇(Gerhart & Milkovich,1990)[4]分析了 200 多家公司的 14 000 名高管的薪酬,发现高管薪酬与公司绩效正相关。豪布里希(Haubrich,1994)[5]认为,詹森和墨菲(Jenson & Murphy,1990)对高管薪酬绩效敏感度的估计无论怎样低,都可以很好地符合代理理论对风险厌恶的管理者的预期。迈赫(Mehran,1995)[6]利用 1979～1980 年 153 家制造业公司的数据,发现对 CEO 的激励报酬是提高公司绩效的动力,公司绩效与 CEO 持股比例正相关,与 CEO 报酬中以股权为基础的报酬比例正相关。霍尔和利布曼(Hall & Libman,1998)[7]利用美国上百家公司近 15 年的数据研究高管薪酬与公司绩效之间的关系,用"市值每增长 1% 带来的高管薪酬增加的百分数"和"市值每变化 1 000 美元带来的高管薪酬变化额"两项指标来衡量高管薪酬与企业业绩的相关度。他们发现高管薪

① Jensen M., Murphy K. J.. Performance Pay and Top-Management Incentives[J]. *Journal of Political Economy*, 1990(98).

② Dechow P. M., R. G. Sloan. Executive Incentives and the Horizon Problem: An Empirical Investigation[J]. *Journal of Accounting and Economics*, 1991(14).

③ Abowd J.. Does Performance Based Managerial Compensation Affect Corporate Performance? [J]. *Industrial and Labor Relations Review*, 1990(43).

④ Gerhart, Barry, George T. Milkovich. Organizational Differences in Managerial Compensation and Financial Performance[J]. *The Academic of Management Journal*, 1990(33).

⑤ Haubrich Joseph. Risk Aversion, Performance Pay, and the Principal-Agent Problem[J]. *Journal of Political Economy*, 1994(102).

⑥ Mehran, H.. Executive Compensation Structure, Ownership, and Firm Performance[J]. *Journal of Financial Economics*, 1995(38).

⑦ Hall Brian J., Liebman Jeffrey B.. Are CEOs Really Paid Like Bureaucrats? [J]. *Quarterly Journal of Economics*, 1998(113).

酬与公司业绩的相关度很高,并且这种相关度从 1980 年到 1994 年是递增的,这种递增趋势主要来源于高管持股价值的变化。布鲁诺和格拉齐亚诺(Brunello & Graziano,2001)①发现意大利公司实际利润每增加 1 000 万里拉,高管薪酬增加 3.1 万里拉。坎宁和赫(Conyon & He,2008)②发现中国上市公司高管薪酬与公司规模、业绩和成长机会正相关,与公司风险负相关。

可见,虽然学者们的观点并不统一,但大部分结论都支持高管薪酬与企业业绩的正相关性。这不仅说明大部分上市公司的高管薪酬能够做到与企业业绩挂钩,还说明高管薪酬越高,高管工作越努力,企业业绩提升越多,证实了最优契约论的理论观点。

中国学者对高管薪酬契约的研究开始于近十年,这些研究大多为经验检验,在理论方面并无重大突破。在《经济研究》和《管理世界》上发表的高管薪酬方面的文章共有 17 篇。这 17 篇文章内容涉及以下几个方面:高管薪酬与公司业绩的相关性、高管薪酬差距、高管持股激励、国有企业高管薪酬、高管薪酬与投资决策、高管薪酬与管理者权力,以及高管薪酬与政府干预等。这说明高管薪酬问题已经引起国内学者的关注。

国内最早研究高管薪酬与企业业绩相关性的文章来自魏刚(2000),早期的一些研究发现高管薪酬与企业业绩之间不存在显著的相关关系或者关系微弱。魏刚(2000)③用 1999 年 719 家上市公司的数据,证明了中国上市公司的高管薪酬水平和公司绩效不存在显著的相关关系。李增泉(2000)④用 1998 年 800 多家上市公司的数据,检验高管薪酬和企业业绩之间的关系,发现高管薪酬与企业规模存在显著关系,但与净资产收益率不存在显著关系。谌新民等(2003)⑤用中国上市公司 2001 年的数据检验

---

① Brunello G. , Graziano C. , Parigi B.. Executive Compensation and Firm Performance in Italy [J]. *International Journal of Industrial Organization*, 2001(19).

② Conyon M. J. , Lerong He. Executive Compensation and CEO Equity Incentives in China's Listed Firms[R]. Cornell University ILR School, Working Paper, 2008.

③ 魏刚. 高级管理层激励与上市公司经营绩效[J]. 经济研究,2000(3).

④ 李增泉. 激励机制与企业绩效——一项基于上市公司的实证研究[J]. 会计研究,2000(1).

⑤ 谌新民,刘善敏. 上市公司经营者报酬结构性差异的实证研究[J]. 经济研究,2003(8).

了高管薪酬结构与公司绩效之间的关系,发现高管持股比例与经营绩效显著弱相关。

之后的一些研究发现高管薪酬与企业业绩之间存在正相关关系。张俊瑞等(2003)[①]证明了高管薪酬与企业业绩有较稳定的正相关关系。杜胜利等(2005)[②]用上市公司 2002 年的数据检验影响高管薪酬的因素,发现公司规模和公司绩效均与高管薪酬显著正相关,而国有股比例和无形资产比例与高管薪酬显著负相关。邵平等(2008)[③]专门研究了影响高管薪酬与企业业绩敏感性的因素,发现公司规模、负债比率、收益波动性与敏感性呈负相关关系,外资进入、高管任职时间、金融监管以及董事会独立性对敏感性的影响不显著。唐清泉等(2008)[④]以 152 家上市公司 2002～2004年的数据为样本,发现高管薪酬对公司业绩具有显著的激励效应。陈旭东等(2008)[⑤]对 2005 年 1 145 家上市公司的高管薪酬与绩效相关性进行研究,发现高管薪酬与企业绩效、规模、成长性显著正相关,与财务杠杆和国有股比例显著负相关。李燕萍等(2008)[⑥]发现高管薪酬与公司绩效存在显著正相关关系。方军雄(2009)[⑦]利用上市公司 2001～2007 年的面板数据进行深入研究,发现上市公司高管薪酬与公司业绩敏感度存在黏性,当公司业绩上升时,高管薪酬增加的程度远远超过公司业绩下降时高管薪酬减少的程度。方军雄(2011)[⑧]从薪酬变动的非对称性(即薪酬尺蠖效应)的角度研究上市公司高管与普通员工薪酬差距拉大的原因。研究发现,业

---

①　张俊瑞,赵静文,张建.高级管理层激励与上市公司经营绩效相关性实证分析[J].会计研究,2003(9).

②　杜胜利,翟艳玲.总经理年度报酬决定因素的实证分析——以我国上市公司为例[J].管理世界,2005(8).

③　邵平,刘林,孔爱国.高管薪酬与公司业绩的敏感性因素分析——金融业的证据(2000～2005年)[J].财经研究,2008(1).

④　唐清泉,朱瑞华,甄丽明.我国高管人员报酬激励制度的有效性——基于沪深上市公司的实证研究[J].当代经济管理,2008(2).

⑤　陈旭东,谷静.上市公司高管薪酬与企业绩效的相关性研究[J].财会通讯(学术版),2008(6).

⑥　李燕萍,孙红,张银.高管报酬激励、战略并购重组与公司绩效——来自中国 A 股上市公司的实证[J].管理世界,2008(12).

⑦　方军雄.我国上市公司高管的薪酬存在黏性吗?[J].经济研究,2009(3).

⑧　方军雄.高管权力与企业薪酬变动的非对称性[J].经济研究,2011(4).

绩上升时,公司高管获得了相比普通员工更大的薪酬增幅,而在业绩下滑时高管的薪酬增幅并没有显著低于普通员工。

上述结论中,大部分显示中国上市公司高管薪酬与公司业绩之间存在正相关关系,这说明中国公司的高管薪酬基本做到了与公司业绩挂钩。高管薪酬与企业业绩的正相关关系在2000年之前并不明显,而在2000年之后变化显著,这也反映了中国上市公司高管激励制度的日益完善。

不同于国外研究对上市公司的唯一关注,中国学者十分关注国有企业的高管薪酬。一些学者认为,由于政府对国有企业高管薪酬的管制政策,使得国有企业高管薪酬低于非国有企业高管薪酬,迫使国有企业高管不得不寻找其他补偿方式,例如在职消费等。赵文红等(1998)[1]认为,当高管的工资偏低时,就会寻求在职消费,这主要因为国有企业高管与非国有企业高管的收入差距过大。陈冬华等(2005)[2]从薪酬管制的特殊制度背景出发,对上市公司高管人员在职消费行为进行理论分析,并对影响在职消费的主要因素与薪酬管制的经济后果进行了实证检验,最终发现,中国国有企业高管在职消费主要受企业租金、绝对薪酬和企业规模等因素的影响。由于薪酬管制的存在,在职消费成为国有企业管理人员的替代性选择,说明在职消费内生于国有企业面临的薪酬管制约束。吕长江等(2008)[3]用国有企业2001～2004年的数据研究发现权力大的高管可以自定薪酬,使自己在获取权力收益的同时实现高货币薪酬,并不需要盈余管理迎合董事会的激励要求;而权力较弱的高管则更关注货币薪酬,只能通过盈余管理达到薪酬考核的目的。罗宏等(2008)[4]利用国有上市公司2003～2006年的数据进行检验,发现国有企业高管在职消费与公司业绩负相关,而支付现金股利则可以显著降低在职消费。辛清泉等(2009)[5]利用上市公司2000～2005年的数据进行检验,发现市场化进程增加了国有

① 赵文红,李垣.中国国企经营者"在职消费"行为探讨[J].经济体制改革,1998(5).
② 陈冬华,陈信元,万华林.国有企业中的薪酬管制与在职消费[J].经济研究,2005(2).
③ 吕长江,赵宇恒.国有企业管理者激励效应研究——基于管理者权力的解释[J].管理世界,2008(11).
④ 罗宏,黄文华.国企分红、在职消费与公司业绩[J].管理世界,2008(9).
⑤ 辛清泉,谭伟强.市场化改革、企业业绩与国有企业经理薪酬[J].经济研究,2009(11).

企业高管薪酬与公司业绩之间的敏感性。另外,市场化改革降低了国有企业高管的在职消费。

尽管已经有不少学者开始关注国有企业高管薪酬问题,但是关于国有垄断企业高管薪酬问题的讨论却很少。高明华(2010)[①]采用基于业绩的高管薪酬评价方法,计算出 2009 年沪深两市 1 581 家上市公司的高管薪酬指数,发现国有垄断企业的高管薪酬指数普遍较低。但他认为,这不能说明国有垄断企业高管存在激励不足问题,因为垄断企业的业绩不完全来自高管人员的努力。高明华和杜雯翠(2010)[②]按照赫芬达尔指数将上市公司分为垄断企业和非垄断企业两类,提出垄断的"放大效应",认为垄断企业的"高管薪酬—企业业绩相关度"应该低于非垄断企业的"高管薪酬—企业业绩相关度",但现实则正好相反,证明了垄断企业高管薪酬的不合理性。高明华(2011)[③]认为盈利性国有垄断企业的利润更多地来源于政府赋予的垄断优势,将垄断租金排除在外后,盈利性国有垄断企业的净利润大幅下降。因此,盈利性国有垄断企业高管薪酬要与其实际业绩挂钩,而不是名义业绩。另外,高管薪酬也不能只考虑显性薪酬,还要考虑隐性薪酬。

2.4　本章小结

随着公司内部代理问题的日益严重,以及高管丑闻的频繁曝出,高管成为解决公司代理问题的关键。解决高管代理问题的首要途径就是通过高管薪酬激励其努力工作,同时对高管行为进行约束。目前,关于高管薪酬契约的主流理论是最优契约论,该理论认为股东能够从自身利益出发设计出符合股东价值最大化的薪酬契约,这种理论被主流经济学家所推崇。最优契约论基于委托代理理论,将股东看作是委托人,高管看作是代理人,

---

①③　高明华. 中国上市公司高管薪酬指数报告(2010)[M].经济科学出版社,2010.

②　高明华,杜雯翠.垄断企业高管薪酬:不足还是过度?[J]. 学海,2010(3).

通过高管薪酬将两者的利益结合起来,实现代理成本的最小化。为优化高管薪酬最优契约,学者们利用其他信息(如高管历史信息、其他高管信息)扩展最优契约模型。

关于高管薪酬契约的经验检验十分丰富,尤其是国外学者的工作已经非常深入,研究内容不仅仅局限于高管薪酬与公司业绩的相关性检验,还进一步研究高管薪酬与内部交易、高管在职消费、高管薪酬与高管变更、高管薪酬与公司并购,以及高管薪酬与金融危机等问题。但国内学者的研究还并不深入,而是将目光更多地集中在高管薪酬与公司业绩的相关性检验上,检验结果与国外学者的成果几乎相同。另外有些文章也涉及高管薪酬的其他检验,但这些检验大多没有相应的理论分析作为支持,只是数据的计算和回归。

近些年来,随着高管薪酬实践的不断深入,最优契约论也不断接受挑战。其中,最著名的挑战来自哈佛大学商学院拜伯切克和弗里德(Bebchuk & Fried,2003)[①]提出的管理者权力论(Management Power)。该理论的基本思想是:在内部人控制的前提下,高管往往利用手中的权力以多种方式实现自身利益最大化。例如,高管可以通过对公司的控制权影响自己的薪酬,这时的最优薪酬契约不但没能解决代理问题,反而成为代理问题的另一表现形式。管理者权力越大,租金汲取能力越强,高管越有可能依靠权力自定薪酬。解决管理者权力的手段就是"抱怨成本"(outrage),外部人的"抱怨"会损害董事和高管的声誉,导致股东在代理权竞争中降低对现任高管的支持。高管薪酬契约越容易引起"抱怨",董事越可能不同意,高管也会尽量避免提出这种类型的薪酬提案。但是,关于抱怨成本的具体形式和作用,管理者权力论并没有作详细解释。

虽然有学者认为管理者权力论强调在内部人控制的情况下,高管薪酬契约的决定存在内生性,即高管可以通过控制董事会设计出符合自身利益最大化的薪酬契约,这适合解释股权分散或被内部人控制的公司,本书认

---

① Bebchuk, L. A., Jesse M. Fried. Executive Compensation as an Agency Problem[J]. *Journal of Economic Perspectives*, 2003(17).

为管理者权力论既无法取代最优契约论，来解释高管薪酬契约问题，也不能算是最优契约论的补充，来解释现实中的一些疑问。原因首先是最优契约论与管理者权力论研究的内容根本不属于同一个问题。其次，管理者权力论对高管薪酬的说明过于模糊化。另外，关于管理者权力论的一些检验大多用外部董事比例、独立董事比例、两职兼任情况等作为衡量管理者权力的变量，但这些变量并不必然会带来管理者权力，因此检验结果是值得怀疑的。

因此，管理者权力论研究的内容可以通过进一步完善公司治理结构和维护股东权利来解决。而管理者权力论本身的逻辑缺陷则直接降低了管理者权力论的科学性和可信性。

当然，最优契约论也存在一些缺陷，例如，假设过于完美，并没有针对某种类型公司专门设计的高管薪酬契约模型。存在这种缺陷的原因是，最优契约论源于西方发达国家，西方国家的公司大多股权分散，归私人所有，因而没有必要研究其他所有制类型公司。但是，中国国有企业的比重是很大的，这些公司有着与众不同的制度背景和治理结构。因此，西方的一些理论模型和经验证据未必适用于中国企业，尤其是盈利性国有垄断企业。

第3章　高管薪酬制度变迁

西方国家高管薪酬制度起源于工业革命前后,我国高管薪酬制度形成于 19 世纪下半叶,尽管高管薪酬制度起源的时间差异较大,但薪酬制度的作用与特点极为相似。本章梳理西方国家与我国高管薪酬制度的起源和变迁,总结次贷危机后高管薪酬制度的新发展。

3.1　国外企业高管薪酬制度变迁①

西方国家企业高管薪酬制度最早可以追溯到英国工业革命以前,企业制度在经过工业革命的洗礼发展起来之后,特别是作为主要经济组织的现代企业广泛出现之后,西方国家高管薪酬制度才逐渐确立起来。经过几百年的演变和发展,西方发达国家已经普遍建立起一套比较规范的企业高管薪酬制度。随着现代科学技术、信息技术的飞速发展以及现代企业管理理论和公司治理理论的不断完善,西方国家高管薪酬制度也在不断地发展和完善。

3.1.1　萌芽阶段——从 17 世纪欧洲行会制度衰落到工业革命前夕

17 世纪的欧洲,随着技术的不断进步和经济社会的不断发展,带有宗教色彩的行会制度日益衰落,而以家庭生产为主体和以师徒关系为纽带的

---

① 高明华等.中国上市公司高管薪酬指数报告(2009)[M].经济科学出版社,2010.

手工工场在手工业制造、金属冶炼、采矿等行业中不断发展;同时,随着商业活动的发展,专门进行商业活动的坐商行贾也不断发展,商业经营的范围逐渐超越家庭的范畴,跨行业、跨地区的分工和交易不断扩大,独家进行的商业活动和合伙制的商业机构开始不断壮大。此外,合伙制度、法人性质的实体、无限公司以及具有殖民色彩的管制公司等对现代公司制企业最终产生推动作用的组织制度也于这一时期在欧洲不断出现。在这一阶段,手工工场的家长和工匠师傅、专门从事商业活动的商人和高利贷者等,除了部分从事与组织中其他成员一样的生产、经商和放贷工作以外,还开始主要承担组织和协调等经营管理工作,并在整个经营活动中承担经营风险。作为他们从事管理工作和承担经营风险的回报,他们会更多地占有全体组织成员共同创造的利润,西方国家高管薪酬制度就是在这种背景下开始萌芽的。

萌芽阶段具有如下几个显著特点:一是现代企业制度开始出现,这为高管薪酬制度的产生奠定了组织基础和制度保障。随着技术进步和社会发展,传统的行会制度不断动摇,具有现代企业雏形的经济组织不断产生,手工工场和商业活动已经逐渐突破家庭的范畴,这些转变从组织制度上为高管薪酬制度的最终产生提供了基础。二是专门从事经营管理工作的高管人员开始从生产者队伍中脱离出来。由于技术的不断发展和生产规模的不断扩大,手工工场中的家长和有威望的工匠师傅以及商业领域中资金比较雄厚的商人开始逐渐脱离生产者队伍,把主要精力放在管理和经营上,向专职的管理人员转变。三是针对高管人员的薪酬激励开始萌发。有威望的工匠师傅和资金雄厚的商人在从事生产、经商和放贷等工作之外,将更多的精力放在了经营管理上,承担着经营管理的风险,作为他们努力的回报,他们会更多地占有企业利润。四是高管人员薪酬激励具有一定的差异性和随意性。在这一阶段,虽然传统的行会制度出现动摇,但传统的观念和生产方式仍然发挥着重要的影响,同时由于欧洲各国生产技术的发展水平不尽相同,以及传统工匠作坊向手工工场过渡的程度各异,所以在高管人员的薪酬激励方面差异性较大,且具有明显的随意性。

3.1.2 逐步形成阶段——从工业革命开始到 20 世纪初

经过工业革命,西方发达国家的生产技术迅速发展,生产力水平快速提升。与此同时,现代企业制度也不断普及和发展,尽管个人业主制企业和合伙制企业在数量上仍然占据统治地位,但公司制企业发展迅速。随着企业管理实践的发展和企业理论研究的深入,高级管理人员的薪酬激励问题开始逐渐受到重视,高管薪酬制度逐步形成。这一阶段大致又可以分为三个时期。

(1) 工业革命时期

在这一时期,个人业主制企业和合伙制企业是主要的企业形态。由于在这两种企业形态中,企业的高管人员同时又是企业的出资人,因此企业高管人员独占或共享企业剩余索取权成为对其进行激励的主要方式。在这两种企业形态中,企业的所有权和经营权并没有分离,虽然涉及对高管人员的激励问题,但现代高管薪酬制度并没有从这一时期真正建立起来。

工业革命初期,随着科学技术逐步运用于生产实践,企业在原有手工工场的基础上发展起来。工业革命产生了一批以大机器生产为特点的工厂,并成为资本主义早期的基本生产组织形式。这些工厂在财产组织形式上一般属于个人业主制企业。其特点是企业所有制单一,由企业主个人出资经营,风险由自己承担。从法律上看,这种企业属于自然人企业,企业在法律上是与出资人一体的。个人业主制企业虽然具有所有权与经营权合一所产生的种种优点,但也存在企业缺乏独立性、存续时间短、信誉度低、企业规模小、借还贷能力有限和难于从事大规模产业投资的局限。不过,这种企业制度和企业管理体制与产业革命初期的经济发展状况是适应的。

随着生产社会化程度的提高,以及生产规模和所需资金量的不断增大,合伙制企业开始发展起来。合伙制企业是由两个以上的个人或个人业主制企业通过签订合伙协议联合经营的经济组织。这种企业可以由一人出面经营,也可由若干合伙人共同经营。经营收益由全体合伙人分享,经营亏损由全体合伙人共担。出现倒闭情况时,合伙人负担无限的连带责任。合伙制企业虽能以集体名义从事经营活动,但从其财产关系上讲不具有法人性质,仍属于自然人企业,其经营管理体制也仍然是企业的所有权与经营权合一的一体化模式。合伙制企业虽然筹集的资金量增加,可以从事资产规模较大的生产和经营活动,且对企业债务的连带责任增强了对企业经营利益的关切度,促使企业高管人员加强责任心,有助于提高企业的信誉度,但合伙制企业制度仍然存在一些缺点:一是资产的增加仍难以满足社会化大生产的要求;二是高管人员与合伙者没有分离,决策效率低下;三是合伙人之间无限的连带责任增大了投资风险等。

在这一时期,无论是个人业主制企业还是合伙制企业,虽然企业制度已经建立起来,对高管人员的激励问题也已经涉及,但由于企业的经营权和所有权并没有分离,企业的经营者同时又是企业的所有者,独立的企业经营管理队伍还不存在,高管薪酬制度并没有正式建立起来。

(2) 工业革命逐步完成到 19 世纪末

伴随着工业革命的逐步完成,企业形态也进一步发生了变化,现代公司制企业在这一时期迅速发展,相应地,人们开始认识到高管薪酬制度的重要性和必要性。

进入 19 世纪后,法人制度得到确立,公司制度特别是股份有限公司制度开始全面发展。1825 年,英国国会废除《取缔投机行为和诈骗团体法》,放松了对民间创办合股公司的限制;1834 年,通过《贸易公司法》,允许通过专利许可证而不是特许状来成立法人公司,实际上承认了合股公司的法人地位;1844 年,颁布《合股公司法》;1855 年,英国在吸取法国法律的经验后,制定了《有限责任法》,承认公司股东的有限责任制度和公司法人制度;1837 年,美国颁布了第一部一般公司法,规定了标准的公司注册程序。[①]一系列法律的出台,为现代公司制企业的发展奠定了法律基础。

到了 19 世纪中期,随着社会生产力的不断积累和发展,企业规模不断

---

① 李由.公司制度论[M].北京师范大学出版社,2003.

扩大,人员机构增多,特别是重工业开始迅速发展,科学技术成果在生产中日益被广泛应用,企业的生产经营规模和资金也空前膨胀,企业的经营管理也日益复杂起来。在这种情况下,原有的企业模式和管理方式越来越难以满足生产社会化和市场经济发展的新要求,于是,公司制企业迅速发展起来。公司制企业一般是由为数众多的股东参股的股份有限公司或由国家、法人投资合办的有限责任公司,企业的所有者只对企业的经营状况承担有限责任,同时实现了企业所有权和经营权的分离,进而实现了自然人企业向法人实体的转变。

到了19世纪下半叶,西方各国的公司制企业在三大因素的刺激下,实现了规模和数量上的急剧发展:一是科学技术上的新发展和新发明迅速涌现,它们在生产中的运用越来越广泛;二是市场竞争越来越激烈,中小企业出于抑制竞争和谋求共同利益的需要,以及新兴工业部门出于扩张的需要,促使企业自身通过横向和纵向一体化而不断扩张,公司之间开始采取各种形式的联合,如辛迪加、卡特尔、托拉斯、康采恩等垄断组织纷纷出现;三是随着国际分工和国际贸易的深化,公司制企业开始走向跨国生产和竞争。到19世纪末,公司制企业已经成为西方企业的重要组织形式。

在现代公司制企业迅速发展的同时,高级管理人员薪酬激励不足的问题开始显现出来。企业中承担主要风险的是股东,而不是高级管理人员,股东不能直接观察并证明高级管理人员的努力水平和工作态度。企业高级管理人员获取的是由公司所有者定期支付的劳动报酬,而劳动报酬的高低主要由公司所有者决定,与企业的经营绩效不直接挂钩。在这种情况下,公司制企业的创造性、主动性和目的的一致性,以及行动的敏捷性往往很难实现。

(3) 19世纪末到20世纪初

19世纪末至20世纪初,随着社会化大生产的进一步发展,现代科技与生产进一步结合,现代企业制度进入新的阶段,以有限责任公司和股份公司为主导的企业组织形式开始在西方普及。这时的企业已成为法律上独立的权利义务主体,即法人企业;在财产关系上形成了企业终极所有权归出资人,而企业经营上的控制权则归企业法人支配的两权分离状态。在管理体制上也先后经历了事业部制、超事业部制等向集团经营管理发展的时期。为了能够对高级管理人员进行有效地激励,改变对高管人员激励不足的问题,通过建立高管薪酬制度对其进行薪酬激励便是一个十分有效的途径。

20世纪初,最早建立现代高管人员薪酬制度的是美国的一些大型工业企业。这些企业开始用基本工资加年度奖金为其最高管理者计算激励性报酬。在企业经营形势和客观环境较好的时候,高管人员的报酬数目相当可观。例如1928年,当时钢铁业巨头之一的伯利恒钢铁厂首席执行官就获得了190多万美元的奖金,如果不算税收,折合到20世纪90年代初的价值水平,约合2 500万美元之巨。在汽车行业,高管人员薪酬制度的演化主要与企业之间的激烈竞争有关。例如,为了应付来自福特汽车公司的竞争挑战,通用汽车公司建立了以部门为利润中心的管理格局,同时也采用了按年度业绩来计算和分配的奖金制度。对于中高管人员来说,这些奖金可以达到工资的2～3倍。[①]

总之,在这一时期,为了对作为代理人的高级管理人员进行有效地激励,改变高管人员激励不足的问题,作为委托人的企业所有者必须通过建立高管薪酬制度对其实施薪酬激励。激励办法主要是给予高级管理人员合理的薪酬,将其收入与企业的利润挂钩,即以利润率作为计量其经营绩效的指标,以刺激他们追求企业利润的最大化。现代高管薪酬制度就是在这种情况下正式建立起来的。

3.1.3　发展和完善阶段——从20世纪初至今

20世纪初,西方国家现代高管薪酬制度正式在美国建立起来,经过一个世纪左右的发展,已经日臻完善。高管薪酬制度作为一项重要的企业制度在现代西方企业的发展中发挥了重要的作用。根据西方国家高管薪酬制度的实际发展状况,可以大致划分为两个阶段。

---

① 宁向东.公司治理理论(第2版)[M].中国发展出版社,2006.

(1) 20 世纪初至 20 世纪 60 年代末

20 世纪初至 20 世纪 60 年代末是西方国家高管薪酬制度快速发展的时期。在这一时期,高级管理人员的薪酬制度主要表现在奖金制度上,以年度分配为基础的短期激励开始普及,高管人员的薪酬水平也随之迅速提高。以年度奖金为主的短期薪酬激励制度作为高管人员薪酬制度创新的最初尝试,比较有效地对高级管理人员实施了激励。例如通用公司通过建立高管人员年度奖金制度使企业的运行效率得到极大的提高,该制度后来被许多公司所效仿。到了 20 世纪 60 年代,以年度分配为基础来确定的短期激励性报酬制度已经很普遍了。

与此同时,现代大公司的管理权不可避免地出现了从私人资产所有者(股东)向拥有管理技术的管理者转移。在股份公司中,作为公司所有者的股东拥有一系列明确的权利,其中最重要的是支配权和剩余索取权。股东权利的弱化通常不是表现在剩余索取权上,而是表现在支配权上。股东的支配权主要通过投票权显示出来,由于大公司高速成长带来的公司股权日益分散,使得大多数股东无法出席股东大会。在这种情况下,缺席的股东可委托他人投票从而使股东的投票权演变成委托他人投票的权力。委托书制度弱化了股东对公司经营权的支配。股东与其拥有的权利发生了很大的分离。

回顾这一时期的高管薪酬制度我们可以看到:一方面,公司制企业通过建立高管薪酬制度对高级管理人员进行薪酬激励,有效地激发了高管人员从事经营管理工作的动力;另一方面,由于企业规模的扩大和管理工作复杂程度的加大,随之而来的委托—代理问题日益突出,企业实际的经营控制权逐渐从企业所有者向高级管理人员转移,尤其是在大型股份公司中,由于股权的日益分散,进一步加剧了这种转移。在这种情况下,如何有效地解决委托—代理问题,使高管人员尽量减少追逐短期利益和忽视企业长期发展的行为,使高管人员的目标与企业长期发展的目标相一致,便成为西方高管薪酬制度建设中亟待解决的问题。

(2) 20 世纪 70 年代至今

20 世纪 70 年代开始,高管人员薪酬制度再次发生重大突破,这就是长期激励性报酬的出现和制度的确立,以及随后出现的高管薪酬形式的多样化。具体来说,从这个时期开始,高管人员的报酬结构有了极大的变化:以长期激励性报酬为主体的报酬制度取代了以基本工资和年度奖金为主体的高管薪酬制度;单纯以股票形式发放的长期激励性报酬逐渐发展到多样化的长期激励性报酬;薪酬从以累积的每股收益作为业绩测评指标逐渐发展到采用能够全面和准确地反映企业真实的价值增长的各种综合测评指标。此外,由于现代金融和财务手段不断改善,现代高管薪酬制度对高管人员的激励更加科学有效。到 20 世纪 80 年代中期,美国最大的 200 家公司中大约有 60%以上都建立了不同形式的长期激励性报酬制度。90 年代以后,西方国家的绝大多数大型企业都向其高管人员发放了以股票认购期权为主要形式的长期激励性报酬。[1] 到了 21 世纪,高管薪酬制度又有了发展,具体形式主要包括:股票认购期权、股票期权、限制性股票、股票升值权、影子股票、账面价值股票、业绩股份、股票无条件授予等。

在这一阶段,尤其是随着 20 世纪 80 年代后期公司治理浪潮的兴起,西方国家高管薪酬制度有了长足的发展,对高管人员在企业中的地位和作用进一步明确,对高管人员薪酬激励的制度更趋合理。企业通过建立有效的高管薪酬制度,既保证了高管人员人力资本价值的实现,又可以有效防止其机会主义和败德行为。20 世纪 70 年代至今成为西方高管薪酬制度不断完善的时期。

3.2　国内企业高管薪酬制度变迁[2]

3.2.1　新中国成立前企业高管薪酬制度

高管薪酬制度随着西方企业(当时称为"洋行")进入中国,伴随着中国

---

① 　宁向东.公司治理理论(第 2 版)[M].中国发展出版社,2006.
② 　高明华等.中国上市公司高管薪酬指数报告(2009)[M].经济科学出版社,2010.

资本主义经济的缓慢发展逐渐形成,并在 19 世纪中后期至 1949 年新中国成立的近一百年的时间里,有了一定程度的发展。中国企业的高管薪酬制度既借鉴了西方高管薪酬制度的经验,同时也同中国的实际相结合,具有十分明显的中国特色。

1840 年鸦片战争以前,中国基本上处于自给自足的自然经济状态,处于萌芽状态的资本主义经济在中国缓慢地发展。19 世纪中叶,随着西方列强对中国的侵略,中国的自然经济状态被逐渐打破,一大批西方国家开办的企业在中国开始出现。19 世纪 60 年代到 90 年代,中国的洋务运动开始蓬勃发展,众多仿照西方企业模式建立的官办和官商合办的洋务派企业开始不断设立。在这一时期,中国民族工商业和银行业也开始发展,出现了山西票号这样的现代银行业的雏形,同时也出现了晋商、徽商等具有某些现代工商业企业特征的商帮。在这一时期,企业高级管理人员在外资企业、洋务派企业,以及票号和商帮中开始出现,对其进行薪酬激励也开始尝试,这是中国企业高管薪酬制度的最初萌芽。

在此期间,中国企业立法也取得了一定的发展。清政府颁布了《大清商律》,其中的《公司律》规定了合资公司、合资有限公司、股份公司、股份有限公司四种类型,这是我国历史上最早的成文公司立法。中华民国成立以后,由于连年战乱和帝国主义在华势力范围的划分,中国民族工商业发展十分缓慢,高管薪酬制度发展迟缓。在企业立法方面,国民政府的农商部在清末议而未决的商律草案基础上,依照德国法系略作修改,制定并颁行了《公司条例》、《商人通则》等法律,规定了无限公司、两合公司、股份有限公司、股份两合公司。①

20 世纪二三十年代,由于欧美资本主义国家陷入第一次世界大战和全球经济危机之中,中国民族工商业获得了一定的发展空间,但一直到 1949 年新中国成立前,都是在外资企业和官僚资本企业的夹缝中生存,中国资本主义经济和企业高管薪酬制度的发展都是比较缓慢的。

总之,从 19 世纪下半叶到新中国成立,无论是对于外资企业的买办阶

---

① 李由.公司制度论[M].北京师范大学出版社,2003.

层、洋务派企业中的管理阶层、早期的票号和商帮中的掌柜,还是对于民族工商业和官僚资本企业中的职业经理人阶层,薪酬激励制度都开始缓慢建立,这一阶段高管薪酬激励的基本形式是以基本工资为主,部分企业开始尝试采用定期和不定期的奖金、干股和股权激励等激励手段。

回顾这段历史,我们可以看到,中国企业高管薪酬制度很不规范,形式比较单一。在外资企业中,带有明显的买办和殖民色彩;在洋务派企业和国民政府的官僚资本企业中具有官僚特征;而在民族工业企业中,则具有突出的封建和家族色彩。

3.2.2　新中国成立后企业高管薪酬制度

(1) 计划经济时期:等级工资制

新中国成立之初,国家保留了国有企业管理人员的职位和薪酬,并没有做太大变动。例如,西南地区兵工厂管理人员的工资标准仍然是过去国民党军衔等级标准。1950 年,国家对国有企业管理人员的薪酬水平进行了调整,降低了靠"关系"成为高管的管理人员薪酬水平。此时,东北地区国有企业的高管薪酬制度是最先进的,实施了 13 等 39 级的管理人员工资制度。

1951～1953 年,国家实施第一次国有企业高管工资改革,设立各大行政区的劳动部门,确定国有企业高管的等级工资制。在等级工资制下,国企按照管理人员职务大小、工作复杂性和繁重性以及需要具备的知识能力来确定高管工资标准。这时,也有少数国企实行了管理人员职务工资制,即按职务规定若干个工资标准。除了这两种高管薪酬制度外,国企并没有为高管设立专门的奖励制度。此时,国企高管薪酬与其他人员薪酬的标准一样,没有太大差别。

1953～1957 年,国家实施第二次国有企业高管工资改革,撤销各大行政区的劳动管理部门,统一授权中央劳动部负责全国劳动工资问题。改革进一步完善了职务工资制,国有企业依据所在地区、所处行业以及企业自身等变量确定高管工资水平。另外,此次改革还限制了高管工资的增长幅度,规定厂长一级主要领导干部工资增长的幅度不得超过 13%。

新中国成立以后,中国开始实行计划经济,国有经济比重大幅上升,成为国民经济的主体。为了提高国有企业的效率,国家将企业管理权下放给地方,但这期间,国有企业高管薪酬制度并没有发生太大变化,只是在局部上有所调整。1959 年,国家规定国有企业高管工资要按照国家机关工作人员的标准进行升级。1963 年,国家又调整了各个职务的工资标准,重新规定了等级。可以看出,计划经济时期国有企业高管的工资制度相当于国家干部的工资制度。

"文革"时期,国有企业高管的工资制度遭到严重破坏,平均主义盛行,高管收入降低,工作积极性受到很大打击。

(2)改革开放时期:岗位工资制

1978 年,十一届三中全会顺利召开,明确国企改革的路线,纠正"文革"时期国有企业高管薪酬制度的错误,重新确定按劳分配的原则,恢复高管奖金制度,提高高管工资水平,极大地调动了国有企业高管的工作积极性。此次国有企业高管薪酬改革的具体做法为,在工资总额上实施"工效挂钩",企业经济效益好,高管收入水平就高。企业还可以自主选择不同的工资制度:岗位工资制、岗位等级工资制、结构工资制、浮动工资制和达标工资制等。

1982 年,国家颁布《国营工厂厂长工作暂行条例》,规定厂长有 1% 的调整工资的晋级权。

1986 年,国务院颁布《国务院关于深化企业改革增强企业活力的若干规定》,指出对实施厂长经理负责制的国有企业,如果高管完成了责任期的目标,那他的收入水平可以更高一些。

1992 年,国务院颁布《关于改进完善全民所有制企业经营者收入分配办法的意见》,进一步明确了国有企业高管薪酬的相关原则,即在承包经营制下根据经济考核指标完成的情况确定高管工资水平。20 世纪 80 年代末期,国有企业开始了"产权清晰、权责明确、政企分开、管理科学"的现代企业制度改革。为了调动高管工作的积极性,国有企业开始着手建立高管薪酬制度。

1992 年,劳动部颁布《劳动部关于进行岗位技能工资制试点工作的通知》,并附上《岗位技能工资制的试行方案》,标志着国有企业高管薪酬制度的重大转折。计划经济时期的等级工资制被彻底废除,岗位工资制成为国有企业高管薪酬制度。岗位工资制主要采取基本工资(岗位工资、技能工资)加辅助工资(年功工资、补贴、奖金)的模式,体现了高管特殊的岗位和技能。同时,国有企业还在探索其他形式的岗位工资制度,岗位绩效工资包括岗位工资、年功工资和效益工资,把高管薪酬与企业绩效联系起来,有较强的激励作用。

(3) 20 世纪 90 年代初期至今:年薪制

1992 年,上海市轻工局选定所属上海英雄金笔厂等三家企业在全国实行年薪制。随后深圳、四川、江苏、北京、河南、辽宁等省市也先后开始了年薪制试点。

1995 年,劳动部出台《企业经营者年薪制试行办法》,在 100 家国有企业进行试点并逐步推开。高管年薪由基本工资和风险收入构成,其中风险收入与高管的经营业绩挂钩,以激励高管人员努力工作。年终考核时,如果高管完成了当年任务,便可得到全部年薪,否则可能只得到其中基本工资。年薪制激励了国有企业高管工作的积极性,促进了国有企业的发展。1999 年,国家开始允许和鼓励企业对其经营者和核心技术人员实行股权激励,但由于相关条件不成熟而未能推广。

2004 年,国资委发布《中央企业负责人薪酬管理暂行办法》,进一步规范了国有企业高管的薪酬制度。2005 年,国资委发布《关于中央企业试行企业年金制度的指导意见》,在国有企业中普遍推行高管年薪制,旨在建立有利于国有资本保值增值的高管激励机制。2006 年,国资委发布《关于规范中央企业负责人职务消费的指导意见》,规范了国有企业高管的在职消费。同年,国资委发布《国有控股上市公司(境内)实施股权激励试行办法》,为国有企业实施高管股权激励提供了政策保障。2007 年,国资委发布《中央企业负责人经营业绩考核暂行办法》,提出了国有企业高管的经营业绩考核标准和方法。2009 年,财政部出台"限薪令",严格控制盈利性国有垄断企业,尤其是金融企业的高管薪酬。2010 年,国资委进一步修订

《中央企业负责人经营业绩考核暂行办法》,进一步明确了国企高管考核标准,采用经济附加值(EVA)作为评价央企高管业绩的标准,使国企高管绩效考核有规可循。

3.3 次贷危机后国内外高管薪酬制度的新发展

次贷危机前,美国等发达国家激进的高管薪酬制度为次贷危机的发生埋下了深深的隐患,而次贷危机中,只涨不跌的高管薪酬与一泻千里的公司业绩之间的反差使人们对华尔街的高管薪酬制度嘘声一片。因此,次贷危机后,高管薪酬制度改革成为公司治理改革的重中之重。

首先,次贷危机前高管薪酬制度埋下隐患。

金融危机爆发以来,对金融危机产生原因的反思从来没有停止过,金融机构的高管薪酬制度无疑是学界关注的焦点之一。为什么金融机构的高管薪酬制度被认为是引发金融危机的原因之一? 为什么在金融风暴席卷全球的混乱时刻,人们将矛头指向了高管薪酬制度? 高管薪酬制度与次贷危机到底存在什么样的内在关联?

美国公司股权结构的主要特点是股权的高度分散化。股权分散的直接后果是股东对公司控制权的弱化,控制权逐步转移到高管手中,形成两权分离。在两权分离的状况下,股东和高管的利益冲突更加明显,这种冲突在金融公司中尤为突出。为了解决高管与股东之间的利益冲突,人们选择了高管薪酬,通过与业绩高度相关的薪酬来促使高管在追逐自身利益的同时最大化股东价值。一般来说,华尔街的高管薪酬包括基本工资、分红、股票奖励、期权奖励及其他补助等。高管的底薪低而奖金高,这势必鼓励高管主动承担更高的风险,以追求更高的回报。例如,2006 年,雷曼兄弟CEO 富尔德(Dick Fuld)的基本工资只有 75 万美元,但他的奖金部分却高达数千万美元;2007 年,高盛 CEO 布兰克费恩(Lloyd Blankfein)的薪酬构成是:工资 60 万美元,分红 2 699 万美元,股票奖励 2 591 万美元,期权奖励 1 644 万美元,其他补助 38 万美元,合计 7 032 万美元,税后调整为 6 850 万美元。不难看出,与中国上市公司的高管薪酬结构大不相同,在华尔街高管的薪酬中,工资所占的份额是很小的,薪酬主体是股票奖励和期权奖励。而股票奖励和期权奖励取决于公司股价,这样的薪酬结构将高管薪酬与公司股价紧密联系到一起。在利益驱使下,高管们自然将追逐的目标放在高股价上。要想获得高股价,就必须采取冒进行动,因为资本市场不欢迎守旧谨慎型的金融公司。因此,高管为了获得高薪酬,就必须冒更多的风险。例如,摩根士丹利公司 CEO 普塞尔(Philip Purcell)在任期间,在经营上维持谨慎,使股价落后于众多同行,最后,普塞尔(Purcell)被迫辞职。后继者马克(John Mack)吸取了普塞尔(Purcell)的教训,将摩根士丹利公司的"风险价值"提升至 2003 年的 161%,缩小了与高盛公司的收入差距。这样的行业氛围在很大程度上驱使高管倾向于采取激进的市场策略,投入高风险、高收益的产品领域。

存在同样问题的还有交易员的薪酬制度。交易员的薪酬包括基本工资和交易营利,后者占去了薪酬总额的大半,这无疑促使交易员倾向于大胆的操纵手法。例如,法兴银行的"魔鬼交易员"科维尔(Jerome Kerviel)向法庭承认,2007 年他期望得到 60 万或者 90 万欧元的年终分红,因此进行了大量未经批准的高风险交易,最终被判罚 49 亿欧元。

在美国,由于资产证券化的流行,不同行业的关联度很高。通过资产证券化,房地产、银行、保险、基金、债券等不同行业和机构被紧密地连接在一起,形成了关系复杂、涉及广泛的系统性链条。而组成这个链条的各个机构的高管都具有从事高风险、高收益业务的激励,虽然机构个体也有风险控制机制,但多个环节累加在一起则形成了风险聚集、一损俱损的多米诺式的系统性金融危机。

总之,华尔街从高层到底层都更倾向于拓展高风险业务以追求高收入。危机过后,美林证券、花旗等公司重新将业务转向了利润率不高但更加稳定的业务。不过,一旦华尔街完全走出危机,高薪引诱下的各类高风险操纵未必不会复燃。因此,华尔街的薪酬体制是风险的根源。

其次,次贷危机中高管薪酬制度暴露缺陷。

2006年,次贷危机在美国显现,2007年8月,危机开始席卷美国、日本和欧盟等主要世界金融市场,进而引发全球性经济衰退。危急关头,人们将目光集中在他们心目中的"英雄"身上,一方面奢望拿着高薪的高管能够力挽狂澜,另一方面试图让失败的高管负上应有的责任。但是,人们彻底失望了。

在绝望的边缘,挺身而出的不是高管,而是政府。事实证明,高管只能同甘,不能共苦,而那些失败的高管也并没有受到惩罚。美林证券(Merrill Lynch)前CEO奥尼尔(Stan O'Neal)2005年和2006年两年的奖金分别为3 600万美元和4 700万美元。2007年10月,当他被迫辞职时,获得的期权和股票共值1.615亿美元。美国国际集团(American International Group,简称AIG)前CEO沙利文(Martin Sullivan)2005年和2006年两年的奖金总额达到4 000万美元。2008年7月,当他被免职时,拿到了4 700万美元的分手费。

2008年3月7日,高盛(Goldman Sachs)公布了几位高管2007年的薪酬,CEO布兰克费恩(Lloyd C. Blankfein)年薪6 850万美元,另两位联合总裁科恩(Gary D. Cohn)与温克里德(Jon Winkelried)的年薪均为6 750万美元,财务总监维涅尔(David A. Viniar)获得5 750万美元,管理总监福斯特(Edward C. Forst)获得4 400万美元,次贷危机丝毫没有影响高管薪酬。

2009年7月底,纽约州总检察长科莫(Andrew Cuomo)公布了一份报告,披露九家获得政府巨资援助的银行2008年累计发放了326亿美元的高额奖金。华尔街高管的这种急于分钱的行为,被称为华尔街"最后的疯狂"。

可见,次贷危机中,高管非但没有承担责任,反而加快了吸金速度,将次贷危机的成本完全转移至纳税人甚至国家。

最后,次贷危机后高管薪酬制度改革的措施。

次贷危机让各国政府认识到高管薪酬制度存在的缺陷,并积极采取各种措施来纠正高管薪酬制度对高管行为的扭曲,努力将高管偏好从高风险转向

低风险,从而降低整个金融体系的运行风险。这些措施包括如下几个方面:

第一,实施限薪和减薪计划。美国、德国、英国、法国、瑞典和中国等先后对部分企业(尤其是金融类企业)强制实施了高管薪酬限制措施。除限制高管人员的工资外,德国还对奖金、期权发放和行权、离职费进行限制,并对接受注资或出售问题资产的银行高管提出 50 万欧元的年薪上限和其他限制。2009 年 10 月 22 日,美国财政部宣布对接受政府救助最多的七家大公司高管进行限薪,包括花旗、美国银行等七家企业中收入最高的 25 名高管面临严格的薪酬限制。美联储则在同一天宣布对银行业员工的薪酬提出监管要求,并进一步审查银行业的薪酬政策,范围覆盖辖内的近 6 000 家银行。在这种情况下,部分企业也自主降薪。例如,德意志银行前 10 位高管主动放弃了 2008 年度奖金;瑞士银行取消了级别最高的 12 位高管的 2008 年度奖金;美国国际集团宣布取消七位高管 2008 年的年底红利;欧美多家金融机构,包括苏格兰皇家银行、高盛、摩根士丹利等也取消或削减了高管年终奖金。美世管理咨询公司(Mercer Management Consulting)2009 年一项对欧洲上市公司高管薪酬的调查显示,芬兰、法国、德国、荷兰、瑞士和英国等国家至少有 70% 以上的公司称其高管的基本薪酬定位于市场中位值,仅有不超过 20% 的公司称其高管的基本薪酬定位高于市场中位值。2009 年 4 月 9 日,出于规范金融机构薪酬管理的目的,中华人民共和国财政部发出通知,规范国有金融机构高管人员薪酬分配,明确规定国有金融机构在清算 2008 年度高管人员薪酬时,按不高于 2007 年度薪酬90%的原则确定。

第二,调整薪酬结构。次贷危机凸显了高管薪酬结构的不足。因此,一些国家将调整薪酬结构视为次贷危机后薪酬制度改革的重点。一方面,上市公司增加使用股权等长期激励工具,减少使用现金等短期激励工具。例如,美林证券(Merrill Lynch)员工绩效薪酬组成由 2006 年的 75% 为现金、25% 为股票转变为 2007 年的 60% 为现金、40% 为股票;摩根大通(J. P. Morgan)将高管奖金的现金部分降低了 25%;瑞士联合银行(UBS)规定员工现金奖金不得超过 75 万美元,剩余部分将通过股票奖金的形式实现,且只能在 1 年内行权。另一方面,越来越多的公司将高管薪酬递延,甚至部分为强制性递延。奥纬咨询公司(Oliver Wyman)的研究发现,高管薪酬的一般递延期限为3～4年,且分次行权。美世管理咨询公司2008年对13家金融服务机构进行的薪酬调查显示,有46%的公司关注强制性奖金递延计划。除此之外,上市公司还着手重新设计长期激励计划,从侧重单一股权方式转变为采取投资组合的方式(Portfolio Approach),其中最明显的变化是长期激励计划中使用股票期权的公司比例正在逐步减小,而限制性股票和业绩奖励工具的使用逐步增多,越来越多的公司开始逐步使用两个以上的长期激励计划。

第三,完善薪酬监管机制。次贷危机暴露了一些国家上市公司高管薪酬的监管漏洞。例如,高管自定薪酬现象普遍,高管薪酬绩效评价机制不完善,高管薪酬支付条件过于宽松等。面对上述种种监管漏洞,各国不断加强对高管薪酬的监管,披露准则也更加严格化。美国、英国、瑞士、法国和德国都开始逐渐实施高管薪酬控制,并加强高管薪酬的披露要求。2008年10月,英国金融服务局(Financial Services Authority,简称FSA)向银行业CEO发布了"致CEO公开信",对其薪酬方案提出了监管建议。2009年6月,美国成立了薪酬管理办公室,负责监管接受政府"特别救助"公司的高管薪酬计划。另外,美国开始处理鼓励过度风险的激励性薪酬支付问题、实行薪酬回溯、限制金色降落伞支付和限制高级行政人员的税务免除额等。澳大利亚审慎监管局(Australian Prudential Regulation Authority,简称APRA)也出台新的监管指导,将金融机构高管薪酬(尤其是绩效奖金)设置与金融机构的风险水平和资金充裕情况挂钩。香港金融管理局(Hong Kong Monetary Authority,简称HKMA)认识到金融机构薪酬制度如果存在激励不当的风险诱因,不仅影响个别金融机构的安全,还会影响到整个银行体系的稳定,提出了《稳健的薪酬制度指引》。

3.4 本章小结

从新中国成立初期到计划经济时期,从改革开放初期到现在,中国国有企业高管薪酬制度随着国有企业改革的进行而逐步完善和更加成熟。国有企业高管薪酬制度变迁的过程有以下几个趋势：

第一，从制度本质看，国有企业高管薪酬制度更加注重高管薪酬与员工报酬的差异化。之所以建立高管薪酬制度，就是因为高管与一般工人不同，高管是特殊的人力资本，高管才能的回报绝不能简单等同于一般员工的回报。国有企业高管薪酬制度的变迁也是遵循着这样的逻辑，从最初的高管、工人一视同仁，到现在专门针对高管的薪酬制度，均可以看出国家对高管人力资本的特殊关注。

第二，从制度原理看，高管薪酬制度更加注重高管薪酬与企业经营绩效的挂钩。高管是个很特别的群体，高管的努力程度直接关系到整个企业的经营绩效。因此，为了更好地激励并约束高管行为，将高管薪酬与企业经营绩效挂钩是必然之路。等级工资制将高管看作是普通劳动者，并没有将高管薪酬与企业绩效挂钩，其激励作用自然是有限的。从岗位工资制开始，我们已经开始注意到企业内部不同岗位的区别和贡献，也逐步认识到高管是一个特殊的岗位，对这一岗位的薪酬制定必须要从高管对企业绩效的贡献着手，现阶段实施的年薪制就是将高管薪酬与企业绩效紧密联系起来的薪酬制度。

第三，从制度结构看，高管薪酬制度更加注重高管薪酬与企业长远利益的结合。从月薪到年薪，从年薪到股权激励，国有企业高管薪酬制度将眼光放得更远，让国企高管承担更多的责任和风险。等级工资制是无功无过的薪酬制度，只要高管工作了，就按照其等级按月发放薪酬。岗位工资制中的年终奖部分是延长国企高管薪酬获取年限的第一步，而年薪制则将高管薪酬彻底从按月支付升级至按年支付，这样做促使高管以企业的会计年度为基本的工作单位，高管股权激励更是高管长期激励的一个典型。

第四，从制度依据看，高管薪酬制度更加注重高管业绩的考核。自从高管薪酬与企业绩效联系起来，如何衡量高管业绩就成为高管薪酬制度的首要问题。从高管薪酬制度变迁的历史看，国有企业一直在尝试各种高管业绩考核依据，试图找到一种衡量高管业绩的最佳标准，例如营业收入、利润总额、净资产收益率、总资产收益率，以及 EVA，大量指标的尝试足以证明国家对国有企业高管业绩评价方法的重视。

国有企业高管薪酬制度经历了从无到有、从不成熟到逐渐完善的过程。国有企业高管薪酬制度的完善为高管努力工作提供了动力,为国有企业提高经营业绩创造了条件。但是,现有国有企业高管薪酬制度还存在一些不足:

第一,现有国有企业高管薪酬制度忽视了国有企业高管的特殊性。国有企业不同于一般企业,国有企业的所有资源都来自国家投资,例如,石油、煤炭等能源企业,电信、国家电网等垄断企业,这类企业拥有国家赋予的垄断资源和保护政策,这些资源和政策都是影响企业业绩的因素。因此,在制定这类国有企业高管薪酬政策时,必须将垄断因素考虑在内。另外,除了利润目标外,国有企业肩负着各种社会责任。例如,自来水企业以人民生活用水充足和安全为目的,公交企业以方便市民出行为目的,军工企业以保家卫国为目的,这些企业的目的并不是企业利润最大化,而是社会福利最大化。因此,在制定这类国有企业高管薪酬制度时,不能用利润最大化的标准衡量高管业绩。可见,高管是特殊的人力资源,国有企业高管则是更特殊的群体。对国有企业高管薪酬制度的制定,必须具体情况具体分析。

第二,现有国有企业高管薪酬制度忽视了国有企业高管的约束机制。从等级工资制到年薪制,国有企业高管薪酬制度改革的思路都是围绕如何提升高管工作积极性而进行的,却忽视了高管薪酬制度的另一个重要作用,即约束高管行为。一般情况下,我们更多地看到的是高管薪酬的激励作用,因为激励作用的效果是容易被观察到的。但是,如果没有相应的约束条件护航,激励作用很可能被高管利用,成为企业经营的隐患。只有同时充分发挥高管薪酬在激励和约束两方面的作用,才能达到激励高管努力工作,约束高管不当行为的目的。但是,现有国有企业高管薪酬制度忽视了对国有企业高管的约束和限制,让高管在很多问题上有机可趁,诱发了高管的一些短视行为。

第三,现有国有企业高管薪酬制度忽视了制度制定过程的合理性。国有企业所有者(全体人民)缺位于国有企业,不能直接参与国有企业高管薪酬的制定。因而,国有企业高管薪酬制定的过程很容易被高管控制,出现高管自定薪酬的问题。另外,国有企业高管拥有一定的政治背景,寻租能力十分强,加上无人监督,使得国有企业高管薪酬成为国企高管、董事会与政府官员私下操作的游戏。

第4章　国有企业高管薪酬管制的背景、现状与比较

　　盈利性国有垄断企业的高管薪酬契约不同于一般企业,这源于盈利性国有垄断企业的历史变迁和制度背景。不同于非国有企业,盈利性国有垄断企业的所有者是国家,作为大股东,国家没有足够的时间和精力维护股东权益;不同于竞争性国有企业和公益性国有企业,盈利性国有垄断企业享受国家赋予的垄断优势。因此,研究盈利性国有垄断企业高管薪酬契约必须从其特殊的制度背景出发。本章清晰界定了盈利性国有垄断企业的特征和范围,阐述国有企业的改革历史,统计 2001~2010 年国有企业高管薪酬变动情况。

4.1　国有企业分类

　　对国有企业的分类方法有很多种,尤其对于国有垄断企业的界定,国内学者从不同角度、不同层次进行了讨论。王学庆(2003)[①]认为,垄断行业可以分为自然垄断行业和行政垄断行业,其中电力行业、电信行业、铁路行业、民航行业、高速公路、水运港口设施、邮政行业、天然气管道运输、城市自来水、城市燃气供应、城市居民供热、城市排污等 12 个行业属于自然垄断行业,石油与成品油、广播电台、无线与有线电视台、烟草专卖、食盐专

---

① 王学庆.垄断性行业的政府管制问题研究[J].管理世界,2003(8).

卖等五个行业则属于行政垄断行业。石淑华(2006)①则将以上 17 个行业都纳入到行政垄断行业的范畴。

所谓垄断,是由于缺乏对特定产品或服务的竞争性供给而使得其供应者获得了对交易条件的控制权,而这种竞争的缺乏则可能来自多种原因,包括垄断者特有的关键性资源或天然禀赋、难以模仿的科技创新、由于规模经济导致的成本优势、法律或行政授权等。按照垄断优势来源的区别,垄断分为行政垄断、自然垄断和市场垄断三种。

行政垄断指依靠行政权力控制市场准入,只允许一家或少数几家企业生产经营的情况,如石油、石化、食盐、军工、烟草、广播电台、电信、邮电等。中国的行政性垄断现象有着其特殊性,如它在很大程度上带有计划经济时代的遗留特征,缺乏合理的听证与授权程序,并且常常给予相关部门过度的自由裁量权。这使得其合法性经常受到质疑,并且在事实上很容易被行政部门滥用或成为既得利益集团的工具。

自然垄断有传统和现代两种理解:传统意义的自然垄断是指由于规模经济的存在,单一企业在一定的产量范围内,平均成本持续下降,产量越大成本越低。20 世纪 80 年代以来,经济学家在弱可加性理论基础上重新定义了自然垄断,这就是现代意义的自然垄断,它认为如果有一个企业生产整个行业产品的成本比两个或两个以上的企业分别生产该产品的成本总和更低,这个行业就是自然垄断的,如铁路、自来水、输电、管道燃气等。

市场垄断是指因市场力量或技术原因导致的垄断。我国的垄断主要指前两种,但由于行政权力的保护,自然垄断行业也存在很浓的行政垄断色彩。因此,中国的垄断是两种垄断相互交织的垄断,而这两种垄断权力都是国家赋予的,我们将这些垄断企业统称为国有垄断企业。

在中国,国有垄断企业主要表现为以下几种形式:(1) 政企完全不分,其典型是铁道部,它掌握着全路的主要生产、经营、投资、分配权力,既有铁路行业管理的职能,又有从事生产经营的职能;既代表国家行使国有资产的监督管理权,又有资产经营权;既是行业法规、条例的制定者,又是这些

---

① 石淑华.行政垄断的经济学分析[M]. 社会科学文献出版社,2006.

法规和条例的执行者。(2) 专卖专营,在全国范围层次上,根据国家法律实行专卖或专营的包括烟草和邮政,其依据分别是 1992 年的《中华人民共和国烟草专卖法》和 1986 年的《中华人民共和国邮政法》。(3) 国家通过法律或行政法规限制进入的行业,包括电力、电信、石油等领域。①

国有垄断是计划经济向市场经济转型之后由旧体制遗留下来的问题。改革开放之前,中国实行的是计划经济体制。计划经济的一个基本特征就是行政垄断。在几乎所有的行业,从市场准入,到原材料的提供、价格的制定、产量的规定,都由政府直接规定,政府进行了垄断。1979 年之后,政府放松或放弃了对大多数行业的管制,竞争的局面逐渐形成,社会主义市场经济体制逐步确立。但是在一些具有网络特性的行业,政府仍然处于垄断地位,常常以行业管理和维护市场秩序为名,通过法令、政策、行政法规等手段从事各种反竞争活动。②

需要说明的是,根据弗里德曼(Friedman,2002)③的定义,垄断指某个个体或企业对某种产品或服务具有足够的控制权,从而能够有效地决定其他个体获得这种产品或服务的条件。但是,本书的垄断企业不仅包括单个主体控制市场供给的情况,还包括多个主体具有市场供给影响力的寡头垄断。这样做的理由是,中国的国有垄断企业多为行政性垄断,经常出现的一种情形是尽管市场在形式上具有多个供给者,但是某些核心交易条件,如价格或定量配给份额,则掌握在某个规制者手中。在这种情况下,市场控制权实际上与供给者的数量无关。

本书采用高明华(2008)④的分类方法,从行业和产权两个维度对国有企业进行分类,把国有企业按行业维度分为公益性国有企业、垄断性国有企业和竞争性国有企业,按产权维度分为国有独资公司、国有控股公司和国有参股公司(见表 4-1)。

① 李俊杰.我国垄断国企改革研究[D].中央财经大学博士论文,2008.

② 过勇,胡鞍钢.行政垄断、寻租与腐败——转型经济的腐败机理分析[J].经济社会体制比较,2003(2).

③ Friedman, Milton. *Monopoly and the Social Responsibility of Business and Labor*[M]. In Capitalism and Freedom University of Chicago Press, 2002.

④ 高明华.国有企业改革目标:公共性还是盈利性[J].国企,2008(1).

表 4-1　现实国有企业的类型：基于双重维度的划分

类　型	行业维度	产权维度	举　　　例
Ⅰ	公益性行业	国有独资	公交、地铁、环卫、国防设施、公共卫生保健、义务教育
Ⅱ	自然垄断行业	国有独资	输电、管道燃气、自来水、铁路、水利
	部分资源性行业	国有独资	石油、发电、矿产开采
Ⅲ	竞争性行业	国有控股	电信、邮政、汽车、电子、钢铁、装备制造、新型建材、医药、金融
Ⅳ	竞争性行业	国有参股	建筑、房地产、租赁、流通、旅游、文化

资料来源：高明华.国有企业改革目标：公共性还是盈利性[J].国企,2008(1).

表 4-1 中类型 Ⅱ 的部分资源性行业包括石油、发电和矿产开采行业,这些行业中的企业具有其他民营企业所不具备的垄断优势,例如免费或低价使用各种矿产资源、制定较高的垄断价格、获得国家的高额补贴、低利率融资等,我们称这类企业为盈利性国有垄断企业。之所以选择这种划分方法,是因为此种方法最贴近财政部对中央企业国有资本收益收取比例的分类执行办法。

2007 年 12 月,财政部会同国资委发布了《中央企业国有资本收益收取管理办法》,将央企上交红利分三类执行。2010 年,财政部下发《关于完善中央国有资本经营预算有关事项的通知》,明确从 2011 年起,扩大中央国有资本经营预算实施范围,将 652 户部属企业纳入央企红利收缴范围,并将中央企业国有资本收益收取比例类型由原先的三类调整为四类,除两家粮棉储备的央企外,其余央企上交比例统一提高 5%。国有金融企业未被纳入预算实施范围。在财政部对央企上交红利的分类中,第一类央企(见表 4-2)上交比例最高(上交比例为 10%,2011 年后调整为 15%),可见这类企业的确有别于其他央企。

表 4-2　2007 年国有资本经营预算中央企业税后
利润上交比例为 10% 的央企

序　号	央　企　名　称	序　号	央　企　名　称
1	中国石油天然气集团公司	3	中国海洋石油总公司
2	中国石油化工集团公司	4	国家电网公司

序　号	央　企　名　称	序　号	央　企　名　称
5	中国长江三峡开发总公司	12	中国中煤能源集团公司
6	中国电力投资集团公司	13	中国移动通信集团公司
7	中国华能集团公司	14	中国电信集团公司
8	中国国电集团公司	15	中国网络通信集团公司
9	中国华电集团公司	16	中国铁通集团公司
10	中国大唐集团公司	17	中国卫星通信集团公司
11	神华集团有限责任公司	18	中国烟草总公司

资料来源：财政部，《中央企业国有资本收益收取管理办法》，2007年12月。

由表4-2可知，共18家央企的上交比例为10%，这类央企均为垄断性质较强的企业。其中，中国石油天然气集团公司、中国石油化工集团公司和中国海洋石油总公司属于石油业；中国长江三峡开发总公司、中国电力投资集团公司、中国华能集团公司、中国国电集团公司、中国华电集团公司和中国大唐集团公司属于发电业；神华集团有限责任公司和中国中煤能源集团公司属于矿产开采业，恰好吻合高明华(2008)[①]对部分资源性行业的界定。因此，我们将这11家央企定义为盈利性国有垄断企业，并作为本书的研究对象，同时将这11家央企下属的A股上市公司作为研究样本（上市公司名称见第7章第7.2节第7.2.3中样本选择）。

4.2　国有企业改革历史

在中国，改革国有企业的努力可以追溯到国有企业制度全面建立之初。从1956年起一直到1993年中共十四届三中全会提出国有企业改革的方向是企业制度创新，"建立现代企业制度"，国有企业改革的基本目标是在不改变国有企业制度基本框架的条件下"搞好搞活"企业，而搞好搞活

---

① 高明华.国有企业改革目标：公共性还是盈利性[J].国企，2008(1).

的具体标准通常都是减少账面亏损或增加账面利润。所实行的改革措施种类繁多,但主线是调整政府和企业内部人——管理人员和职工——之间权、责、利的分配,向企业内部人"放权让利"。"放权让利"有三种主要形式,即"企业下放"、"扩大企业自主权"和"企业承包"。[1]

1993 年以前,中国国有企业改革也可以按照这三种"放权让利"方式分为三个阶段:

1956～1978 年,国有企业改革的主题是"企业下放"。所谓企业下放,就是把"隶属"于中央的企业下放给省级及省以下各级地方政府管理。它的逻辑是,国有企业之所以缺乏效率,是因为管理国有企业的权力过分集中于中央政府,以至于管理机关远离企业现场,难以作出正确、及时的决策。如果把企业下放给地方政府管理,当地政府机关离现场很近,而且利益联系更为密切,就可以改善政府对企业的管理和改善企业经营业绩。[2] 但是,企业下放的结果是经济混乱加剧,迫使政府重新集权。

1979～1984 年,企业界和经济界否定了企业下放的改革方式。认为国有企业之所以缺乏活力与效率,是因为管得过多、统得过死,改革的方向应当是对企业放权让利。1979 年 7 月,国务院颁发《关于扩大国营工业企业经营管理自主权的若干规定》、《关于国营企业实行利润留成的规定》等五个相关文件,向全国推广扩大企业自主权和实行利润留成的改革措施。[3] 但是,扩大企业自主权并没有取得预期的成功,主流意见认为,这是因为放权让利不足。于是,他们主张把农村改革的"承包"方式引入企业。

1984～1992 年,企业承包经营责任制作为放权让利的一种特殊形式,成为改革的主题。1983 年初,有人提出"包字进城,一包就灵"的口号,主张在城市工商业中全面推行企业承包制。短短两三个月,全国国营企业普遍实行了利润包干制,[4]但很快导致了经济秩序的混乱和物价的上涨。[5]

---

[1][2][3]　吴敬琏.当代中国经济改革[M].上海远东出版社,2004.

[4]　章迪诚.中国国有企业改革编年史(1978～2005)[M].中国工人出版社,2006.

[5]　吴敬琏.当代中国经济改革[M].上海远东出版社,2004.

1987年3月召开的全国六届人大五次会议,第一次明确肯定了承包制。

1993年以后,中国国有企业改革的思路由放权让利转向了企业制度创新。1993年11月,中共十四届三中全会通过的《关于建立社会主义市场经济体制的若干问题的决定》提出,深化国有企业改革必须"着力进行企业制度的创新"。1993年12月29日,全国人民代表大会通过了《中华人民共和国公司法》,并于1994年7月1日实施。1999年的中共十五届四中全会《关于国有企业改革和发展若干重大问题的决定》对于国有大中型企业的公司化改制提出了一些新的要求。2001年以后,政府先后制定了《上市公司治理准则》和《中华人民共和国证券法》,并且修改了《公司法》和《破产法》。2003年10月,中共十六届三中全会提出"大力发展国有资本、集体资本和非公有资本等参股的混合所有制经济,实现投资主体多元化",会议还强调对垄断行业,"要放宽市场准入,引入竞争机制"。

1998年以后,政府特别关注国有垄断企业的公司化改制。以石油行业为例,改革开放之后,中国迎来了工业化和城市化的快速发展,对石油的需求日益增长,从1992年开始转变为成品油净进口国,又从1996年开始成为原油净进口国,而且出口数量与进口数量之间的差额日趋拉大,石油供给已经成为中国必须面对的战略问题。改革开放初期,整个行业是中国石油天然气总公司、中国石油化工总公司、中国海洋石油总公司、中国化工进出口总公司四家公司实行上下游分割、海陆分家、内外贸分治管理的格局。20世纪90年代末,在当前世界经济加速一体化、竞争日益激烈的背景下,中国石化工业体制改革决定以专业为中心,组建跨地区、跨行业、跨所有制和跨国经营的大型集团公司,以增强与世界其他大石油公司抗衡的能力。全国人大九届一次会议决定,将化学工业部、石油天然气总公司、石油化工总公司的政府职能合并,组建国家石油和化学工业局,由经贸委领导。化工部和两个总公司下属的油气田、炼油、石油化工、化肥、化纤等石油与化工企业,以及石油公司和加油站,按照上下游结合的原则,分别组建两个特大型石油石化集团公司。1998年4月,石油天然气集团和石油化工集团组建,同时中国海洋石油总公司保持原有功能和地位不变。2000 年 2 月,中共中央和国务院明确中国新星石油公司整体并入中国石油化工集团公司,更名为中国石化集团新星石油有限责任公司。从此,中国油气行业形成了上下游一体化、南北分治,海陆分割三足鼎立的局面。1998 年全行业重组尘埃落定之后,三大石油公司分别于 2000 年 3 月、10 月和 2001 年 4 月在香港和纽约两地上市,为了引入战略投资者,确保上市成功,中国石油和中国石化均与国外公司签订了战略联盟协议。2007 年 11 月,中石油又在 A股市场上市。三大石油公司顺利上市以后,结合自身的发展需要,一方面加快了公司业务的进一步重组和内部组织结构的调整,以强化核心业务;另一方面,加紧向其产业链薄弱环节和非主营区扩张。尤其是后者,真实体现了打破行业垄断,促进行业竞争的效果。1998 年的重组整合,某种程度上可以说是政府打破油气行业垄断格局的首次尝试。[①] 但是,由于石油天然气行业始终长期受政府管制,所以三大油气公司被赋予了一定领域的垄断专权。

4.3　国有企业高管薪酬变动趋势

4.3.1　所有企业高管薪酬变动趋势[②]

以上市公司为例,2001～2010 年,中国上市公司数量从整体上看不断增加,上市公司高管的薪酬水平从整体上看也不断提高。2001 年上市公司高管薪酬均值、中位值、最大值和最小值分别为 10.78 万元、6.93 万元、629.27 万元和 0.20 万元,2010 年则分别为 55.89 万元、39.32 万元、887.56 万元和 2.40 万元,各项数值的年均增长率分别为 46.50%、51.93%、4.55% 和 122.22%。具体情况见表 4-3。

①　天则经济研究所.中国经济的市场竞争状况:评估及政策建议[R]. 2011.

②　高明华等.中国上市公司高管薪酬指数报告(2011)[M].经济科学出版社,2011.

表 4-3　2001～2010 年高管薪酬基本情况

年份	公司个数	均值（万元）	中位值（万元）	最大值（万元）	最小值（万元）	标准差	峰度	偏度
2001	922	10.78	6.93	629.67	0.20	23.05	565.64	21.43
2002	1 057	12.66	9.13	160.00	0.44	13.06	32.83	4.18
2003	1 077	10.41	11.30	320.00	0.50	18.04	86.31	6.70
2004	1 255	12.33	12.93	340.06	0.40	20.72	57.51	5.46
2005	1 318	23.90	18.11	322.87	0.36	23.97	36.10	4.64
2006	1 288	27.53	20.68	502.11	1.34	31.89	87.76	7.50
2007	1 489	59.31	28.04	4 164.57	1.39	168.40	765.86	24.61
2008	1 549	39.29	26.09	1 110.71	1.62	59.10	111.59	8.78
2009	1 732	47.20	33.04	1 643.92	1.21	65.75	222.85	11.30
2010	1 698	55.89	39.32	887.56	2.40	65.78	45.29	5.44

注：表中高管薪酬指的是薪酬最高的前三位高管的平均薪酬。

2001 年中国所有上市公司排名前三名高管的平均薪酬为 10.78 万元，之后的 2002 至 2004 年，上市公司高管平均薪酬较为平稳，三年分别为 12.66 万元、10.41 万元和 12.33 万元。从 2005 年开始，上市公司高管平均薪酬加速上涨，2005 年和 2006 年分别为 23.90 万元和 27.53 万元，2007 年更是达到 59.31 万元的历史高位，2008 年受到"次贷危机"和"限薪令"的影响，高管薪酬开始回落，当年平均薪酬为 39.29 万元，2009 年又再次回升至 47.20 万元。至 2010 年随着经济形势的好转和上市公司整体盈利能力的提升，高管平均薪酬迅速回升至 55.89 万元。2001 至 2010 年的十年中，上市公司高管平均薪酬年均增长率为 46.50%。

2001 年中国所有上市公司前三名高管平均薪酬的中位值是 6.93 万元，之后的九年中除了 2008 年较前一年略有下降外，其他年份均保持平稳上涨态势，至 2010 年，已经达到 39.32 万元。2001 至 2010 年的十年中，年均增长率为 51.93%，与平均薪酬数量增长趋势保持一致，二者均保持了较快的增长。通过对历年中国上市公司高管平均薪酬和薪酬中位值的变化趋势进行比较，我们可以看出，高管薪酬中位值十年来一直处于平稳上涨中。

2001～2010 年中国上市公司高管薪酬均值和中位值的变化趋势如图 4－1 所示。

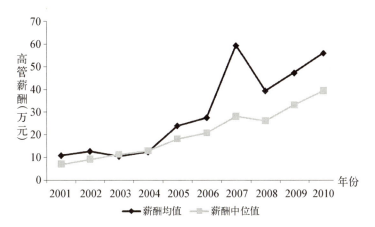

图 4－1　2001～2010 年所有企业高管薪酬均值和中位值变动趋势

2001～2010 年,中国上市公司年度高管薪酬最高的公司高管薪酬发生了明显的变化。2001 年,前三名高管平均薪酬最高的上市公司的高管平均薪酬为 629.67 万元,2002 年开始,这一数值大幅降低至 160.00 万元,之后的 2003 至 2006 年,保持较为平稳的状态。2007 年快速上涨至 4 164.57 万元,2008 年开始回落,2010 年回落至 887.56 万元(如图 4－2)。

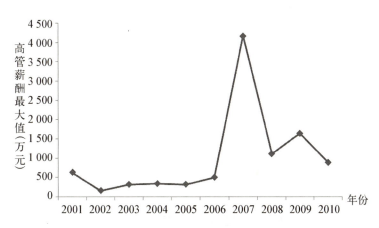

图 4－2　2001～2010 年所有企业高管薪酬年度最大值变动趋势

2001～2010 年,中国上市公司年度高管薪酬最少的薪酬也发生了一定的变化。2001 年前三名高管平均薪酬最少的上市公司平均薪酬为 0.20 万元,之后至 2005 年都保持平稳状态,从 2006 年开始快速增长,直到 2009 年出现回落,至 2010 年又快速增长至 2.40 万元。从整体来看,上市公司高管薪酬最小值保持震荡上升的态势(如图 4 - 3)。

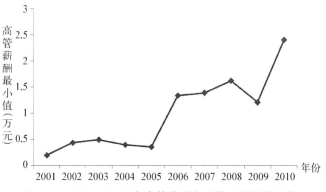

图 4 - 3　2001～2010 年高管薪酬年度最小值变动趋势

为了能够更加清楚地了解 2001～2010 年高管薪酬的总体情况,我们分别计算了各年度上市公司高管薪酬的标准差、峰度和偏度值。通过分析 2001～2010 年高管薪酬的标准差,我们发现,从 2001 至 2006 年,高管薪酬的标准差整体较为平稳,但 2007 年高管薪酬标准差迅速放大,从 2008 至 2010 年,高管薪酬标准差较为稳定但明显高于 2006 年以前的水平。这说明高管薪酬的差距有不断拉大的趋势(参见图 4 - 4)。

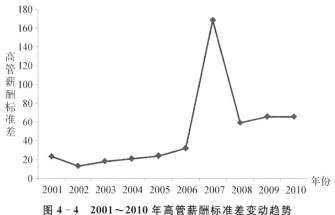

图 4 - 4　2001～2010 年高管薪酬标准差变动趋势

峰度反映与正态分布相比某一分布的尖锐度或平坦度。正峰度表示相对尖锐的分布,负峰度表示相对平坦的分布。通过对 2001～2010 年间中国上市公司高管薪酬整体峰度的分析,可以看出,2001 年峰度值较高,但 2002 至 2006 年保持较为平稳的状态,2007 年峰度值陡然增加,2008 年又明显回落后,经过 2009 年的小幅反弹后,2010 年继续回落(如图 4 - 5)。由此可见,中国上市公司高管薪酬的整体分布与正态分布相比,均为相对尖锐的分布,个别年份尖锐的程度还很严重,这说明中国上市公司高管薪酬一直存在较大的差距。

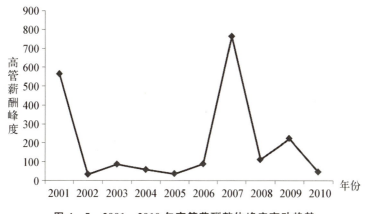

图 4 - 5 2001～2010 年高管薪酬整体峰度变动趋势

偏度反映以平均值为中心的分布的不对称程度。正偏度表示不对称部分的分布更趋向右偏态,负偏度表示不对称部分的分布更趋向左偏态。通过对 2001～2010 年高管薪酬整体偏度的分析,可以看出,与各年度峰度值相似,2001 年偏度值较高,2002 至 2006 年偏度值相对比较平稳,2007 年快速上升,2008 年迅速回落,经 2009 年小幅反弹后 2010 年进一步回落。由此可见,中国上市公司高管薪酬历年均表现为右偏态,且个别年份右偏值较大,这说明在中国上市公司高管薪酬绝对值中有部分数值极大,导致分布整体右偏。

通过上述对 2001～2010 年中国上市公司高管薪酬的分析,我们发现,十年来中国上市公司的高管薪酬整体水平基本保持逐年上升的态势。其中,部分上市公司的薪酬水平增长迅速,使不同上市公司的高管薪酬差距明显拉开。

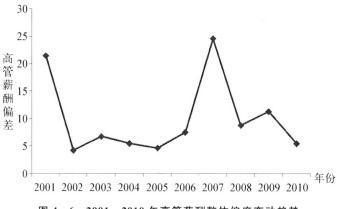

图 4-6　2001～2010 年高管薪酬整体偏度变动趋势

4.3.2　国有企业高管薪酬变动趋势

以上市公司为例,用国有股占所有股份的比例表征国有经济在资本市场的发展。表 4-4 统计了 2001～2010 年沪深 A 股上市公司国有股及其占比情况。

表 4-4　2001～2010 年国有股变动情况

年份	公司个数	总股数(亿股)	国有股数(亿股)	国有股占比(%)
2001	922	5 176.57	2 520.64	48.69
2002	1 057	5 834.13	2 860.95	49.04
2003	1 077	6 394.59	3 148.04	49.23
2004	1 255	7 121.08	3 403.93	47.80
2005	1 318	7 592.37	3 485.25	45.90
2006	1 288	14 808.55	7 907.76	53.40
2007	1 489	22 263.13	12 293.33	55.22
2008	1 549	24 327.46	12 017.88	49.40
2009	1 732	18 519.00	5 579.85	30.13
2010	1 698	33 206.53	5 985.31	18.02

由表 4-4 可知,国有股占比在 2001~2010 年期间先经过一个平稳的过渡,由 2001 年的 48.69% 先略升后下降至 2004 年的 47.80%,然后跌至 45.90%,随后逐年上升,直至 2007 年达到最高峰(55.22%),接着迅速下降至 2010 年的 18.02%,存在一个明显的波动(见图 4-7)。

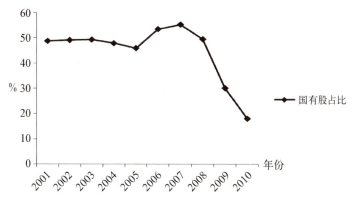

图 4-7　2001~2010 年国有股变动趋势

根据每个上市公司国有股份比例,分别统计不同国有股份比例下上市公司高管薪酬的均值,结果见表 4-5。

表 4-5　2001~2010 年不同国有股比例区间内的高管薪酬均值　单位:万元

年份	国有股比例区间				
	0	(0, 25]	(25, 50]	(50, 75]	(75, 100]
2001	44.94	28.29	29.38	28.25	32.98
2002	44.29	34.76	38.55	34.93	39.78
2003	58.80	42.53	46.16	45.28	51.66
2004	62.42	55.76	55.93	50.30	57.12
2005	82.31	70.61	72.34	65.08	61.90
2006	86.79	80.19	80.33	81.60	90.09
2007	42.08	54.88	38.20	47.76	48.86
2008	69.33	46.20	38.33	44.45	41.94
2009	72.14	69.55	67.54	79.25	61.40
2010	83.75	57.23	53.25	55.31	38.37
总体	85.18	64.86	56.78	55.46	61.26

由表 4-5 可知,总体来看,国有股比例为 0 的公司高管薪酬均值最高,其次是国有股比例大于 0,但不高于 25％的公司。国有股比例大于 50％但不高于 75％的国有企业,其高管薪酬是最低的。

图 4-8 描绘了国有股比例与高管薪酬的关系。由图 4-8 可以看出,随着国有股比例的增加,高管薪酬逐渐下降,当国有股比例超过 50％后,高管薪酬随着国有股比例的上升而增加。从图形看,高管薪酬与国有股比例区间的形状就像是一张笑脸。

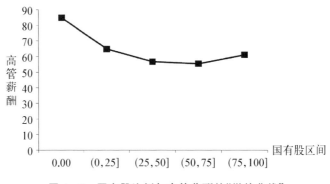

图 4-8　国有股比例与高管薪酬的"微笑曲线"

4.4　本　章　小　结

盈利性国有垄断企业具有其他民营企业所不具备的垄断优势,例如免费或低价使用各种矿产资源、制定较高的垄断价格、获得国家的高额补贴、低利率融资等,我们称这类企业为盈利性国有垄断企业。这种划分方法也符合财政部对中央企业国有资本收益收取比例的分类执行办法。从2001～2010 年国有企业高管薪酬的描述看,盈利性国有垄断企业的高管薪酬是国有企业中最高的。

第5章 盈利性国有垄断企业的垄断优势：以中国石油(601857)为例

高管薪酬的用途有两个方面：一是评价高管当期的行为结果，即评价作用；二是激励高管下期努力工作，即激励作用。这两个作用都要求高管薪酬与高管行为结果的高度吻合，我们将高管行为结果称为高管贡献。由于现实中高管贡献往往被认为是无法观测、难以测量的，所以人们往往用企业业绩代替高管贡献。这样做的前提是，高管贡献能够真实、全面地反映高管为企业业绩做出的努力。企业业绩是对企业经济价值的综合反映，它实际上是在综合了企业固有条件、高管贡献以及宏观经济形势等多方面因素之后，对企业持续发展潜质的综合评价。对于竞争性国有企业来说，高管贡献与企业业绩十分相似，可以用企业业绩来代替。不过，对于盈利性国有垄断企业来说，高管贡献与企业业绩相差很大，盈利性国有垄断企业的高利润来源于国家赋予的垄断优势，较少来自高管贡献。换句话说，评价盈利性国有垄断企业高管薪酬的标准不应是企业业绩，而应是高管贡献，两者是不可替代的。本章以中国石油(601857)为例，深入剖析盈利性国有垄断企业的垄断利润来源，以及垄断优势对营业利润的扭曲和对高管贡献的放大。

5.1 垄断优势的来源

根据寻租经济学，垄断会扭曲资源配置，造成社会净福利损失和消费者损失，这些损失其实都是盈利性国有垄断企业凭借垄断优势获得的垄断利润。而垄断优势指的是政府赋予盈利性国有垄断企业在经营成本、税金、销售渠道、贷款利率等各方面的优势地位和特殊权力。过勇和胡鞍钢(2003)[1]认为,垄断利润的主要用途有如下几种:承担垄断行业企业低效率经营的巨大成本,成为垄断行业企业职工福利收入的主要来源,成为垄断行业政府主管部门非正式支出的一个重要来源,作为国有企业利润上交国家。从社会的角度看,这些垄断利润是损失,但是从垄断企业的角度看,这些垄断利润就是不费吹灰之力便唾手可得的利润。但是,本书的关注点在于垄断利润的来源,而不是垄断利润的用途。

我们认为,垄断优势主要来源于土地租、资源租、价格租、利息租、分红租和政府补贴等方面。

一是土地租。

2002 年之前,我国国有土地主要以划拨和协议出让方式提供。根据国家统计局数据,1995 年以划拨方式出让土地占全部出让土地面积的87.2%,1996 年这一比例为 89.5%。在国有企业改制过程中,针对此前以无偿划拨方式获得土地的国有企业,《国有企业改革中划拨土地使用权管理暂行规定》(1998)中第四条规定:国家根据需要,可以一定年期的国有土地使用权作价后授权给经国务院批准设立的国家控股公司、作为国家授权投资机构的国有独资公司和集团公司经营管理。被授权的国家控股公司、作为国家授权投资机构的国有独资公司和集团公司凭授权书,可以向其直属企业、控股企业、参股企业以作价出资(入股)或租赁等方式配置土地。《规定》虽然强调了国家对于土地使用权的收益,但是并不完全收取土地租金,即国有企业并未完全缴纳土地租金。

以中国石油为例,中国石油年报显示,"本公司和中国石油集团继续执行于 2000 年 3 月 10 日签署的土地使用权租赁合同。根据该合同,中国石油集团将位于中国各地共计 42 476 宗,总面积约为 11.45 亿平方米,与本集团各方面的经营和业务有关的土地租予本公司,租期 50 年,每年的费用

---

① 过勇,胡鞍钢.行政垄断、寻租与腐败——转型经济的腐败机理分析[J].经济社会体制比较,
2003(2).

为人民币 20 亿元"。按照这个合同，上市公司每年仅以 20 亿元便可从集团公司租到 11.45 亿平方米的土地，每平方米土地的租金不到 2 元。根据 2007～2010 年中国城市工业用地价格，可以计算出上市公司每年少交的土地租金(见表 5-1)。

表 5-1　中国石油土地租(2007～2010)

项　　　目	计　　算	2007 年	2008 年	2009 年	2010 年
租用土地面积(亿平方米)	(1)	11.45	11.45	11.45	11.45
全国工业用地价格(元/平方米)	(2)	561	588	597	629
估计市场工业用地租金(元/平方米)	(3)=(2)×4%	22.44	23.52	23.88	25.16
应缴纳地租(亿元)*	(4)=(1)×(3)	256.94	269.30	273.43	288.08
实际缴纳地租(亿元)	(5)	20	20	20	20
土地租(亿元)*	(6)=(4)-(5)	236.94	249.30	253.43	268.08

资料来源：租用土地面积来自中国石油(601857)年报(2007 年、2008 年、2009 年、2010 年)。
＊数据由作者计算所得，其中全国工业用地价格来自中国地价网，工业用地租金按全国工业用地价格的 4% 计算。

　　二是资源租。

　　目前，我国有资源税和资源补偿费两种资源税种。其中，矿产资源补偿费为 1%。按照资源划分，我国的资源税包括石油资源税、天然气资源税、煤炭资源税，以及其他矿产资源税。目前，石油资源税率为 14～30 元/吨，天然气资源税率为 7～15 元/千立方米，煤炭资源税率为 1.95 元/吨。但是，相比其他市场经济国家(例如，美国煤炭资源税率标准是：井工矿为煤炭价格的 8%，露天矿为煤炭价格的 12.5%)，这些税率还很低，远远不足以弥补资源损失。实际上，这种现实税率与市场税率的差额就是国有垄断企业的资源租。

　　以中国石油为例，中国石油应缴纳的资源租包括石油租和天然气租两种。2010 年，我国的资源税实行从量计征，原油每吨 14～30 元，天然气每千立方米 7～15 元。但是，这种资源税率远远低于其他国家的平均水平。国外石油矿区使用费的费率一般是 10%～20%，天然气矿区使用费的费率一般是8%。因此,本报告按照原油10%的税率,天然气8%的税率计算应缴纳的资源税和资源租(见表5-2)。

表5-2　中国石油资源租(2007~2010)

项　　　目	计　　　算	2007年	2008年	2009年	2010年
原油实现价格(元/吨)	(1)	3 594	4 264	2 750	3 623
原油产量(亿吨)	(2)	1.16	1.19	1.16	1.18
天然气实现价格(元/千立方米)	(3)	693	813	814	955
天然气产量(亿立方米)	(4)	460.91	527.88	598.11	628.97
应缴纳原油资源税(亿元)*	(5)＝ (1)×(2)×10%	416.90	507.42	319.00	427.51
应缴纳天然气资源税(亿元)*	(6)＝ (3)×(4)×8%	25.55	34.33	38.95	48.05
应缴纳资源税总计(亿元)*	(7)＝(5)＋(6)	442.46	541.75	357.95	475.57
已缴纳资源税和补偿费(亿元)	(8)	32.17	42.92	63.36	97.96
资源租(亿元)*	(9)＝(7)－(8)	410.29	498.83	294.59	377.61

资料来源:中国石油(601857)年报(2007年、2008年、2009年、2010年)。＊数据由作者计算所得。

三是价格租。

表面上,我国对石油产品的价格实行管制。一般情况下,管制价格低于市场价格,但实际上,国有石油企业对政府具有很强的谈判能力,使得管制价格经常高于国际市场的价格,尤其在2008年以后更加明显(见表5-3),从而实际上构成对国有垄断企业的补贴。

表5-3　中国与部分国家石油产品零售税前价格比较

单位:美元/加仑

国　　家	2007年		2008年		2009年		2010年	
	柴油	汽油	柴油	汽油	柴油	汽油	柴油	汽油
比利时	2.70	2.55	3.82	3.20	2.30	2.21	2.84	2.72
法　国	2.53	2.41	3.61	3.02	2.17	2.15	2.64	2.59
德　国	2.62	2.43	3.63	2.91	2.26	2.15	2.70	2.58

国　　家	2007 年		2008 年		2009 年		2010 年	
	柴油	汽油	柴油	汽油	柴油	汽油	柴油	汽油
意大利	2.85	2.70	3.96	3.34	2.53	2.46	2.95	2.87
荷　兰	2.82	2.92	3.94	3.51	2.27	2.31	2.67	2.68
英　国	2.55	2.39	3.58	2.95	2.15	1.92	2.58	2.46
美　国	2.44	2.62	3.34	3.09	2.00	2.19	2.55	2.64
中　国	2.62	2.52	3.17	3.03	2.96	2.86	3.01	2.91

资料来源：中国油价根据发改委公布的不同标号油品零售价的上限价格平均得到，其他国家油价来自 EIA（U. S. Energy Information Administration）。

根据中国与美国在汽油和柴油零售价上的差别（表 5-3），我们计算了中国石油 2007～2010 年通过偏高的油价而获得的额外收益（见表 5-4）。

表 5-4　中国石油价格租（2007～2010）

项　　目	计　　算	2007 年	2008 年	2009 年	2010 年
美国柴油（元/吨）*	（1）	5 299.21	6 694.36	3 945.06	4 985.77
中国柴油（元/吨）*	（2）	5 690.13	6 353.63	5 838.69	5 885.16
美国汽油（元/吨）*	（3）	5 690.13	6 193.29	4 319.84	5 161.74
中国汽油（元/吨）*	（4）	5 472.95	6 073.03	5 641.44	5 689.64
柴油销售量（千吨）	（5）	54 377	56 081	64 659	77 789
汽油销售量（千吨）	（6）	27 003	29 399	30 777	36 328
柴油价格租（亿元）*	（7）=[（2）−（1）]×（5）	212.57	−191.09	1 224.40	699.63
汽油价格租（亿元）*	（8）=[（4）−（3）]×（6）	−58.65	−35.35	406.75	191.78
价格租（亿元）*	（9）=（7）+（8）	153.92	−226.44	1 631.15	891.41

资料来源：中国石油（601857）年报（2007 年、2008 年、2009 年、2010 年），* 数据由作者计算所得，其中柴油和汽油的价格按照表 5-3 以及当年人民币兑美元汇率折算而成（加仑按照国际原油的标准比重，1 加仑等于 0.003 462 6 吨）。

四是利息租。

国有商业银行是中国信贷市场的主体，他们在选择贷款对象的时候考虑最多的是企业经营风险和贷款规模。国有垄断企业有政府扶持，政策庇护，其经营风险很小，相比之下，民营企业的经营风险却很大。另外，国有垄断企业的贷款规模很大,民营企业限于还款能力贷款规模较小。因此,银行为国有垄断企业提供贷款的成本和风险都是最低的,自然倾向于贷款给国有垄断企业,并会为国有垄断企业提供相应的贷款优惠,如提供优惠利率或无担保贷款。根据香港金融研究中心(2009)对包括中国各地28万家工业企业在内的官方数据库的分析比较,从2001~2005年,国企能以2.55%的平均利率获得贷款,私企平均利率却高出将近两个百分点,私企的总体融资成本几乎是国企的两倍。国有垄断企业与私企的贷款利率差额造成的成本节约实际上就构成了国有垄断企业的利息租。

以中国石油为例,根据中国石油年报披露的长期借款金额、加权平均利率以及中国人民银行的年均贷款利率,我们计算了中国石油2007~2010年通过低融资成本而获得的额外收益(见表5-5)。

表5-5 中国石油利息租(2007~2010)

项　　目	计　算	2007 年	2008 年	2009 年	2010 年
长期借款(亿元)	(1)	353.05	286.84	365.06	335.78
其中:信用贷款(亿元)	(2)	326.87	224.18	227.54	175.91
信用贷款所占份额(%)	(3)=(2)/(1)	92.58	78.16	62.33	52.39
加权平均利率(%)	(4)	5.47	4.88	3.20	3.02
市场平均利率(%)*	(5)	7.49	6.89	5.94	6.27
利息租(亿元)*	(6)=(1)×[(5)-(4)]	7.13	5.77	10.00	10.91

资料来源:借款及加权平均利率数据来自中国石油(601857)年报(2007 年、2008 年、2009 年、2010年)。*数据由作者计算所得,其中市场平均利率根据中国人民银行当年历次调整利率平均而得。

由表5-5可知,中国石油获得贷款的平均加权利率远远低于市场平均水平的贷款利率,并且,在中国石油的长期借款中,大部分都是无须担保和抵押的信用贷款,这无疑是一笔很高的利息租。

五是分红租。

2007年12月11日,财政部正式发布《中央企业国有资本收益收取管理暂行办法》,办法规定,资源类中央企业国有资本收益收取比例为10%。经过三年试行,2010年,国务院常务会议研究决定,从2011年起适当提高中央企业国有资本收益收取比例,资源类中央企业国有资本收益收取比例由 10％提高到 15％。国有企业是国家投资的企业,国家作为股东有权利参与红利分配。目前,国企分红上缴比例为 5％～10％,对比上市公司40％的平均分红比例,这个比例是相当低的,普通公司与国有垄断企业的分红差额就是国有垄断企业的分红租。按照《中央企业国有资本收益收取管理办法》,2010 年,中国石油的上缴比例为 10％(上缴依据为归属于母公司股东的净利润),上市公司按照国家持股数和股东大会决议的股息,将国有股利上交母公司。但是,母公司并不是把上市公司上缴的所有股息上交国家,只是按照 10％的比例上缴红利。上缴红利与国有股利的差额就是分红租,见表 5－6。

表 5－6　中国石油分红租(2007～2010)

项　　　目	计　　算	2007 年	2008 年	2009 年	2010 年
归属于母公司的净利润(亿元)	(1)	1 345.74	1 137.98	1 031.73	1 398.71
上缴红利(亿元)*	(2)＝(1)×10％	134.57	113.80	103.17	139.87
国家持股数(亿股)	(3)	1 589.22	1 579.22	1 575.22	1 577.64
每股股息(元/股)	(4)	0.362 549	0.281 36	0.254 20	0.344 20
国有股利(亿元)*	(5)＝(3)×(4)	576.17	444.33	400.42	543.02
分红租(亿元)*	(6)＝(5)－(2)	441.60	330.53	297.25	403.15

资料来源：中国石油(601857)年报(2007 年、2008 年、2009 年、2010 年),红利上缴的依据是归属于母公司的净利润,上缴比例按照 10％计算。＊数据由作者计算所得。

这里需要说明,向国家上缴利润的主体是母公司,而我们的研究对象是上市公司。因此,这里通过上市公司股利分配与母公司红利上缴的对比,可以看出中国石油集团母公司少上缴的红利,但这些数据并未进入接下来对上市公司实际营业利润的计算。

六是政府补贴。

1994～2004 年,国家财政用于国企亏损的补贴达到了 3 652.92 亿元。[1] 随着我国加入世贸组织并承诺立即取消对国有企业的补贴,从统计

---

[1]　国家统计局.中国统计年鉴(2005)[M].中国统计出版社,2005.

局公布的数据上,已经看不到 2007 年后对一般经营性企业的亏损补贴。但是,事实上对于企业的补贴仍然存在。2010 年,在有整体巨额利润的情况下,中石油和中石化仍然分别获得 15.99 亿元和 13.00 亿元的补贴。补贴理由是"中国政府为保障原油、成品油市场供应而给予本集团的财政扶持补贴"。不过,与之相对照的是十几年来民营地方炼油厂却从未享受炼油补贴,也没有配套的下游销售体系。对于国有企业来说,方便之处在于绕过了预算监督程序,实际上,政府对国有企业的税收返还也是一种财政补贴。①

中国石油年报显示,中国石油每年都获得一定数额的政府补助。2007～2010 年,中国石油从政府获得的补助金额分别为:2007 年的 388 亿元,2008 年的 169.14 亿元,2009 年的 10.97 亿元,2010 年的 15.99 亿元。

根据表 5-1、表 5-2、表 5-4、表 5-5 和表 5-6,我们得到 2007～2010 年中国石油的各种垄断租金(我们称为垄断利润),将这些垄断利润从名义营业利润中扣除,便得到实际营业利润(见表 5-7)。

表 5-7　中国石油名义营业利润与实际营业利润(2007～2010)

单位:亿元

项　　目	计　算	2007 年	2008 年	2009 年	2010 年
营业收入	(1)	8 350.37	10 711.46	10 192.75	14 654.15
名义利润	(2)	1 939.58	1 495.20	1 447.65	1 930.86
垄断利润	(3)=(4)+(5)+(6)+(7)+(8)	1 196.28	696.60	2 200.14	1 564.00
其中:土地租	(4)	236.94	249.30	253.43	268.08
资源租	(5)	410.29	498.83	294.59	377.61
价格租	(6)	153.92	-226.44	1 631.15	891.41
利息租	(7)	7.13	5.77	10.00	10.91
政府补贴	(8)	388.00	169.14	10.97	15.99

---

① 杨涛. 从中石化又获补贴看制度缺陷[J]. 经济导刊,2008(4).

项　　目	计　算	2007 年	2008 年	2009 年	2010 年
实际利润	(9)=(2)-(3)	743.30	798.60	-752.49	366.86
名义利润率(%)	(10)=(2)/(1)	23.23	13.96	14.20	13.18
实际利润率(%)	(11)=(9)/(1)	8.90	7.46	-7.38	2.50
垄断利润率(%)	(12)=(3)/(2)	61.68	46.59	151.98	81.00

资料来源：根据中国石油（601857）年报（2007 年、2008 年、2009 年、2010 年）相关数据计算。

由表 5-7 可知，虽然中国石油每年的营业收入都很高，但是如果将其凭借国家赋予的垄断优势而获得的垄断租金扣除，那么其经营业绩并不似表面那样风光。2007～2010 年，由于能够以超低价格租到工业用地，使中国石油仅以 20 亿元得到 11.45 亿平方米的土地使用权，产生了数额巨大的土地租；由于国家征收资源税的力度不够，使中国石油以较低成本获得原油和天然气，产生了数额巨大的资源租；由于石油企业对国家具有很强的谈判能力，使得中国石油产品价格远远高于世界其他国家的价格水平，产生了数额巨大的价格租；由于差别化的贷款利率，使中国石油能够以低于市场贷款利率的成本进行融资，产生了数额巨大的利息租；由于大股东的缺位，使中国石油能够不按照股息政策分红，将收益留在上市公司。除此之外，中国石油还连续四年获得政府的高额补贴。这些因素使得扣除垄断租金后，中国石油的实际营业利润大幅降低，2009 年的实际营业利润竟然为负。

2007～2010 年，中国石油的名义利润率均维持在 13% 以上，但若将垄断利润从实际利润中扣除，实际利润率便降至 10% 以下，2009 年的实际利润率为负值。可见，中国石油实际利润率与名义利润率的差别巨大。若用垄断利润占名义利润的比重表示垄断利润率，2007 年的垄断利润率为 61.68%，2008 年的垄断利润率为 46.59%，2010 年的垄断利润率为 81%，说明 2007 年、2008 年和 2010 年，中国石油凭借政府赋予的垄断优势而获得的利润是构成其营业利润的主要部分。2009 年的垄断利润率为 151.98%，说明 2009 年中国石油若不是凭借垄断优势，其营业利润实际上是小于零的，属于事实亏损。

5.2 垄断优势的估算

对于国有垄断企业的垄断利润,一直缺乏相关的实证研究,国内现有的实证分析只是对行政垄断造成的社会福利损失进行了估计(严海宁和汪红梅,2009[①])。现有研究对垄断利润率的估算方法有如下几种:

胡鞍钢(2000)[②]认为行政垄断造成的大量租金损失是腐败的主要经济损失之一,并利用寻租理论对几个垄断行业的行政垄断所造成的社会福利损失进行了估算(见表5-8)。

表 5-8 1995~1998 年中国部分垄断行业的租金估算

垄 断 行 业	租金额(亿元/年)	占 GDP 比重(%)
电力行业	560~1 120	0.75~1.50
交通运输邮电业	740~900	1.00~1.20
邮电通信业	215~325	0.29~0.43
民航业	75~100	0.10~0.13
医疗机构	75~100	0.10~0.13
合　计	1 300~2 020	1.70~2.70

资料来源:胡鞍钢.腐败:中国最大的社会污染[J].国际经济评论,2001(4).

刘志彪和姜付秀(2003)[③]认为,垄断并不能保证每一个处于垄断地位的公司都能获得超额垄断利润。由于经营或管理的原因,某些公司不可避免地也会亏损,这种公司亏损对社会而言是福利损失,但他们不是因为市场势力而发生的损失。因此,刘志彪和姜付秀(2003)选择了在沪深两地上市的具有行政垄断性的30家上市公司1997~2000年的数据(包括金融保险业、邮电通讯业、交通运输业、电力及设备制造业、生物制药业及石油化

---

① 严海宁,汪红梅.国有企业利润来源解析:行政垄断抑或技术创新[J].改革,2009(11).
② 胡鞍钢.腐败:中国最大的社会污染[J].国际经济评论,2001(4).
③ 刘志彪,姜付秀.我国产业行政垄断的制度成本估计[J].江海学刊,2003(1).

工等行业），估算了 1997～2000 年我国行业行政垄断产生的社会福利总损失。

北京大学中国经济研究中心（2007）[①]研究发现，1998～2005 年间，私营企业的资本回报率增长 5.7 个百分点，而国有企业净资产税前利润率增长 10.2 个百分点，国有企业资本回报率增长幅度比私营企业高出近八成。国有企业资本回报率相对较快改善，一方面说明推进国有企业改革及国家剥离国有企业名下不良资产的措施取得成效，另一方面又与现行有利于国有企业的垄断和准入限制政策有关。他们发现，对国有企业盈利贡献最大的几个行业为石油天然气开采，电力、热力的生产和供应，黑色金属冶炼和延压加工以及烟草制品业，而石油天然气开采业的高利润得益于石油价格的大幅上涨，即本书定义的价格租。

郑玉歆和李玉红（2007）[②]利用企业数据，对我国 1998～2005 年工业企业的新增利润来源从不同角度进行了分析，并且进一步将收益率的变化分解为全要素生产率的变动和分配格局的变动。他们发现，采掘业利润率提高的关键因素是产品价格的大幅上涨。可见，价格租是国有垄断企业的主要利润来源。

刘迎秋等（2008）[③]在分析国有企业投资利率弹性时提到，1997～2004 年期间，国有企业投资利率弹性较低与其拥有较高垄断利润有关。

严海宁和汪红梅（2009）[④]认为，国有企业的主要利润来源高度依赖于个别行业的行政垄断，而非国有企业技术创新水平的普遍提高。行政垄断的保护使得国有企业获得了大量垄断利润，却严重阻碍着我国企业技术创新水平的提升。

韩朝华和周晓艳（2009）[⑤]认为，1999 年以来，中国国有工业利润增长

① CCER"中国经济观察"研究组. 我国资本回报率估测（1978～2006）——新一轮投资增长和经济景气微观基础[J]. 经济学（季刊），2007（3）.
② 郑玉歆，李玉红. 工业新增利润来源及其影响因素：基于企业数据的经验研究[J]. 中国工业经济，2007（12）.
③ 刘迎秋，韩强，郭宏宇，吕凤勇. 利率、债务率、汇率与经济增长[M]. 中国社会科学出版社，2010.
④ 严海宁，汪红梅. 国有企业利润来源解析：行政垄断抑或技术创新[J]. 改革，2009（11）.
⑤ 韩朝华，周晓艳. 国有企业利润的主要来源及其社会福利含义[J]. 中国工业经济，2009（6）.

的主要源泉不是国有企业的高效率,而是国有工业在部分基础工业领域中的垄断地位以及由此而来的厂商定价权势。从社会整体的角度来看,这种高盈利意味着工业资源的低效率配置和潜在的社会福利损失。

丁启军(2010)①发现,中国的垄断行业基本是行政垄断行业,行政垄断与行业利润之间确实存在着正向关系。而劳动生产率、全要素生产率和动态效率均显示,行政垄断并不能带来企业生产效率的提升。所以,并不是企业高效率导致了高额利润,高利润只能是垄断定价的结果。

由5.1节可知,盈利性国有垄断企业的垄断优势主要来自土地租、资源租、价格租、利息租和政府补贴。同时,垄断优势给盈利性国有垄断企业带来了巨大的垄断利润,使得盈利性国有垄断企业的名义利润与实际利润相差甚远。国有企业的利润在最近几年明显增长,但实证分析表明其主要利润来源高度依赖于个别行业的行政垄断,行政垄断的保护使得国有企业获得了大量垄断利润(严海宁和汪红梅,2009②)。

因此,要想准确评价盈利性国有垄断企业的高管行为,不能以企业的名义利润为评价标准,因为那样做会高估高管努力。评价盈利性国有垄断企业高管行为的前提是将垄断利润从名义利润中分离出来,将企业的实际利润作为评价高管努力的标准。5.1节仅计算了中国石油一家公司的垄断优势,由于公司的差异化问题,不可能按照一样的方法计算每家公司的垄断优势大小。因此,我们根据《中国统计年鉴》披露的行业数据,计算2001~2010年样本行业(包括石油开采、发电和矿产开采业)的垄断优势。

根据数据的可得性,我们利用两种方法衡量垄断优势。首先,借鉴韩朝华和周晓艳(2009)③的做法,利用行业销购价格比来衡量垄断优势。行业销购价格比是一个比值,分子是"各行业工业品出厂价格指数",分母是"原材料、燃料、动力购进价格总指数",它反映各个行业中厂商的定价权势。如果一个行业的销购价格比等于或大于1,意味着该行业中的厂商面

---

① 丁启军.行政垄断行业高利润来源研究——高效率,还是垄断定价?[J].产业经济研究,2010(5).

② 严海宁,汪红梅.国有企业利润来源解析:行政垄断抑或技术创新[J].改革,2009(11).

③ 韩朝华,周晓艳.国有企业利润的主要来源及其社会福利含义[J].中国工业经济,2009(6).

对客户时拥有定价权,因而在遇到投入要素价格上涨时,他们有可能将上涨的成本转嫁给客户,甚至还能借机提高其产品的出厂价。显然,拥有这种定价权势的厂商较易享有并保持盈利优势。相反,如果一个行业的销购价格比小于1,则意味着该行业中的厂商毫无定价权,他们不仅不能轻易提升其产品的出厂价,在遇到投入要素价格显著上涨时还必须自行消化上升的成本。处于这类行业中的厂商要想持续盈利是较难的。一般而言,销购价格比等于或大于1意味着厂商作为卖方所面临的竞争不够充分,反之则意味着厂商作为卖方承受着较大的竞争压力。①

具体地,2001～2010 年盈利性国有垄断企业的行业销购价格比如表 5 - 9 所示。

表 5 - 9　2001～2010 年行业销购价格比

年份	原材料、燃料、动力购进价格总指数	工业品出厂价格指数			行业销购价格比		
		煤炭开采和洗选业	石油和天然气开采业	发电和供热业	煤炭开采和洗选业	石油和天然气开采业	发电和供热业
2001 年	99.8	106.5	99.1	102.3	1.067 1	0.993 0	1.025 1
2002 年	97.7	111.6	95.2	100.8	1.142 3	0.974 4	1.031 7
2003 年	104.8	107.0	115.6	100.9	1.021 0	1.103 1	0.962 8
2004 年	111.4	115.9	114.2	102.4	1.040 4	1.025 1	0.919 2
2005 年	108.3	118.2	122.4	104.2	1.091 4	1.130 2	0.962 1
2006 年	106.0	105.8	120.3	102.8	0.998 1	1.134 9	0.969 8
2007 年	104.4	105.4	103.4	102.2	1.009 6	0.990 4	0.978 9
2008 年	110.5	128.7	122.1	101.9	1.164 7	1.105 0	0.922 2
2009 年	92.1	101.9	66	102.4	1.106 4	0.716 6	1.111 8
2010 年	109.7	115.4	113.4	102.2	1.052 0	1.033 7	0.931 6

资料来源:"原材料、燃料、动力购进价格总指数"和"工业品出厂价格指数"来自《中国统计年鉴(2001～2010)》,行业销购价格比由作者计算得到。

由表 5 - 9 可知,2001～2010 年,煤炭开采和洗选业的行业销购价格比普遍高于 1,说明煤炭采掘业的企业在定价上有绝对优势,而这种优势既

---

① 韩朝华,周晓艳.国有企业利润的主要来源及其社会福利含义[J].中国工业经济,2009(6).

来源于因政府赋予的垄断优势使盈利性国有垄断企业获得的资源租,还源于其获得的价格租。石油和天然气开采业的行业销购价格比在多数年份也大于1,而发电和供热业的行业销购价格比并不是很高。可见,行业销购价格比能够较为全面地反映盈利性国有垄断企业的垄断优势。但是,行业销购价格比采用的原材料、燃料、动力购进价格总指数并没有按行业分类。因此,行业销购价格比无法反映资源租。

销购价格比反映的是某个行业的垄断地位,无法反映企业自身的垄断优势,表5-10(见本章章末)详细统计了2001~2010年样本公司[①]获得的政府补贴情况。由表5-10可知,尽管盈利性国有垄断企业都获得了数额巨大的政府补贴,但不同年份、不同上市公司获得的政府补贴相差很多。表5-11显示了不同年份的政府补贴状况:

表5-11 2001~2010年样本公司获得的政府补贴

年份	研究组:国有垄断上市公司		对照组:国有非垄断上市公司		研究组平均补贴额与对照组平均补贴额的比值
	补贴总额(亿元)	平均补贴额(亿元)	补贴总额(亿元)	平均补贴额(亿元)	
2001年	4.22	0.30	0.33	0.03	10
2002年	6.75	0.42	1.64	0.10	4
2003年	6.61	0.37	0.24	0.01	37
2004年	11.62	0.61	0.48	0.02	30
2005年	106.62	5.61	1.43	0.06	94
2006年	60.64	3.03	5.64	0.22	14
2007年	392.84	17.08	1.43	0.04	427
2008年	741.35	37.07	5.77	0.26	143
2009年	33.63	1.40	7.78	0.34	4
2010年	60.28	2.51	11.81	0.59	4

由表5-11可知,2001年,国有垄断上市公司平均获得0.30亿元的政府补贴,而国有非垄断上市公司平均获得0.03亿元的政府补贴,前者是后

---

① 样本选择标准详见第7章第7.2节第7.2.3。

者的 10 倍。2007 年,两组上市公司的政府补贴额差异进一步扩大,国有垄断上市公司平均补贴额是国有非垄断上市公司平均补贴额的 427 倍,两者相差悬殊。2008 年以后,两者的相对差距开始慢慢缩小,但这主要源于政府对国有非垄断上市公司的补贴力度的增加,并没有改变两者逐渐扩大的绝对差距。具体地,两组公司的补贴额变动见图 5-1。

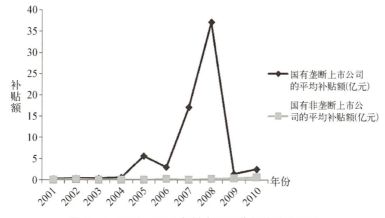

图 5-1　2001~2010 年样本公司获得的政府补贴

由于 2007 年和 2008 年两组样本获得的政府补贴额相差悬殊,使得图 5-1 很难反映其他年度两组样本的补贴额差异。因此,剔除 2007 年和 2008 年的数据,将其他年份的数据重新作图,如图 5-2 所示。

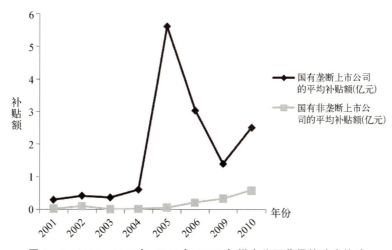

图 5-2　2001~2006 年、2009 年、2010 年样本公司获得的政府补贴

由图 5-2 可知,不论在哪一年度,国有垄断上市公司的平均补贴额均明显高于国有非垄断上市公司的平均补贴额。

可见,不论是从销购价格比的中观视角衡量,还是从政府补贴的微观视角衡量,盈利性国有垄断企业的垄断优势均十分明显,垄断利润也相当高。

5.3　垄断优势对高管贡献的"放大效应"

实际营业利润与名义营业利润的差异反映了垄断的"放大效应"。以中国石油为例,2007 年,中国石油的名义营业利润为 1 939.58 亿元,实际营业利润为 743.30 亿元,垄断利润为 1 196.28 亿元,由于垄断优势的存在,实际营业利润被放大了近两倍。2008 年,名义营业利润为 1 495.20 亿元,实际营业利润为 798.60 亿元,垄断利润为 696.60 亿元,由于垄断优势的存在,实际营业利润被放大近一倍。2009 年,垄断优势更是将负的实际营业利润逆转为正的名义营业利润。

由此可知,垄断优势放大了盈利性国有垄断企业的实际营业利润,进而夸大了高管对实际营业利润的贡献,使得应该归功于垄断优势的营业利润却归功于高管。换句话说,"名义营业利润＝实际营业利润＋垄断利润",实际营业利润是高管贡献的结果,则"名义营业利润＝高管贡献＋垄断利润"。因此,垄断利润越大,对高管贡献的"放大效应"越大。我们将垄断优势的这种作用称作垄断的"放大效应"。可见,在名义营业利润一定的情况下,垄断优势越大,"放大效应"越明显,高管对名义营业利润的实际贡献越小。

由于垄断优势对高管贡献的"放大效应",高管对企业名义营业利润的实际贡献(即实际营业利润)被放大了数倍。因此,垄断优势使得名义营业利润并不是评价高管行为结果的最优标准,实际营业利润才是高管行为的真实反映,才是高管贡献。但是,现实中评价高管努力成果的依据(营业利润或 EVA)并没有考虑垄断优势,这样无疑高估了高管努力,误导了高管薪酬的支付。企业业绩、高管贡献与垄断优势的关系如图5-3所示。

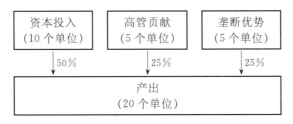

图 5-3　企业业绩、高管贡献与垄断优势

由图5-3可知,假设企业投入10个单位的资本、高管投入5个单位的贡献,企业拥有5个单位的垄断优势,这三个要素共同作用,使企业产出有20个单位。那么,资本投入对产出的贡献率为50%,高管贡献对产出的贡献率为25%,垄断优势对产出的贡献率为25%。不过,由于垄断优势被人们忽略,使得原本归因于垄断优势的产出(25%)被认为是高管贡献的结果,使得高管对产出的表面贡献增至50%,高管贡献被放大了两倍。垄断的"放大效应"不仅如此,还体现在对高管薪酬的放大作用上。假设高管薪酬支付系数为a1,我们分如下几种情况讨论高管薪酬:

情况1:以企业产出为高管薪酬支付依据,则高管薪酬=0.1×20=2

情况2:以企业利润为高管薪酬支付依据,则高管薪酬=0.1×(20-10)=1

情况3:以高管贡献为高管薪酬支付依据,则高管薪酬=0.1×20×25%=0.5

可见,如果以产出为薪酬支付依据,高管将获得2个单位的高管薪酬;如果以利润为高管薪酬支付依据,高管将获得1个单位的高管薪酬;如果以高管贡献为高管薪酬支付依据,高管将获得0.5个单位的高管薪酬。由于垄断优势的存在,使得原本应该用于补偿垄断优势的0.5个单位薪酬被补偿给了高管。

这里需要补充对于盈利性国有垄断企业高管薪酬契约的价值判断。首先,我们不去讨论垄断是好是坏。尽管许多研究认为垄断造成了社会福利的损失(严海宁和汪红梅,2009[①];胡鞍钢,2000[②]),但也无可否认,在现阶段垄断有利于集中国家优势资源,迅速创造财富。本书研究仅仅是在存在盈利性国有垄断企业这类企业的前提下,高管薪酬契约现在是什么样的,应该是怎么样的。从上述讨论可知,对盈利性国有垄断企业的高管薪酬契约,必须充分考虑因垄断优势获得的企业业绩,将高管的实际贡献作为高管薪酬契约的制定依据。

5.4 本 章 小 结

垄断优势指的是盈利性国有垄断企业凭借政府赋予的各种特权,在资源获取、商品销售、融资筹资和政府补贴等各方面享受的垄断权力。盈利性国有垄断企业的垄断优势主要来源于土地租、资源租、价格租、利息租、分红租和政府补贴等方面。由于垄断优势的存在,原本归因于垄断优势的企业业绩被误认为是高管贡献的影响,进而放大了高管对企业业绩的实际贡献,放大了以企业业绩为支付标准的高管薪酬。

表 5-10　2001～2010 年盈利性国有垄断企业获得的补贴额　单位:万元

公司代码	公司简称	年份	补贴额	公司代码	公司简称	年份	补贴额
000554	泰山石油	2001	0	000554	泰山石油	2009	26.815 2
000554	泰山石油	2002	0	000554	泰山石油	2010	0
000554	泰山石油	2003	0	000767	漳泽电力	2001	0
000554	泰山石油	2004	0	000767	漳泽电力	2002	5
000554	泰山石油	2005	0	000767	漳泽电力	2003	30
000554	泰山石油	2006	0	000767	漳泽电力	2004	0
000554	泰山石油	2007	0	000767	漳泽电力	2005	0
000554	泰山石油	2008	0	000767	漳泽电力	2006	0

---

① 严海宁,汪红梅.国有企业利润来源解析:行政垄断抑或技术创新[J].改革,2009(11).
② 胡鞍钢.腐败:中国最大的社会污染[J].国际经济评论,2001(4).

公司代码	公司简称	年份	补贴额	公司代码	公司简称	年份	补贴额
000767	漳泽电力	2007	310.25	600011	华能国际	2006	626.89
000767	漳泽电力	2008	297.139 9	600011	华能国际	2007	2 813.632
000767	漳泽电力	2009	1 295.389	600011	华能国际	2009	21 362.22
000767	漳泽电力	2010	5 695.15	600011	华能国际	2010	43 789.83
000875	吉电股份	2002	0	600021	上海电力	2003	0
000875	吉电股份	2003	0	600021	上海电力	2004	0
000875	吉电股份	2004	0	600021	上海电力	2005	0
000875	吉电股份	2005	331.554 1	600021	上海电力	2006	1 885.2
000875	吉电股份	2006	95.099 89	600021	上海电力	2007	1 008.32
000875	吉电股份	2007	398.742 9	600021	上海电力	2009	1 011.986
000875	吉电股份	2008	250	600021	上海电力	2010	3 003.201
000875	吉电股份	2009	0	600027	华电国际	2004	0
000875	吉电股份	2010	5 714.4	600027	华电国际	2005	236.3
000966	长源电力	2001	0	600027	华电国际	2006	6 738
000966	长源电力	2002	0	600027	华电国际	2007	2 281.8
000966	长源电力	2003	0	600027	华电国际	2009	4 312.7
000966	长源电力	2004	0	600028	中国石化	2001	0
000966	长源电力	2005	0	600028	中国石化	2002	29 100
000966	长源电力	2006	0	600028	中国石化	2003	3 500
000966	长源电力	2007	58.875 41	600028	中国石化	2004	26 900
000966	长源电力	2008	151.507	600028	中国石化	2005	941 500
000966	长源电力	2009	47.647 06	600028	中国石化	2006	500 000
000966	长源电力	2010	3 657.457	600028	中国石化	2007	486 300
600011	华能国际	2001	0	600028	中国石化	2008	5 370 500
600011	华能国际	2002	0	600028	中国石化	2009	14 730
600011	华能国际	2003	0	600028	中国石化	2010	10 000
600011	华能国际	2004	800	600236	桂冠电力	2001	0
600011	华能国际	2005	2 783.662	600236	桂冠电力	2002	0

公司代码	公司简称	年份	补贴额	公司代码	公司简称	年份	补贴额
600236	桂冠电力	2003	0	600583	海油工程	2002	0
600236	桂冠电力	2004	0	600583	海油工程	2003	0
600236	桂冠电力	2005	4.46	600583	海油工程	2004	4.848 5
600236	桂冠电力	2006	0	600583	海油工程	2005	17.286 3
600236	桂冠电力	2007	0	600583	海油工程	2006	10.908 7
600236	桂冠电力	2008	2 862.7	600583	海油工程	2007	0
600236	桂冠电力	2009	733.889 8	600583	海油工程	2008	249.472 4
600236	桂冠电力	2010	14 694.9	600583	海油工程	2009	89
600292	九龙电力	2001	0	600583	海油工程	2010	3 935.707
600292	九龙电力	2002	0	600688	上海石化	2001	38 637
600292	九龙电力	2003	109.501 9	600688	上海石化	2002	37 095.9
600292	九龙电力	2004	257.962 9	600688	上海石化	2003	34 419.9
600292	九龙电力	2005	280.374 6	600688	上海石化	2004	31 743.9
600292	九龙电力	2006	253.492 3	600688	上海石化	2005	63 282
600292	九龙电力	2007	10.027	600688	上海石化	2006	28 214.18
600292	九龙电力	2008	58.384 65	600688	上海石化	2007	9 390
600292	九龙电力	2009	1 510.016	600688	上海石化	2008	231 222.7
600292	九龙电力	2010	1 349.14	600688	上海石化	2009	1 531
600508	上海能源	2001	307.1	600688	上海石化	2010	2 721.1
600508	上海能源	2002	437.4	600726	华电能源	2001	0
600508	上海能源	2003	677.270 2	600726	华电能源	2002	0
600508	上海能源	2004	554.8	600726	华电能源	2003	0
600508	上海能源	2005	714.2	600726	华电能源	2004	1 767.233
600508	上海能源	2006	638.4	600726	华电能源	2005	322.634 4
600508	上海能源	2007	100	600726	华电能源	2006	923.629 1
600508	上海能源	2008	0	600726	华电能源	2007	302.586 2
600508	上海能源	2009	79.64	600726	华电能源	2008	671.43
600508	上海能源	2010	1 736.2	600726	华电能源	2009	3 587.865

公司代码	公司简称	年份	补贴额	公司代码	公司简称	年份	补贴额
600726	华电能源	2010	10 413.91	600863	内蒙华电	2009	1 142.249
600744	华银电力	2001	0	600863	内蒙华电	2010	4 211.668
600744	华银电力	2002	0	600871	仪征化纤	2001	1 208
600744	华银电力	2003	0	600871	仪征化纤	2002	540
600744	华银电力	2004	0	600871	仪征化纤	2003	1 227
600744	华银电力	2005	0	600871	仪征化纤	2004	0
600744	华银电力	2006	529.476 9	600871	仪征化纤	2005	0
600744	华银电力	2007	240.173 8	600871	仪征化纤	2006	0
600744	华银电力	2008	1 395.791	600871	仪征化纤	2007	0
600744	华银电力	2009	27 218.67	600871	仪征化纤	2008	1 500
600744	华银电力	2010	12 033.77	600871	仪征化纤	2009	1 086.6
600795	国电电力	2001	2 063.655	600871	仪征化纤	2010	246.2
600795	国电电力	2002	307.594 5	600900	长江电力	2003	26 171.72
600795	国电电力	2003	0	600900	长江电力	2004	54 200.52
600795	国电电力	2004	0	600900	长江电力	2005	56 133.53
600795	国电电力	2005	545.770 6	600900	长江电力	2006	61 980.58
600795	国电电力	2006	150.882 9	600900	长江电力	2007	74 222.38
600795	国电电力	2007	6 929.909	600900	长江电力	2008	72 544.93
600795	国电电力	2008	3 551.49	600900	长江电力	2009	81 059.95
600795	国电电力	2009	7 555.65	600900	长江电力	2010	184 658
600795	国电电力	2010	21 184.54	601088	中国神华	2008	15 500
600863	内蒙华电	2001	0	601088	中国神华	2009	15 500
600863	内蒙华电	2002	0	601088	中国神华	2010	17 300
600863	内蒙华电	2003	0	601808	中海油服	2007	3 115.028
600863	内蒙华电	2004	0	601808	中海油服	2008	2 425.857
600863	内蒙华电	2005	0	601808	中海油服	2009	648.952 6
600863	内蒙华电	2006	860.767 8	601808	中海油服	2010	1 180.14
600863	内蒙华电	2007	250.834 1	601857	中国石油	2007	11 100

公司代码	公司简称	年份	补贴额	公司代码	公司简称	年份	补贴额
601857	中国石油	2008	1 691 400	601898	中煤能源	2010	45 140.3
601857	中国石油	2009	109 700	601991	大唐发电	2006	3 476.8
601857	中国石油	2010	159 900	601991	大唐发电	2007	45.2
601898	中煤能源	2007	3 329 510	601991	大唐发电	2008	8 868.4
601898	中煤能源	2008	10 096	601991	大唐发电	2009	19 057.5
601898	中煤能源	2009	23 010.3	601991	大唐发电	2010	31 159.7

第6章 盈利性国有垄断企业高管薪酬契约

垄断优势的"放大效应"夸大了高管对企业业绩的实际贡献,若以企业业绩作为高管行为的评价标准,将高估高管薪酬,导致高管薪酬与高管贡献的不匹配。本章以最优契约论的基本模型(Holmstrom & Milgrom,1987[①])为基础,引入高管贡献,提出以高管贡献与高管薪酬的匹配度作为衡量盈利性国有垄断企业高管薪酬合理性的标准。

6.1 模型设定

高管与企业之间是典型的双边委托代理问题,虽然盈利性国有垄断企业存在所有者缺位的情况,但这是高管薪酬契约实施过程中存在的问题,并不是高管薪酬契约设计中存在的障碍,因此不妨碍双边委托代理模型的使用。根据最优契约论,我们对模型做出如下假设,作为研究的前提。

最优契约论假定企业业绩是高管努力的线性函数,突出了高管行为对企业业绩的影响。这种假定适用于一般性企业,却无法解释盈利性国有垄断企业的高管薪酬契约。因此,我们需要重新构造企业业绩函数。企业业绩由很多因素决定,例如,企业规模、国家政策、所处行业、资本结构、员工贡献和高管贡献等。这些因素大多可以归结为两方面:人力投入和物质

---

① Holmstrom, B. , P, Milgrom. Aggregation and Linearity in the Provision of Intertemporal Incentives[J]. *Econometrica*, 1987(55).

投入。其中,物质投入包括企业资产规模、国家相关政策、企业所处行业及资本结构等,人力投入包括员工贡献和高管贡献两个方面。无疑,相对于员工来说,高管对企业业绩的贡献是非常大的,因为高管本身就是一种特殊资本。因此,本书暂时忽略员工对企业业绩的贡献,只考虑高管对企业业绩的贡献。这些人力投入和物质投入共同决定了企业业绩,令 y 代表企业业绩,k 表示高管贡献,s 表示物质投入,则 $y = y(k, s)$。当然,除了人力投入和物质投入外,还有其他因素也可能引起企业业绩的不同。其中,最主要的便是公司治理因素,公司治理因素将人力投入和物质投入有机结合起来,是发挥最大效能的关键。这个逻辑与宏观经济学中对经济增长原因的解释十分相似。基于特殊的研究目的,高管薪酬理论将关注点放在人力投入上,将物质投入视为同质的。

实际上,对于盈利性国有垄断企业,政府赋予的垄断优势是影响业绩的关键因素。垄断优势指盈利性国有垄断企业因政府无偿或低价赋予的资源使用权、价格裁量权、低成本融资权和政府补贴,而获得的额外利润。这种垄断优势为盈利性国有垄断企业带来了巨额利润。由第 5 章可知,盈利性国有垄断企业的垄断优势包括土地租、资源租、价格租、利息租、分红租和政府补贴等几个方面,而这些方面的垄断优势体现在企业业绩上,均可视为成本的降低。例如,同样投入 10 个物质单位,竞争性国有企业能获得 12 个单位产出,而盈利性国有垄断企业凭借价格垄断优势将获得 15 个单位产出,垄断优势放大了盈利性国有垄断企业的物质投入。同样想要创造 10 个单位产出,竞争性国有企业需要投入 8 个单位物质投入,而盈利性国有垄断企业凭借资源垄断、低利率融资和政府补贴等垄断优势,只需投入 6 个单位物质投入,甚至更少。我们称垄断优势的这种作用为垄断的"放大效应",用 p 表示垄断的"放大效应"。那么,考虑了垄断优势的物质投入为 ps。对于竞争性国有企业,不存在垄断优势,则 $p = 1$;对于盈利性国有垄断企业,存在明显的垄断优势,则 $p > 1$;对于公益性国有企业,其承担一定的公共职能,$0 < p < 1$。需要说明的是,垄断优势的"放大效应"(p)只表示企业业绩因垄断优势的存在而成倍增加的百分比,并不表示垄断优势的大小,因为垄断优势的构成因企业而异,十分复杂。

　　将垄断优势考虑进企业业绩函数,则 $y=(k,ps)$。借鉴柯布-道格拉斯生产函数 $Y=L^{\gamma}K^{1-\gamma}$ 的形式,其中,L 为人力资本,K 为物质资本,γ 为人力资本的贡献率,$(1-\gamma)$ 为物质资本的贡献率。同理,企业业绩函数可以写成 $y=(k)^{\gamma}(ps)^{1-\gamma}$,其中 $0<\gamma<1$。

　　根据企业业绩函数 $y=(k)^{\gamma}(ps)^{1-\gamma}$,对 y 求偏导,我们可以得到企业业绩对高管贡献的敏感度 $\partial y/\partial k=\gamma(ps)^{1-\gamma}(k)^{\gamma-1}$。由于 $0<\gamma<1$,不难发现,物质投入越大,企业业绩对高管贡献的敏感度越大;垄断的"放大效应"越大,企业业绩对高管贡献的敏感度越大。换句话说,当高管贡献相同时,物质投入多的企业业绩上升更明显,这种业绩上升的差别来自物质投入的差别;当高管贡献相同时,有垄断优势的企业业绩上升更明显,这种业绩上升的差别来自垄断优势的差别。当企业的物质投入相同时,"企业业绩—高管贡献敏感度"取决于垄断优势的大小。

　　由垄断优势的定义可知,盈利性国有垄断企业具有垄断优势,$p>1$;竞争性国有企业无垄断优势,$p=1$;公益性国有企业存在负向的垄断优势,$0<p<1$。因此,盈利性国有垄断企业的"企业业绩—高管贡献敏感度"是最大的,竞争性国有企业的敏感度次之,公益性国有企业的敏感度最小。

　　我们该如何理解不同类型国有企业具有的大不相同的"企业业绩—高管贡献敏感度",还要回到企业业绩函数 $y=(k)^{\gamma}(ps)^{1-\gamma}$。由于垄断优势($p$)的存在,物质投入($s$)对企业业绩的贡献被放大了,人力投入($k$)对企业业绩的贡献被放大了。但是,垄断优势($p$)并不是可观测的投入,高管也不希望别人看到垄断优势的"放大效应",他们更愿意将垄断优势的贡献归为己有。因此,当三个决定企业业绩的关键因素(k,p,s)中只有一个因素(即物质投入)是可观测时,高管便将其他两个因素归结到一起,看作是高管的贡献,这无疑放大了高管对企业业绩的贡献。

　　再假定高管行为,k 为高管贡献,高管做出贡献的成本为 c,这个成本与贡献大小相关,且贡献越大,高管付出的成本越高。令 $c(k)=bk^2/2$,其中 $b>0$,反映了高管努力成本对贡献大小的敏感性,即高管贡献越大,成本越高。另外,高管是风险规避的,其效用函数具有不变绝对风险规避的特征,即 $u = e^{-\rho w}$,其中,w 表示高管薪酬,ρ 表示绝对风险规避度量。

高管薪酬契约包括固定薪酬和风险薪酬两个部分。其中,固定薪酬与企业业绩无关,风险薪酬是变动的,基准薪酬契约的形式为 $w(y) = \alpha + \beta y$,其中,α 为固定薪酬,与 y 无关,βy 为风险薪酬,与 y 正相关。另外,β 为"高管薪酬—企业业绩相关度",且 $0 < \beta < 1$。当 $\beta = 0$ 时,高管不承担任何风险,无论企业业绩高低,高管只获得固定薪酬;当 $\beta = 1$ 时,高管承担全部风险,薪酬随企业业绩增减而增减。但是,盈利性国有垄断企业的情况比较特殊,其业绩除受高管行为影响外,还取决于垄断优势的大小。而且,垄断优势的作用很大,甚至超过了高管贡献。但是,垄断优势是无法观测的,这样的结果是,高管薪酬契约中将原本归因于垄断优势的业绩上升,一并看作是高管贡献的结果,放大了高管贡献。因此,我们针对盈利性国有垄断企业提出同时基于业绩和垄断优势的垄断性高管薪酬契约,其形式为 $w(y, p) = \alpha + \beta(p-1)y$,其中,$\alpha$ 仍为固定薪酬,风险薪酬为 $\beta(p-1)y$,风险薪酬中考虑垄断优势,减少垄断"放大效应"对高管贡献的高估,进而获得更加准确的薪酬契约。

根据以上假设,我们可以得出,高管的目标是最大化确定性等价收入,即:

$$\max\left(EW - \frac{1}{2}\rho\beta^2\sigma^2\right) = \alpha + \beta y - \frac{1}{2}bk^2 - \frac{1}{2}\rho\beta^2\sigma^2 \qquad (6-1)$$

一阶条件为:$\dfrac{\partial w}{\partial y}\dfrac{\partial y}{\partial k} - bk = 0$, 即 $\dfrac{\partial w}{\partial y} = \dfrac{bk}{\partial y/\partial k}$。

其中,$\partial y/\partial k$ 为"企业业绩—高管贡献敏感度",$\partial w/\partial y$ 为"高管薪酬—企业业绩相关度",这个等式表明"企业业绩—高管贡献敏感度"与"高管薪酬—企业业绩相关度"的关系是此消彼长的,"企业业绩—高管贡献敏感度"越大,"高管贡献—企业业绩相关度"应该越小。借助盈利性国有垄断企业、竞争性国有企业和公益性国有企业的"企业业绩—高管贡献敏感度"的大小区别,我们发现,在企业业绩相同的情况下,支付给公益性国有企业高管的薪酬应该最高,支付给竞争性国有企业高管的薪酬次之,支付给盈利性国有垄断企业高管的薪酬应该是最低的。

6.2 基准模型：高管贡献可观测，垄断优势不写入高管薪酬契约

由模型设定可知,盈利性国有垄断企业是风险中性的,它的期望效用等于期望收入,则有:

$$Ev(y-w(y))=E[y-w(y)]=E[y-(\alpha+\beta y)]=-\alpha+(1-\beta)y$$

$$(6-2)$$

高管的实际收入为薪酬与贡献成本的差额:

$$W=w(y)-c(k)=\alpha+\beta y-\frac{1}{2}bk^2=\alpha+\beta(k)^\gamma(ps)^{1-\gamma}-\frac{1}{2}bk^2$$

$$(6-3)$$

根据高管效用函数,得到其确定性等价收入为:

$$EW-\frac{1}{2}\rho\beta^2\sigma^2=\alpha+\beta(k)^\gamma(ps)^{1-\gamma}-\frac{1}{2}bk^2-\frac{1}{2}\rho\beta^2\sigma^2 \quad(6-4)$$

其中,$\frac{1}{2}\rho\beta^2\sigma^2$ 为高管的风险成本,当 $\beta=0$ 时,高管的风险成本为零。

高管最大化期望效用等价于最大化确定性等价收入,令 $\overline{w}$ 为高管的保留收入,如果确定性等价收入小于 $\overline{w}$,高管将不接受薪酬契约。因此,高管的参与约束可以表述为:

$$(IR)\alpha+\beta(k)^\gamma(s)^{1-\gamma}-\frac{1}{2}bk^2-\frac{1}{2}\rho\beta^2\sigma^2\geqslant\overline{w} \qquad(6-5)$$

根据确定性等价收入的最大化一阶条件,得到高管的激励约束:

$$(IC)k=\left(\frac{\beta\gamma}{b}\right)^{\frac{1}{2-\gamma}}(ps)^{\frac{1-\gamma}{2-\gamma}} \qquad(6-6)$$

高管薪酬最优契约就是企业最大化期望效用的结果,即:

$$\max Ev = -\alpha + (1-\beta)y$$

$$s.t. \ (IR)\alpha + \beta(k)^\gamma(ps)^{1-\gamma} - \frac{1}{2}bk^2 - \frac{1}{2}\rho\beta^2\sigma^2 \geqslant \overline{w} \qquad (6-7)$$

$$(IC)k = \left(\frac{\beta\gamma}{b}\right)^{\frac{1}{2-\gamma}}(ps)^{\frac{1-\gamma}{2-\gamma}}$$

当企业可以观测到高管贡献,高管薪酬契约不考虑垄断优势时,激励约束不再起作用,任何水平的 k 都可以通过满足参与约束的强制合同实现。因此,企业的问题就是选择 (α,β),求解最优问题:

$$\max Ev = -\alpha + (1-\beta)y$$

$$s.t. \ (IR)\alpha + \beta(k)^\gamma(ps)^{1-\gamma} - \frac{1}{2}bk^2 - \frac{1}{2}\rho\beta^2\sigma^2 \geqslant \overline{w} \qquad (6-8)$$

在最优情况下,参与约束的等式成立,即 $\alpha + \beta(k)^\gamma(ps)^{1-\gamma} - \frac{1}{2}bk^2 - \frac{1}{2}\rho\beta^2\sigma^2 = \overline{w}$,企业没有必要支付给高管更多的薪酬,则最优化问题可以重新写成:

$$\begin{aligned}
\max Ev &= -\alpha + (1-\beta)y \\
&= -\left[\overline{w} - \beta(k)\gamma(ps)^{1-\gamma} + \frac{1}{2}bk^2 + \frac{1}{2}\rho\beta^2\sigma^2\right] \\
&\quad + (1-\beta)(k)^\gamma(ps)^{1-\gamma} \\
&= (k)^\gamma(ps)^{1-\gamma} - \frac{1}{2}bk^2 - \frac{1}{2}\rho\beta^2\sigma^2 - \overline{w} \qquad (6-9)
\end{aligned}$$

其中,k 和 β 是变量,(s, b, ρ, σ) 均为参数。企业的最大化问题转变成最大化确定性等价收入与高管贡献成本之差的问题。

该问题的一阶条件为:

$$\begin{cases} \gamma(ps)^{1-\gamma}(k)^{\gamma-1} - bk = 0 \\ -\rho\sigma^2\beta = 0 \end{cases} \qquad (6-10)$$

求解上述一阶条件,得:

$$\begin{cases} k^* = \left(\dfrac{\gamma}{b}\right)^{\frac{1}{2-\gamma}} (ps)^{\frac{1-\gamma}{2-\gamma}} \\ \beta^* = 0 \end{cases} \tag{6-11}$$

代入 (IR) 中,得 $\alpha^* = \bar{w} + \dfrac{b}{2}\left(\dfrac{\gamma}{b}\right)^{\frac{2}{2-\gamma}} (ps)^{\frac{2(1-\gamma)}{2-\gamma}}$。

因此,当企业能够观察到高管的贡献水平时,最优的高管薪酬契约是支付给高管一个固定的薪酬,这个固定薪酬与企业业绩无关,与高管贡献水平无关,与垄断优势无关。一般地,物质投入 (s) 越大,高管固定薪酬越高。下面,我们将以这个基准模型为基础,逐步扩展,使模型更加符合盈利性国有垄断企业的特征,使高管薪酬契约更加准确地反映高管的实际贡献。

6.3　模型扩展 Ⅰ:高管贡献不可观测,垄断优势不写入高管薪酬契约

基准模型中的帕累托最优是很难实现的,因为如果给定 $\beta = 0$,高管将选择贡献水平最大化自己的确定性等价收入,即:

$$\begin{aligned} \max(EW &- \frac{1}{2}\rho\beta^2\sigma^2) \\ &= \alpha + \beta(k)^{\gamma}(ps)^{1-\gamma} - \frac{1}{2}bk^2 - \frac{1}{2}\rho\beta^2\sigma^2 \\ &= \alpha - \frac{1}{2}bk^2 \end{aligned} \tag{6-12}$$

该问题的一阶条件为: $bk = 0$。

求解上述一阶条件,得 $k = 0$。因此,高管这时不会做出任何贡献。

当企业不能观测到高管的贡献水平时,企业的问题变为:

$$\max Ev = -\alpha + (1-\beta)y$$

$$s.t.\ (IR)\alpha + \beta(k)^{\gamma}(ps)^{1-\gamma} - \frac{1}{2}bk^2 - \frac{1}{2}\rho\beta^2\sigma^2 \geqslant \overline{w} \qquad (6-13)$$

$$(IC)k = \left(\frac{\beta\gamma}{b}\right)^{\frac{1}{2-\gamma}}(ps)^{\frac{1-\gamma}{2-\gamma}}$$

将约束等式代入最优化问题中,最优化问题变为:

$$\max \left(\frac{\beta}{b}\right)^{\gamma}(ps)^{1-\gamma} - \frac{1}{2}bk^2 - \frac{1}{2}\rho\beta^2\sigma^2 - \overline{w} \qquad (6-14)$$

该问题的一阶条件为:

$$\frac{1}{2-\gamma}\gamma^{\frac{2}{2-\gamma}}b^{\frac{\gamma}{\gamma-2}}(ps)^{\frac{2(1-\gamma)}{2-\gamma}}(\beta^{\frac{1(\gamma-1)}{2-\gamma}} - \beta^{\frac{\gamma}{2-\gamma}}) - \rho\sigma^2\beta = 0 \quad (6-15)$$

为简化分析,我们将 $\gamma = \dfrac{1}{2}$ 带入上式,则一阶条件简化为:

$$\frac{2^{-\frac{1}{3}}}{3}b^{-\frac{1}{3}}(ps)^{\frac{2}{3}}(\beta^{-\frac{5}{3}} - \beta^{-\frac{2}{3}}) - \rho\sigma^2 = 0 \qquad (6-16)$$

对上式两边求 p 的偏导,得:

$$\frac{\partial\beta}{\partial p} = \frac{2(\beta^{-\frac{5}{3}} - \beta^{-\frac{2}{3}})}{p(5\beta^{-\frac{8}{3}} - 2\beta^{-\frac{5}{3}})} \qquad (6-17)$$

进一步简化为:

$$\frac{\partial\beta}{\partial p} = \frac{2\beta(1-\beta)}{p(5-2\beta)} > 0 \qquad (6-18)$$

由此可知,当高管贡献不可观测,垄断优势不写入薪酬契约时,由于垄断优势(p)的"放大效应",使得"高管薪酬—企业业绩相关度"(β)被高估。在企业业绩一定的情况下,支付给高管的薪酬由于垄断优势的"放大效应"而高估。另外,由 $\partial\beta/\partial p > 0$ 可知,垄断优势越大,高管薪酬被高估的比例越高。基于此,我们必须将垄断优势写入高管薪酬契约,以抵消垄断优势的"放大效应"。

6.4　模型扩展Ⅱ：高管贡献不可观测，垄断优势写入高管薪酬契约

模型扩展Ⅰ没有将垄断优势考虑在内，这样造成的结果是，垄断优势对"高管薪酬—企业业绩相关度"产生了"放大效应"，使高管薪酬与企业业绩的相关度偏高，本节将使用加入垄断优势的高管薪酬契约。

当企业不能观测到高管的贡献水平，垄断优势写入高管薪酬契约时，企业的问题变为：

$$\max Ev = -\alpha + (1-\beta)y$$

$$s.t.\ (IR)\alpha + \beta(k)^{\gamma}(ps)^{1-\gamma} - \frac{1}{2}bk^2 - \frac{1}{2}\rho\beta^2\sigma^2 \geqslant \overline{w} \qquad (6-19)$$

$$(IC)k = \left(\frac{\beta\gamma(p-1)}{b}\right)^{\frac{1}{2-\gamma}}(ps)^{\frac{1-\gamma}{2-\gamma}}$$

将约束等式代入最优化问题中，最优化问题变为：

$$\max\left(\frac{\beta}{b}\right)^{\gamma}(ps)^{1-\gamma} - \frac{1}{2}bk^2 - \frac{1}{2}\rho\beta^2\sigma^2 - \overline{w} \qquad (6-20)$$

该问题的一阶条件为：

$$\frac{1}{2-\gamma}\gamma^{\frac{2}{2-\gamma}}b^{\frac{\gamma}{\gamma-2}}(ps)^{\frac{2(1-\gamma)}{2-\gamma}}(1-p)\left[\beta^{\frac{3\gamma-4}{2-\gamma}}(1-p)^{\frac{2(\gamma-1)}{2-\gamma}} - \right.$$

$$\left.\beta^{\frac{2(\gamma-1)}{2-\gamma}}(1-p)^{\frac{\gamma}{2-\gamma}}\right] - \rho\sigma^2 = 0 \qquad (6-21)$$

为简化分析，我们将 $\gamma = \frac{1}{2}$ 带入上式，则一阶条件简化为：

$$\frac{2}{3}\left(\frac{1}{2}\right)^{\frac{4}{3}}b^{-\frac{1}{3}}(ps)^{\frac{2}{3}}(1-p)(\beta^{-\frac{5}{3}}(1-p)^{-\frac{2}{3}} - \beta^{-\frac{2}{3}}(1-p)^{\frac{1}{3}}) - \rho\sigma^2 = 0$$

$$(6-22)$$

对上式两边求 p 的偏导,得:

$$\frac{\partial \beta}{\partial p} = \frac{\beta(2-p-p^{\frac{1}{3}})+\beta^2(2-5p)}{5(p-p^{\frac{4}{3}})+2(p-p^{\frac{8}{3}})\beta} < 0 \qquad (6-23)$$

由此可知,当高管贡献不可观测,垄断优势写入薪酬契约时,尽管存在垄断优势(p)的"放大效应",但由于将垄断优势写入薪酬契约,使得"高管薪酬—企业业绩相关度"(β)不再被高估,降低了的"高管薪酬—企业业绩相关度"(β)使高管贡献与高管薪酬更加匹配。另外,由 $\partial\beta/\partial p < 0$ 可知,垄断优势越大,考虑垄断优势的"高管薪酬—企业业绩相关度"(β)越小。可见,如果将垄断优势写入高管薪酬契约,便可以消除垄断优势对高管贡献的"放大效应"。

6.5 本 章 小 结

本章以最优契约论的基本模型为基础,一方面借鉴柯布-道格拉斯生产函数,将高管贡献和垄断优势写入企业业绩函数,提出用高管贡献与高管薪酬的相关性检验盈利性国有垄断企业高管薪酬契约的合理性;另一方面将垄断优势写入高管薪酬契约,求高管薪酬契约的最优解。我们认为,有效的高管薪酬契约必须充分考虑垄断优势带来的"放大效应",否则将严重高估高管贡献,支付过高的高管薪酬。如此,薪酬契约对高管的评价作用和激励作用都无从谈起。

第7章　盈利性国有垄断企业高管贡献的估计

根据第 6 章理论模型分析,如果在高管薪酬契约中不考虑企业利润来源,会将盈利性国有垄断企业凭借垄断优势获得的垄断利润误认为是高管努力的结果,进而高估了高管的实际贡献。因此,需要按照高管贡献评价高管行为结果,支付高管薪酬,这就需要我们准确衡量高管贡献。本章利用企业实际业绩与预期业绩的差值对高管贡献进行估计。

7.1　研　究　假　设

为了计算盈利性国有垄断企业的高管贡献,我们借鉴 Solow 模型和 Richardson 模型对回归残差的使用理论,①用企业实际净利润与预期净利润的差值(即回归残差)代表高管贡献,如果残差大于零,表明高管贡献是超额的,如果残差小于零,表明高管贡献是不足的。之所以采取这种方法,是因为我们认为企业业绩其实是一个资产组合的结果。资本、高管贡献和垄断优势等共同构成了这个组合,当高管无所作为时,企业业绩便完全是其他资产价值得到充分发挥后的结果,实现预期业绩;当高管努力工作时,企业其他资产价值会得到有效提升,发挥更大效力,获得更高的业绩;当高

---

① Solow 模型认为经济增长模型的回归残差是资本和人力无法解释的经济增长,并用经济增长模型的回归残差代表技术进步对经济增长的贡献。Richardson 模型认为投资模型的回归残差是现有变量无法预测的投资额,如果残差大于零,说明企业投资是过度的,如果残差小于零,说明企业投资是不足的。

管成事不足败事有余时,企业其他资产反而有可能被无效地配置,降低了业绩。因此,我们将高管贡献与资本、垄断优势等其他形式的资产分离开。首先考虑在没有高管贡献的前提下,企业凭借资本和垄断优势能够获得的业绩,我们称之为"预期业绩"。然后将企业的实际业绩与预期业绩相减,得到的差值便是高管贡献。如果企业实际业绩大于预期业绩,说明高管付出的努力确实提高了企业的资产组合效率,高管对企业业绩的贡献是正向的。如果企业实际业绩小于预期业绩,说明高管并没有对企业业绩提升做出有价值的贡献,高管贡献是负向的。如果企业实际业绩等于预期业绩,说明高管无功无过,高管贡献为零。

由第 5 章可知,由于垄断优势的存在,使盈利性国有垄断企业的利润大为改观。垄断优势从价格租、资源租、土地租、利息租、分红租和政府补贴等多方面提升了企业业绩。并且,由垄断优势带来的企业业绩占去了企业业绩的大半。因此,我们假设企业获得的垄断优势越大,企业业绩越好。

假设 7 - 1:政府赋予企业的垄断优势越大,业绩越高。

7.2　研　究　设　计

7.2.1　模型设定

除高管贡献(Contribution)外,公司规模(Size)、资产负债率(Lev)、垄断优势(Monoply)、所在地区(Area)和所处行业(Industry)等因素都会影响企业业绩的大小。我们利用除高管贡献外其他可能影响企业业绩(Profit)的要素对企业业绩进行回归,得到在这些要素组合的作用下可以获得的预期企业业绩。因此,设定如下实证模型:

$$Profit = \alpha_0 + \alpha_1 Size + \alpha_2 Lev + \alpha_3 Monoply + \alpha_4 Area$$
$$+ \alpha_i \sum Industry + \alpha_j \sum Year + \varepsilon \qquad (7-1)$$

模型(7-1)中,因变量是净利润(Profit),用上市公司扣除非经常性损益后的净利润表示。之所以不直接使用净利润,是因为公司净利润指标包含的信息过多,没有将营业外收入、营业外支出和所得税影响排除在外,而扣除非经常性损益后的净利润则能够较为直接地反映上市公司的真实业绩。自变量包括公司规模(Size)、负债比率(Lev)和垄断优势(Monoply),这三个因素是影响公司业绩的主要因素。需要说明的是,不同于以往研究,模型(7-1)特别加入了垄断优势(Monoply),这样做的目的是将垄断优势的作用与高管贡献分离开来,以便更加准确地估计高管贡献的大小。

如前文所述,盈利性国有垄断企业的高管薪酬契约必须充分考虑政府赋予企业的垄断优势,否则必然会高估高管对企业业绩的实际贡献,从而对高管贡献做出不合理的补偿。根据本书第5章对垄断优势来源的分析,盈利性国有垄断企业的垄断优势主要来源于土地租、资源租、价格租、利息租、分红租和政府补贴等六项垄断租金。因此,我们利用以下变量衡量上市公司的垄断优势(Monoply):

资源租(Market)。改革前,政府通过计划方式分配经济资源;改革后,逐步转向主要由市场来分配经济资源。对于国有垄断企业,政府仍然使用行政手段,而不是市场手段分配给其大量的经济资源,使国有垄断企业获得了大量的资源租。因此,我们用上市公司所在地区当年的市场分配经济资源的比重代表资源租(Market)。

价格租(Rate)。市场经济下,产品价格应该由市场供求关系决定。但是,国有垄断企业的产品价格并不是由市场决定的,而是由具有垄断地位的企业自身决定的,即使产品价格需要通过听证会,这些也只是程序。因此,我们用上市公司所在行业的销购价格比代表价格租(Rate)。

利息租(Finance)。长期以来,非国有企业和国有企业面临着天壤之别的银行贷款条件,国有垄断企业想获得贷款是十分便利的,且利率较其他类型企业低很多,使国有垄断企业获得了大量的利息租。因此,我们用上市公司所在地区当年的信贷资金分配市场化程度代表利息租

(Finance)。

政府补贴(Subsidy)。由第5章可知,从微观角度看,政府补贴是衡量盈利性国有垄断企业利润来源的有效指标。因此,我们使用盈利性国有垄断企业获得的政府补贴代表垄断优势。陈晓和李静(2001)[①]研究了地方政府财政行为在提升公司业绩中的作用,发现地方政府出于资源竞争的需要,在资本市场中积极参与了上市公司的盈余管理,对上市公司进行了大面积的税收优惠和财政补贴,不仅导致了地区间的税务竞争现象,还极大地扭曲了会计信息。上市公司获得补贴前和补贴后的净资产收益率有很大变化,许多公司在获得补贴后摆脱了亏损边缘或配股边缘的区间。刘浩(2002)[②]发现地方政府并没有利用补贴收入进行盈余管理,并且国有股权比例对补贴收入有较显著的正向影响。陈冬华(2003)[③]研究发现,地方政府影响越大,上市公司越可能获得更多的补贴收入。如第5章表5-11所示,盈利性国有垄断企业获得的政府补贴是国有非垄断企业获得的政府补贴的几倍,甚至几十倍。可见,在政府补贴方面,盈利性国有垄断企业具有绝对的优势。因此,我们用上市公司当年获得的政府补贴(Subsidy)作为垄断优势的另一种表征。

因此,模型(7-1)改写为:

$$Profit = \alpha_0 + \alpha_1 Size + \alpha_2 Lev + \alpha_{31} Market + \alpha_{32} Rate + \alpha_{33} Finance$$
$$+ \alpha_{34} Subsidy + \alpha_4 Area + \alpha_i \sum Industry + \alpha_j \sum Year + \varepsilon$$

$$(7-2)$$

7.2.2 变量定义

为检验上述假设,我们定义如下变量(见表7-1)。

---

① 陈晓,李静.地方政府财政行为在提升上市公司业绩中的作用探析[J].会计研究,2001(12).

② 刘浩.政府补助的会计制度变迁路径研究[J].当代经济科学,2002(2).

③ 陈冬华.地方政府、公司治理与补贴收入——来自我国证券市场的经验证据[J].财经研究,2003(9).

表 7 - 1 变量定义及说明

类　别	变量名称	变　量　定　义
因变量	净利润(Profit)	用上市公司扣除非经常性损益后的净利润表示
自变量	公司规模(Size)	用上市公司总资产的自然对数表示
	负债比率(Lev)	用上市公司负债总额占总资产的比重表示
	垄断优势 (Monoply)	用上市公司所在地区当年的市场分配经济资源的比重代表资源租(Market),所在行业的销购价格比代表价格租(Rate),信贷资金分配市场化程度代表利息租(Finance),年报披露的所有补贴额代表政府补贴(Subsidy)。资源租、价格租和利息租数据来自樊纲等(2009),①政府补贴数据来自上市公司年报
控制变量	所在地区(Area)	若上市公司位于东部地区,取值为1,否则取0
	所在行业 (Industry)	按第4章界定,盈利性国有垄断企业属于石油行业、电力行业和矿产开采行业,依次设置2个虚拟变量
	年报年份(Year)	若为2001年,取值为1,依次设置9个虚拟变量

7.2.3　样本选择

根据第 4 章对国有企业和盈利性国有垄断企业的界定,类型 II 的部分资源性行业包括石油、发电和矿产开采行业,这些行业中的企业具有其他民营企业所不具备的垄断优势,例如免费或低价使用各种矿产资源、制定较高的垄断价格、获得国家的高额补贴、低利率融资等,这类企业即为盈利性国有垄断企业。

表 7 - 2 11 家盈利性国有垄断企业下属的上市公司

央 企 名 称	下属上市公司名称
中国石油天然气集团公司	中国石油(601857)
中国石油化工集团公司	中国石化(600028)、上海石化(600688)、泰山石油(000554)、仪征化纤(600871)

---

① 樊纲,王小鲁,朱恒鹏.中国市场化指数——各地区市场化相对进程 2009 年报告[M].经济科学出版社,2009.

央企名称	下属上市公司名称
中国海洋石油总公司	海油工程(600583)、中海油服(601808)
中国长江三峡开发总公司	长江电力(600900)
中国电力投资集团公司	吉电股份(000875)、漳泽电力(000767)、九龙电力(600292)、上海电力(600021)
中国华能集团公司	华能国际(600011)、内蒙华电(600863)
中国国电集团公司	国电电力(600795)、长源电力(000966)
中国华电集团公司	华电能源(600726)、华申国际(600027)
中国大唐集团公司	大唐发电(601991)、桂冠电力(600236)、华银电力(600744)
神华集团有限责任公司	中国神华(601088)
中国中煤能源集团公司	中煤能源(601898)、上海能源(600508)

由表 7-2 可知,11 家盈利性国有垄断企业共下属 24 家上市公司,我们将这 24 家上市公司 2001～2010 年的面板观测数据(共 196 个观测值)视为研究样本。同时,我们在石油业、发电业和矿产开采业选择 30 家国有控股上市公司(共 226 个观测值)和 23 家非国有控股上市公司(共 215 个观测值)作为对照组。研究数据来自中国上市公司高管薪酬指数数据库(北师大)和国泰安数据库(CSMAR),个别数据手工整理计算获得,来自数据库的数据均与上市公司年报进行了抽样比对。

7.3　经　验　检　验

7.3.1　描述性统计

根据国有垄断企业 2001～2010 年的公开数据,我们对部分重要变量进行描述性统计,结果见表 7-3。

表 7-3　变 量 描 述

变量名称	样本量	最大值 (Maximum)	最小值 (Minimum)	均值 (Mean)	中位数 (Median)	标准差 (Std. Dev.)	偏度 (Skewness)	峰度 (Kurtosis)	正态分布检验 (Jarque-Bera)
净利润 (Profit)	196	1.43E+11	-6.36E+09	5.73E+09	3.16E+08	1.97E+10	4.975 9	29.768 6	6 660.70***
公司规模 (Size)	196	1.45E+12	5.40E+08	4.14E+10	9.34E+09	1.52E+11	7.081 1	57.985 7	26 329.34***
负债比率 (Lev)	196	97.145 9	3.792 655	51.728 67	53.661 87	22.924 5	-0.196 0	2.047 9	8.66***
资源租 (Market)	196	10.480 0	6.010 0	7.767 9	7.310 0	1.073 8	1.149 9	3.551 7	45.68***
价格租 (Rate)	196	9.600 0	0	7.631 8	7.970 0	1.532 9	-1.575 9	6.463 6	179.10***
利息租 (Finance)	196	11.560 0	0	7.503 1	7.105 0	2.435 8	-0.629 6	3.187 4	13.24***
政府补贴 (Subsidy)	196	5.37E+10	0	7.26E+08	4 180 715	4.71E+09	9.248 3	94.889 3	71 750.50***

注：***、**分别表示估计参数在 1%、5%的水平下显著。

由表7-3可知,以盈利性国有垄断企业为研究样本,变量净利润(Profit)、公司规模(Size)、负债比率(Lev)、资源租(Market)、价格租(Rate)、利息租(Finance)和政府补贴(Subsidy)均呈正态分布。净利润(Profit)的最大值为1.43E+11,最小值为-6.36E+09,共20个观测点的扣除非经常性损益后的净利润为负数。

政府补贴是盈利性国有垄断企业垄断利润的主要来源之一。因此,政府补贴是直接衡量盈利性国有垄断企业被赋予的垄断优势的较好方式。我们搜集了2001~2010年盈利性国有垄断企业的政府补贴数据,样本公司每年获得的政府补贴见表7-4。

表7-4 2001~2010年盈利性国有垄断企业的政府补贴

年 份	样本数（个）	获得政府补贴的样本数(个)	政府补贴（亿元）	补贴均值（亿元）
2001	14	4	1.740 6	0.217 6
2002	16	6	1.380 2	0.276 0
2003	18	7	3.824 6	0.425 0
2004	19	8	1.497 6	0.136 1
2005	19	12	4.873 3	0.487 3
2006	20	15	99.453 4	7.103 8
2007	23	19	53.234 6	4.095 0
2008	20	18	57.286 8	4.773 9
2009	24	23	11.941 6	0.746 3
2010	23	22	10.180 6	0.678 7
合 计	196	113	245.413 2	1.894 0

由表7-4可知,2001~2010年,196个样本点中,共有113个样本点有政府补助,共获得政府补贴245.413 2亿元,占样本公司扣除非经常性损益后的净利润总和(10 821.34亿元)的2.27%。另外,样本公司平均每年获得1.89亿元政府补贴,2001~2010年,样本公司每年获得政府补贴

总体上升,尽管中国经济的市场化进程逐步加快,但政府对盈利性国有垄断上市公司的补贴却不见少。2006 年,样本公司获得政府补贴更是有一个突出的增长,原因是我们的样本主要包括采掘业和电力业,政府部门2006 年加大了对这两个行业的环保补贴(如电力业的脱硫设备补贴和关停机组财政奖励等),使得 2006 年的数据出现异常,但随后,政府补贴又有所下降并趋于平稳。

表 7 - 5 统计了 2001～2010 年盈利性国有垄断企业、国有非垄断企业和非国有企业三类样本企业的政府补贴情况。

表 7 - 5　2001～2010 年三类企业的政府补贴　　　单位:亿元

企 业 类 型	样本数	均　值	标准差	最小值	最大值
盈利性国有垄断企业	196	7.3	4.72e+09	0	5.37e+10
国有非垄断企业	226	0.169	5.41e+07	0	5.70e+08
非国有企业	215	0.176	1.25e+08	0	1.68e+09
全部样本	637	2.35	2.63e+09	0	5.37e+10

由表 7 - 5 可知,盈利性国有垄断企业的政府补贴均值为 7.3 亿元,远远高于国有非垄断企业的政府补贴均值(0.169 亿元)和非国有企业的政府补贴均值(0.176 亿元)。可见,盈利性国有垄断企业这些年来获得了巨额的政府补贴。

7.3.2　回归分析

为准确度量高管贡献,我们用实际净利润与预期净利润的差额来衡量高管贡献。首先,将盈利性国有垄断企业和对照组(同行业的国有控股上市公司与非国有控股上市公司)作为研究样本,以扣除非经常性损益后的净利润(Profit)为因变量,期初公司规模(Size)、负债比率(Lev)、资源租(Market)、价格租(Rate)、利息租(Finance)和政府补贴(Subsidy)为自变量,同时控制上市公司所在地区(Area)、所在行业(Industry)和年份(Year)的影响,对模型(7-1)做回归,结果见表 7 - 6。

表 7-6　企业业绩回归结果

自　变　量		因变量：净利润(Profit)		
公司规模(Size)		0.422 5*** (11.75)	0.433 3*** (12.04)	0.401 4*** (12.06)
负债比率(Lev)			−0.099 3*** (−2.76)	−0.090 7*** (−2.71)
垄断优势	资源租(Market)			−70.022 1* (−2.27)
	价格租(Rate)			0.032 1** (2.55)
	利息租(Finance)			−0.005 0* (−2.14)
	政府补贴(Subsidy)			0.155 5*** (4.27)
常数项(Constants)		−5.65e+10*** (−11.31)	−5.56e+10*** (−11.15)	−5.86e+10*** (−7.43)
所在地区(Area)		控制	控制	控制
所在行业(Industry)		控制	控制	控制
年份(Year)		控制	控制	控制
样本量		637	637	637
Adj-R^2		0.177 2	0.185 7	0.206 6

注：* 表示在 10% 的显著性水平下显著，** 表示在 5% 的显著性水平下显著，*** 表示在 1% 的显著性水平下显著。回归系数为经过 White 异方差检验后的标准化系数。

由表 7-6 可知，变量公司规模(Size)与净利润(Profit)显著正相关，说明公司规模越大，净利润越高。变量负债率(Lev)与净利润(Profit)显著负相关，说明负债比例越小，净利润越高。变量资源租(Market)与净利润(Profit)显著负相关，说明市场分配经济资源的比重越高，政府配置经济资源的比重越低，垄断优势越不明显，上市公司获得的净利润越低。变量价格租(Rate)与净利润(Profit)显著正相关，说明上市公司所在行业的销购价格比越高，即产品销售价格与原材料购买价格相差越大，垄断优势越明显,上市公司获得的净利润越高。变量利息租(Finance)与净利润(Profit)显著负相关,说明信贷资金分配市场化程度越高,垄断优势越不明显,上市公司获得的净利润越低。变量政府补贴(Subsidy)与净利润(Profit)显著正相关,说明上市公司获得的政府补贴越高,垄断优势越明显,公司净利润越高。

需要特别说明的是利息租(Finance)的回归结果,上述结论似乎与想象不符,但深入分析中国上市公司获得贷款的途径和难易程度后,不难发现,目前中国信贷市场的主体仍然是大型国有商业银行。这些国有商业银行在市场化条件下如何选择贷款对象呢?在其他条件相同的情况下,他们必定会选择风险小、贷款额度大的盈利性国有垄断企业,因为盈利性国有垄断企业的贷款规模大,还有政府支持,银行不必担心这些企业无力偿还贷款或者倒闭。但是,对于民营企业或一般国有企业来说,其信贷风险就高出很多。当信贷资金分配市场化程度较低时,民营企业和一般国有企业还有可能因政府的信贷政策倾斜而获得一些贷款。一旦信贷资金分配市场化程度较高时,这些银行从理性的角度必然更愿意把资金贷给盈利性国有垄断企业。因此,我们从回归结果得到的结论是信贷资金分配市场化程度越高,垄断优势越大,净利润越高。

因此,从资源租(Market)、价格租(Rate)、利息租(Finance)和政府补贴(Subsidy)这四个表征垄断优势的变量的回归结果可以看出,垄断优势的确对上市公司净利润大小有着很强的相关性,不容忽视。我们对垄断优势得到的基本结论是:垄断优势越高,净利润越大。由于我们的研究样本包括盈利性国有垄断企业、国有非垄断企业和非国有企业三种,因此这样的结论还是十分可信的。

根据表 7-6 的回归结果,我们可以计算出净利润的估计值(称为"预期净利润"),将实际净利润与预期净利润相减,得到回归残值。这个残差是自变量(包括公司规模、负债比率、垄断优势、行业、地区等)无法解释的净利润变化。我们将这个残差看作是高管对净利润的贡献,即"高管贡献"(全部样本的高管贡献见附录)。对计算出来的高管贡献进行描述性统计,结果见表 7-7。

表7－7　不同类型企业高管贡献比较

变　量	样本量	均　　值	标准差	最小值	最大值
Panel A：盈利性国有垄断企业					
高管贡献	196	－1.52e＋09	2.20e＋09	－7.34e＋09	3.94e＋09
总资产	196	4.35e＋10	1.62e＋11	5.39e＋098	1.66e＋12
净利润	196	9.20e＋10	7.40e＋11	－3.52e＋10	1.10e＋13
Panel B：国有非垄断企业					
高管贡献	226	4.51e＋08	1.70e＋10	－2.55e＋10	1.25e＋11
总资产	226	4.14e＋10	1.52e＋11	5.40e＋08	1.45e＋12
净利润	226	6.48e＋11	3.46e＋12	－8.09e＋09	3.61e＋13
Panel C：非国有企业					
高管贡献	215	1.18e＋09	4.64e＋09	－4.68e＋09	5.96e＋10
总资产	215	3.64e＋09	5.31e＋09	－7.39e＋08	3.84e＋10
净利润	215	3.54e＋08	3.46e＋09	－1.74e＋10	4.64e＋10

由表7－7可知,盈利性国有垄断企业的高管贡献均值为负,国有非垄断企业和非国有企业的高管贡献均值均为正,这表明盈利性国有垄断企业的高管贡献远远低于国有非垄断企业和非国有企业的高管贡献,单因素方差分析结果表明这种差异是显著的。为了比较高管贡献与企业业绩之间的差异,表7－7还列出了不同类型企业的总资产和净利润。从总资产看,三类企业由高到低排名依次为:盈利性国有垄断企业＞国有非垄断企业＞非国有企业;从净利润看,三类企业由高到低排名依次为:国有非垄断企业＞盈利性国有垄断企业＞非国有企业;从高管贡献看,三类企业由高到低排名依次为:非国有企业＞国有非垄断企业＞盈利性国有垄断企业。可见,盈利性国有垄断企业的总资产最多,创造的利润却不如国有非垄断企业,而这些利润中来自高管的贡献就更少了。相比之下,非国有企业的总资产最少,但这些利润中来自高管的贡献却是最大的。

7.4　本 章 小 结

本章使用企业实际业绩与预期业绩的差值表示高管贡献,估计了盈利性国有垄断企业、国有非垄断企业和非国有企业的高管贡献。研究发现,盈利性国有垄断企业的总资产最高,创造的利润却不如国有非垄断企业。并且,在盈利性国有垄断企业的利润中,来自高管的贡献更少。相比之下,非国有企业的总资产最少,但这些利润中来自高管的贡献却是最大的。

第8章　盈利性国有垄断企业高管薪酬契约合理性检验

以往对高管薪酬的研究多关注高管薪酬与企业业绩的相关性,认为高管薪酬与企业业绩的相关度越高,薪酬契约越有效。这样做的前提是企业业绩能够真实、全面、适当地反映高管贡献。由于盈利性国有垄断企业的垄断优势放大了高管贡献,这种方法不再适用。本章用 2001~2010 年盈利性国有垄断企业高管薪酬与高管贡献的匹配度检验高管薪酬契约的合理性以及影响契约合理性的因素。

8.1　研　究　假　设

由理论模型可知,盈利性国有垄断企业的业绩不仅取决于物质投入和人力投入,还受垄断优势的影响。如果薪酬契约不考虑垄断优势的存在,就会高估高管对企业业绩的贡献,夸大"高管薪酬—企业业绩相关度",使高管薪酬偏高。如果薪酬契约中考虑垄断优势对企业业绩的影响,就可以排除垄断优势对企业业绩的作用,将高管贡献充分而准确地体现在薪酬契约中。从经验检验的角度看,检验高管薪酬的合理性,实际上就是检验高管薪酬与高管贡献的匹配程度。高管贡献越高,相应地,高管薪酬也应该越高。以往的经验研究认为高管薪酬的支付依据是企业业绩,认为企业业绩越高,高管付出的努力越多,但这样做的前提是企业业绩与高管薪酬的高度相关,这种检验方法不适用于盈利性国有垄断企业。对于盈利性国有垄断企业,不能简单地以企业业绩作为高管薪酬的支付依据。因为这类企业的业绩在很大程度上取决于政府赋予的垄断优势,而非高管贡献。无可厚非,高管工作努力,企业业绩会因此而有所提高。但由于垄断优势也同时作用于企业业绩,因而我们从表面上无法判断企业业绩在多大程度上源于高管努力,多大程度上源于垄断优势。过去的研究忽略了垄断优势对盈利性国有垄断企业业绩的影响,而是极端地认为高管薪酬与企业业绩的相关性越大越好。本书认为,判断盈利性国有垄断企业高管薪酬契约的合理性的方法是检验高管贡献与高管薪酬的匹配程度,匹配程度越高,高管薪酬契约越合理。为此,我们作出假设 8-1:

假设 8-1:当高管薪酬契约合理时,高管贡献与高管薪酬正相关。

由理论模型可知,高管贡献与高管薪酬的匹配度是评价盈利性国有垄断企业高管薪酬契约合理性的最优标准。但是,这个匹配度并不是固定的,而是受垄断优势大小的影响。由于盈利性国有垄断企业的业绩不仅来源于高管贡献,还取决于政府赋予的垄断优势。因此,在公司业绩一定的前提下,垄断优势越大,来源于高管贡献的企业业绩越小,那么,基于企业业绩设计的高管薪酬契约与高管贡献的匹配度越低。反之,垄断优势越小,来源于高管贡献的企业业绩越大,那么,基于企业业绩设计的高管薪酬契约与高管贡献的匹配度越高。所以,垄断优势越大,高管薪酬与高管贡献的匹配度越低;垄断优势越小,高管薪酬与高管贡献的匹配度越高。为此,我们得到假设 8-2:

假设 8-2:垄断优势越小,高管薪酬与高管贡献的匹配度越高。

8.2　研　究　设　计

为了检验假设 8-1 和假设 8-2,我们设立实证模型(8-1)。

$$
\begin{aligned}
Wage = {} & \beta_0 + \beta_1 Contribution + \beta_2 Monopoly \times Contribution \\
& + \beta_3 ROA + \beta_4 Top1 + \beta_5 Ceo + \beta_6 Ratio \\
& + \beta_7 Area + \beta_i \sum Industry + \beta_j \sum Year + \varepsilon
\end{aligned} \tag{8-1}
$$

模型(8-1)检验了高管薪酬契约的合理性以及影响契约合理性的因素,模型中,因变量是高管薪酬(Wage),自变量包括高管贡献(Contribution)、垄断优势(Monopoly),以及垄断优势与高管贡献的交叉项(Monopoly×Contribution),具体的变量定义见表8-1。国有垄断企业的垄断优势是政府赋予的,垄断优势越大,高管薪酬与高管贡献的匹配度越低。因此,政府行为等制度因素也将直接影响高管薪酬与高管贡献的匹配度。政府为盈利性国有垄断企业提供的便利条件越多,盈利性国有垄断企业获得的垄断优势越大,高管薪酬与高管贡献的匹配度越低。模型(8-1)还同时控制了地区因素、行业因素和年份因素的影响。

为了检验国有垄断上市公司高管薪酬契约的合理性(即高管薪酬与高管贡献的匹配度)以及垄断优势对契约合理性的影响,我们除使用资源租(Market)、价格租(Rate)、利息租(Finance)和政府补贴(Subsidy)来表征垄断优势外,还增加了政府对企业的干预程度(Govern)和价格由市场决定的程度(Protection)来衡量垄断优势的大小。

对于政府对企业的干预程度(Govern),一个廉洁、高效、运作透明的政府是市场正常运转的必要条件。如果政府机关办事效率低、规章制度和手续繁杂、政策和操作不透明,甚至某些政府工作人员滥用职权向企业和居民寻租乃至敲诈,都会给企业造成额外的负担,导致市场的扭曲(樊纲等,2009[①])。如果政府对企业的干预程度很大,民营企业的管理人员需要在日常经营活动之外花费大量精力和财力与政府部门建立关系网络,甚至拉拢收买政府工作人员,成为企业的沉重负担。但是,国有垄断企业则无须这些支出,它们接受政府赋予的垄断优势,与政府部门有着天然的密切关系。因此,政府对企业的干预程度越大,垄断优势越大,高管薪酬与高管贡献的匹配度越低。

对于商品市场的地方保护(Protection),当前在某些地区还存在着不同程度的地区性贸易保护,即为了保护本地企业,对进入本地区的外地产

---

① 樊纲,王小鲁,朱恒鹏.中国市场化指数——各地区市场化相对进程2009年报告[M].经济科学出版社,2009.

品设置障碍(包括对外地产品禁止入境、实行许可证管理、额外收费、施行不同的技术检验、质量检验和环保标准等)(樊纲等,2009[①])。这些措施在某种程度上保护了低效率的企业,降低了资源配置效率。因此,商品市场的地方保护越严重,政府对国有垄断企业的保护越明显,垄断优势越大,高管薪酬与高管贡献的匹配度越低。

模型还控制了其他可能影响高管薪酬的变量,包括盈利能力或公司绩效(ROA)、股权结构(Top1)、两职兼任情况(Ceo)、独立董事比例(Ratio)、公司所处地区(Area)、公司所在行业(Industry)和年份(Year)等。

对于盈利能力(ROA),2000 年之前的研究大多认为中国上市公司的高管薪酬与盈利能力相关性较小或不存在显著的正相关关系(魏刚,2000[②];李增泉,2000[③])。但是,之后的大部分研究发现,盈利能力对高管薪酬产生显著影响(陈志广,2002[④];谌新民等,2003[⑤])。因此,我们认为盈利能力与高管薪酬正相关。

对于股权结构(Top1),不同的股权结构决定了不同的企业组织结构,股权集中度越高,意味着股东在与经理人的博弈过程中越可能处于优势,从而可以有效地降低代理成本。迈赫(Mehran,1995)发现公司有大股东时将采用更少的权益报酬,[⑥]戴维等(David et al.,1998)发现机构投资者既影响 CEO 报酬水平,又影响 CEO 报酬结构;[⑦]兰伯特(Lambert,1993)发现当董事会中有持股在 5% 以上的非 CEO 董事时,CEO 报酬偏低。[⑧]因此,我们认为股权集中度与高管薪酬负相关。

① 樊纲,王小鲁,朱恒鹏.中国市场化指数——各地区市场化相对进程 2009 年报告[M].经济科学出版社,2009.

② 魏刚.高级管理层激励与上市公司经营绩效[J].经济研究,2000(3).

③ 李增泉.激励机制与企业绩效——一项基于上市公司的实证研究[J].会计研究,2000(1).

④ 陈志广.高级管理人员报酬的实证研究[J].当代经济科学,2002(9).

⑤ 谌新民,刘善敏.上市公司经营者报酬结构性差异的实证研究[J].经济研究,2003(8).

⑥ Mehran, H.. Executive Compensation Structure, Ownership, and Firm Performance[J]. *Journal of Financial Economics*, 1995(38).

⑦ David, P., R. Kochhar, E. Levitas. The Effect of Institutional Investors on the Level and Mix of CEO Compensation[J]. *Academy of Management Journal*, 1998(41).

⑧ Lambert, Richard A.. The Use of Accounting and Security Price Measures of Performance in Managerial Contracts[J]. *Journal of Accounting and Economics*, 1993(16).

对于两职兼任(Ceo),董事长和总经理两职分离与否体现了董事会的独立性及经营层决策空间的大小。具有双重角色的总经理会因为自身利益而干扰到董事会议事的进行,同时管理层与董事会是被监督与监督的关系,如果总经理身兼董事长的话,将很容易支配董事会,掌控议程,使董事会无法扮演好一个监督的角色。邓恩(Dunn,2004)研究了1992～1996年被确认曾发布财务虚假消息的103家美国上市公司,结果发现,当权力过度集中于内部人身上时,企业高管的薪酬水平往往较高,薪酬对业绩的敏感性水平较低。[①] 因此,我们认为两职合一的高管薪酬高于两职分离的高管薪酬。

对于所在地区(Area),公司所在地区不同也会对高管薪酬产生重要影响,一般经济发达地区的薪酬水平比经济落后地区的薪酬水平高。陈志广(2002)以沪市上市公司为研究对象,通过实证分析发现,像山西、吉林、安徽、四川、青海、甘肃等地区的公司,即便是在公司经营绩效相同的情况下,高管报酬也比上海的公司低几万元,有些地区的显著性水平达到了0.01。[②] 李琦(2003)认为,导致这种现象的主要原因在于,经济发达地区的生活指数较高,公司在确定高管薪酬时会参照当地的生活指数。[③] 另一方面,经济发达地区对人才的争夺也更为激烈,许多企业为留住人才不得不支付更高的薪酬,即人力资本的市场化程度较高。中国的经济体制改革是由部分地区逐步开展的,先改革的地区在经济上具有明显的优势,造成了中国经济发展水平的显著差异。因此,我们认为东部地区高管薪酬高于中西部地区高管薪酬。

在实证分析中,需要控制上述因素对高管薪酬的影响。需要说明的是,对上市公司高管薪酬的一般性研究常常将所有制性质和所在行业作为高管薪酬的控制变量。由于本书的研究对象是国有垄断上市公司,因此并没有考虑所有制性质和行业对高管薪酬的影响。

---

① Dunn, P.. The Impact of Insider Power on Fraudulent Financial Reporting[J]. *Journal of Management*, 2004(30).
② 陈志广.高级管理人员报酬的实证研究[J].当代经济科学,2002(9).
③ 李琦.上市公司高级经理人薪酬影响因素分析[J].经济科学,2003(6).

表 8 - 1　变量定义及说明

类　　别	变量名称	变　量　定　义
因变量	高管薪酬(Wage)	用薪酬最高的前三位高管薪酬之和的自然对数表示
自变量	高管贡献 (Contribution)	第 7 章计算获得
自变量	高管贡献 (Contribution)与 垄断优势 (Monoply) 的交叉项	用上市公司所在地区当年的市场分配经济资源的比重代表资源租(Market),所在行业的销购价格比代表价格租(Rate),信贷资金分配市场化程度代表利息租(Finance),年报披露的所有补贴额代表政府补贴(Subsidy)。资源租、价格租和利息租数据来自樊纲等(2009),①政府补贴数据来自上市公司年报
控制变量	盈利能力(ROA)	用总资产收益率(ROA)表示
控制变量	股权结构(Top1)	用第一大股东持股数占全部股本的比例表示
控制变量	两职合一(Ceo)	该变量为虚拟变量,若两职合一,取值为 1,否则取 0
控制变量	独立董事比例 (Ratio)	用独立董事占董事总人数的百分比表示

8.3　经　验　检　验

8.3.1　描述性统计

我们对部分变量进行描述性统计,结果见表 8 - 2。

表 8 - 2　变　量　描　述

变 量 名 称	样本量	均　值	标准差	最小值	最大值
高管薪酬(Wage)	637	13.378 4	0.919 8	9.386 1	16.235 4
高管贡献(Contribution)	637	5.75e−07	9.92e+09	−2.55e+10	1.25e+11

---

① 樊纲,王小鲁,朱恒鹏.中国市场化指数——各地区市场化相对进程 2009 年报告[M].经济科学
　出版社,2009.

续　表

变量名称	样本量	均　值	标准差	最小值	最大值
盈利能力(ROA)	637	0.044 3	0.066 3	−0.754 1	0.239 8
股权结构(Top1)	637	41.424 5	19.250 9	7.08	86.42
两职合一(Ceo)	637	1.932 5	0.251 1	1	2
独立董事比例(Ratio)	637	32.346 7	10.091 6	0	71.428 6

8.3.2　高管薪酬契约合理性检验

以高管薪酬(Wage)为因变量,高管贡献(Contribution)为自变量来反映高管贡献与高管薪酬的匹配度,盈利能力(ROA)、股权结构(Top1)、两职合一(Ceo)和独立董事比例(Ratio)为控制变量做多元回归,检验样本公司高管薪酬与高管贡献的匹配度,回归结果见表8-3。

表 8-3　高管薪酬与高管贡献的匹配度检验

自变量	因变量:高管薪酬(Wage)				
高管贡献(Contribution)	0.062 9** (2.58)	0.058 5** (2.47)	0.053 7** (2.34)	0.054 6** (2.37)	0.060 4** (2.64)
盈利能力(ROA)		0.086 6** (2.18)	0.078 4* (1.94)	0.079 5** (1.97)	0.090 8** (2.43)
股权结构(Top1)			0.047 4 (1.17)	0.051 4 (1.26)	0.067 6* (1.79)
两职合一(Ceo)				0.029 9 (0.75)	0.009 4 (0.25)
独立董事比例(Ratio)					0.384 4*** (10.45)
常数项(Constants)	13.378 4*** (365.51)	13.325 5*** (303.94)	13.236 4*** (150.47)	13.009 2*** (41.01)	11.969 2*** (38.69)
所在地区(Area)	控制	控制	控制	控制	控制
所在行业(Industry)	控制	控制	控制	控制	控制

续　表

自 变 量	因变量: 高管薪酬(Wage)				
年份(Year)	控制	控制	控制	控制	控制
样本量	637	637	637	637	637
Adj - R^2	0.002 4	0.008 3	0.008 9	0.008 2	0.154 4

注: * 表示在 10% 的显著性水平下显著, ** 表示在 5% 的显著性水平下显著, *** 表示在 1% 的显著性水平下显著。回归系数为经过 White 异方差检验后的标准化系数。

　　由表 8 - 3 可知, 自变量高管贡献(Contribution)的估计系数显著为正, 说明高管贡献越大, 高管薪酬越高, 这一结果证明用高管贡献评价高管薪酬契约合理性是可信的, 假设 8 - 1 得到验证。盈利能力(ROE)与高管薪酬显著正相关, 说明盈利能力越强, 高管薪酬越高。股权结构(Top1)与高管薪酬显著正相关, 说明第一大股东持股比例越高, 支付的高管薪酬越高。两职合一(Ceo)与高管薪酬正相关, 说明如果董事长和 CEO 由同一人担任, 高管薪酬会略高, 但是这种关系并不显著。独立董事比例(Ratio)与高管薪酬显著正相关, 说明独立董事比例越高, 支付的高管薪酬反而越高, 这个结果暗示独立董事在高管薪酬契约制定方面所起的作用是值得思考的。

　　为了进一步研究不同类型企业的高管薪酬契约合理性, 我们分别检验了盈利性国有垄断企业、国有非垄断企业和非国有企业的高管薪酬契约合理性, 结果见表 8 - 4。

表 8 - 4　不同类型企业高管薪酬与高管贡献的匹配度检验

自 变 量	因变量: 高管薪酬(Wage)			
	全部样本	盈利性国有垄断企业	国有非垄断企业	非国有企业
高管贡献(Contribution)	0.060 4** (2.64)	−0.150 3** (−2.29)	−0.251 3*** (−4.11)	0.157 1** (2.50)
盈利能力(ROA)	0.090 8** (2.43)	0.134 4* (2.03)	0.148 0** (2.47)	0.074 4 (1.28)
股权结构(Top1)	0.067 6* (1.79)	0.023 0* (1.72)	0.108 1 (1.25)	0.103 8 (0.17)

续　表

自　变　量	因变量：高管薪酬(Wage)			
	全部样本	盈利性国有垄断企业	国有非垄断企业	非国有企业
两职合一(Ceo)	0.009 4 (0.25)	0.117 7*** (5.60)	0.078 5*** (4.61)	0.009 6*** (9.98)
独立董事比例(Ratio)	0.384 4*** (10.45)	0.367 9 (−0.33)	0.285 1* (1.78)	0.571 6 (1.55)
常数项(Constants)	11.969 2*** (38.69)	11.706 2*** (22.86)	12.069 7*** (19.48)	11.976 3*** (26.80)
所在地区(Area)	控制	控制	控制	控制
所在行业(Industry)	控制	控制	控制	控制
年份(Year)	控制	控制	控制	控制
样本量	637	196	226	215
Adj − R^2	0.154 4	0.390 0	0.158 0	0.164 3

注：* 表示在10%的显著性水平下显著，** 表示在5%的显著性水平下显著，*** 表示在1%的显著性水平下显著。回归系数为经过 White 异方差检验后的标准化系数。

由表 8-4 可知，尽管从总体看来，高管薪酬与高管贡献是显著正相关的，但不同类型企业的匹配度却存在很大差别。盈利性国有垄断企业的高管薪酬与高管贡献显著负相关，表明盈利性国有垄断企业的高管薪酬契约并不合理，高管薪酬与高管贡献也很不匹配。在高管贡献很低的情况下，企业却支付给了高管较高的薪酬；在高管贡献较高的情况下，企业却支付给了高管较低的薪酬。国有非垄断企业也存在同样的情况，其高管薪酬与高管贡献显著负相关，表明高管薪酬契约并不合理。根据表 7-7 对高管贡献的统计结果，盈利性国有垄断企业的高管贡献均值(−1.52e+09)为负，而国有非垄断企业的高管贡献均值(4.51e+08)为正。因此，我们可以认为盈利性国有垄断企业高管薪酬契约的不合理主要在于高管贡献较低时却支付了过高的薪酬，国有非垄断企业高管薪酬契约的不合理在于高管贡献较高时却支付了过低的薪酬。可见，尽管都是薪酬契约不合理，但两类企业的不合理情况却大不相同。非国有企业的高管薪酬与高管贡献显著正相关，表明目前非国有企业的高管薪酬契约较为合理，高管贡献越高，薪酬支付越多。

对于盈利能力(ROA)来说,三类企业的估计系数均为正,但非国有企业的系数并不显著。对于股权结构(Top1)来说,三类企业的估计系数有很大差异,盈利性国有垄断企业的股权结构回归系数显著为正,表明国资委对盈利性国有垄断企业的股权控制能力越强,支付的高管薪酬越高;国有非垄断企业的股权结构回归系数为正,表明国有股比例越高,高管薪酬越高,但是这个系数并不显著;非国有企业的股权结构回归系数为正,表明第一大股东持股比例越高,高管薪酬越高,但是这个系数也不显著。对于两职合一(Ceo)来说,三类企业的估计系数均显著为正。对于独立董事比例(Ratio)来说,三类企业的表现大不相同,盈利性国有垄断企业的独立董事比例回归系数为负,表明独立董事比例越高,高管薪酬越低,表明央企近年来的董事会建设工作初见成效,当然,这个系数也不显著;国有非垄断企业的独立董事比例回归系数显著为正,表明独立董事比例越高,高管薪酬越低;非国有企业的独立董事比例回归系数为正,表明独立董事比例越高,高管薪酬越低,但是,这个系数并不显著。这个结果说明,相对于央企来说,国有非垄断企业和非国有企业的董事会建设还存在很大的提升空间。

由于高管贡献(Contribution)的估算采用的是预期业绩的回归残差,即实际业绩减去预期业绩。那么,当高管贡献大于零时,则说明企业的实际业绩高于预期业绩,高管做出了更多的贡献。当高管贡献小于零时,则说明企业的实际业绩低于预期业绩,高管的行为阻碍了企业业绩的正常增长。因此,有必要分别检验不同贡献水平下高管薪酬契约的合理性。于是,我们分别检验了高管贡献大于 0 和高管贡献小于 0 两种情况下高管薪酬契约的合理性,结果见表 8 - 5。

表 8 - 5　不同贡献水平下高管薪酬与高管贡献的匹配度检验

自　变　量	因变量：高管薪酬(Wage)		
	全部样本	Contribution>0	Contribution<0
高管贡献(Contribution)	0.060 4 ** (2.64)	0.274 1 *** (4.32)	−0.263 1 *** (−5.73)

续　表

自　变　量	因变量：高管薪酬(Wage)		
	全部样本	Contribution>0	Contribution<0
盈利能力(ROA)	0.090 8** (2.43)	0.095 2 (1.63)	0.112 5** (2.44)
股权结构(Top1)	0.067 6* (1.79)	0.040 0 (0.61)	−0.066 6 (−1.41)
两职合一(Ceo)	0.009 4 (0.25)	0.037 9 (0.64)	−0.023 1 (−0.50)
独立董事比例(Ratio)	0.384 4*** (10.45)	0.379 7*** (6.57)	0.345 1*** (7.54)
常数项(Constants)	11.969 2*** (38.69)	11.943 1*** (29.82)	12.254 6*** (27.31)
所在地区(Area)	控制	控制	控制
所在行业(Industry)	控制	控制	控制
年份(Year)	控制	控制	控制
样本量	637	243	394
Adj − R^2	0.154 4	0.229 4	0.199 5
Hausman	13.42***		

注：* 表示在10%的显著性水平下显著，** 表示在5%的显著性水平下显著，*** 表示在1%的显著性水平下显著。回归系数为经过 White 异方差检验后的标准化系数。

由表8−5可知，当高管贡献大于零时，高管贡献(Contribution)的回归系数显著为正，这表明当高管行为有积极作用时，高管贡献越多，高管薪酬水平越高。当高管贡献小于零时，高管贡献(Contribution)的回归系数显著为负，这表明当高管行为起到反作用时，高管贡献越低，高管薪酬水平越高。为了比较这两个系数的大小，我们输出了两个回归的标准化系数。当高管贡献大于零时，高管贡献(Contribution)的标准化系数为0.274 1。当高管贡献小于零时，高管贡献(Contribution)的标准化系数为−0.263 1。两者的绝对值相差0.009。我们采用了 Hausman 检验，结果发现这0.009的差异是十分显著的。这说明高管贡献大于零时高管薪酬的增加幅度，要大于高管贡献小于零时高管薪酬的减少幅度。这个结果印证了方军雄(2011)①对"尺蠖效应"的解释。

8.3.3　高管薪酬契约合理性的影响因素检验

以高管薪酬(Wage)、垄断优势(Monopoly)与高管贡献(Contribution)的交叉变量为自变量来反映垄断优势对匹配度的影响,盈利能力(ROA)、股权结构(Top1)、两职合一(Ceo)和独立董事比例(Ratio)为控制变量做多元回归,检验影响样本公司高管薪酬与高管贡献匹配度的因素,回归结果见表8-6。

表 8-6　高管薪酬与高管贡献匹配度的影响因素

自　变　量		因变量:高管薪酬(Wage)			
高管贡献(Contribution)		0.062 9** (2.58)	0.060 4** (2.64)	2.076 1** (1.96)	1.482 2** (2.37)
高管贡献的交叉项	资源租(Market)×高管贡献(Contribution)			−0.550 1** (−2.37)	−0.218 1** (−2.52)
	价格租(Rate)×高管贡献(Contribution)			−0.337 6 (−0.67)	−0.196 6 (−0.39)
	利息租(Finance)×高管贡献(Contribution)			−0.208 3* (−1.79)	−0.584 9* (−1.71)
	政府补贴(Subsidy)×高管贡献(Contribution)			−0.017 8*** (−2.41)	−0.018 8*** (−2.43)
	减少政府对企业的干预(Govern)×高管贡献(Contribution)			0.265 3 (1.30)	0.190 0 (0.93)
	减少商品市场的地方保护(Protection)×高管贡献(Contribution)			−1.852 9* (−1.92)	−2.862 3*** (−2.84)
	股权结构(Top1)×高管贡献(Contribution)				0.809 4*** (3.70)
	独立董事比例(Ratio)×高管贡献(Contribution)				−0.075 1 (−0.29)

① 方军雄.高管权力与企业薪酬变动的非对称性[J].经济研究,2011(4).

续　表

自　变　量	因变量：高管薪酬（Wage）			
盈利能力（ROA）		0.090 8 *** (10.45)	0.086 0 (1.46)	0.091 6 (0.83)
股权结构（Top1）		0.067 6 * (1.79)	0.057 1 (0.48)	0.032 5 (0.51)
两职合一（Ceo）		0.009 4 (0.25)	0.017 7 *** (10.28)	0.018 8 *** (10.09)
独立董事比例（Ratio）		0.384 4 ** (2.43)	0.377 3 ** (2.31)	0.367 8 ** (2.48)
常数项（Constants）	13.378 4 *** (365.51)	11.969 2 *** (38.69)	11.951 6 *** (38.72)	12.002 9 *** (39.18)
所在地区（Area）	控制	控制	控制	控制
所在行业（Industry）	控制	控制	控制	控制
年份（Year）	控制	控制	控制	控制
样本量	637	637	637	637
$Adj\text{-}R^2$	0.002 4	0.154 4	0.164 4	0.198 0

注：* 表示在 10% 的显著性水平下显著，** 表示在 5% 的显著性水平下显著，*** 表示在 1% 的显著性水平下显著。回归系数为经过 White 异方差检验后的标准化系数。

由表 8-6 可知，在四个回归方程中，高管贡献（Contribution）的估计系数均显著为正，与表 8-3 的回归结果相互印证，表明高管贡献越高，高管薪酬越高，高管贡献可以作为高管薪酬支付合理性的评价标准。变量"资源租（Market）×高管贡献（Contribution）"的回归系数显著为负，表明市场分配经济资源的比重越高，垄断企业获得的垄断租金越低，高管贡献与高管薪酬的匹配度越低。变量"价格租（Rate）×高管贡献（Contribution）"的回归系数为负，表明行业销购价格比越高，垄断企业获得的垄断租金越高，高管贡献与高管薪酬的匹配度越低，不过这个系数并不显著。变量"利息租（Finance）×高管贡献（Contribution）"的回归系数显著为负，表明信贷资金分配市场化程度越高，垄断企业获得的垄断租金越低，高管贡献与高管薪酬的匹配度越低。这个结论看似不合理，实则反映了中国信贷市场的现状。在市场经济尚不完善的中国，信贷市场的主体仍为国有商业银行，这些银行在选择贷款对象时更倾向于将资金贷给有政府背景的国有垄断上市公司,因为这类企业几乎不存在破产风险。相反,中小民营企业往往面临着严重的融资约束,只好通过各种合法的、非法的手段建立政治关联、寻求政治庇护。因此,这种政府背景是一种隐形的垄断优势,通过信贷市场资金分配的市场化结果显现出来。变量"政府补贴(Subsidy)×高管贡献(Contribution)"的回归系数显著为负,表明上市公司获得的政府补贴越高,垄断租金越高,高管贡献与高管薪酬的匹配度越低。变量"减少政府对企业的干预(Govern)×高管贡献(Contribution)"的回归系数为正,表明政府对企业的干预越少,垄断租金越高,高管贡献与高管薪酬的匹配度越高。变量"减少商品市场的地方保护(Protection)×高管贡献(Contribution)"的回归系数显著为负,表明地方政府对当地商品市场的保护越弱,垄断优势越小,高管贡献与高管薪酬的匹配度越低。变量"股权结构(Top1)×高管贡献(Contribution)"的回归系数显著为正,表明第一大股东持股比例越高,大股东越有动力促进高管薪酬与高管贡献匹配度的提升,高管贡献与高管薪酬的匹配度越低。变量"独立董事比例(Ratio)×高管贡献(Contribution)"的回归系数为负,表明上市公司独立董事比例越高,高管贡献与高管薪酬的匹配度越低,可见,对全部样本来说,独立董事在高管薪酬契约合理性方面并没有发挥作用。

8.4　本 章 小 结

由于高管贡献是对高管实际努力结果的估计,因此高管贡献与高管薪酬的匹配度直接显示了高管薪酬契约的合理性。本章检验了2001～2010年盈利性国有垄断企业高管薪酬契约的合理性,研究发现,全部样本(包括盈利性国有垄断企业、国有非垄断企业和非国有企业)的高管薪酬契约是合理的,但是据我们了解的实际情况,盈利性国有垄断企业高管薪酬契约其实是不合理的,其不合理主要表现为高管贡献较低时却支付了过高的薪酬;只有非国有企业的高管薪酬契约较为合理,高管贡献越高,薪酬支付越多。另外,垄断优势越大,高管薪酬契约的合理性越低。

第9章　盈利性国有垄断企业高管贡献、EVA 与 ROE 的信息含量比较

2010 年 1 月,国资委发布《中央企业负责人经营业绩考核暂行办法》,办法规定放弃传统的净资产收益率(ROE)指标,采用经济增加值(EVA)指标作为对央企负责人的业绩考评标准。EVA 指标修正了高管行为,促使高管付出更多的努力,增加了高管贡献。本章利用事件研究法(Event Study)检验了 EVA 考评机制实施后,高管的行为有何改变,市场对 EVA 的反应又是如何。

9.1　研　究　假　设

到底采取哪种指标来衡量企业业绩直接关系到高管采取何种行动来获得最大收益。因此,企业业绩评价指标就像风向标一样,指引着高管的行动决策,影响着股东价值的高低。以往人们采用净资产收益率(ROE)评价企业业绩,但随着所有权与控制权的分离,人们渐渐发现,ROE 可能会诱使高管采取短视行为,为获得较高的会计利润而使企业长期利润蒙受损失。另外,高管还可能大规模举债,利用财务杠杆放大 ROE,以提高企业业绩。这样做无疑增加了企业破产风险,侵蚀了股东价值。为此,人们对业绩评价指标进行了改进。1982 年,思腾思特公司(Stern Stewart)提出了以股东价值为中心的业绩评价方法——经济增加值(Economic Value Added,简称 EVA)。EVA 的核心思想是:一个企业只有完成了价值创造

过程,才是真正意义上为投资者增加了财富。因此,价值创造才是评价企业业绩的正确指标。衡量企业是在创造价值还是在损害价值,要看其利润是否超过其所用资本的成本。[①] 经济增加值的计算表达式为:

经济增加值＝税后净营业利润－资本成本
＝税后净营业利润－资本总额×加权平均资本成本率

其中,企业的税后净营业利润是企业利润,也是企业可供分配的收益。如果税后净营业利润大于资本成本,即经济增加值为正,说明企业创造了新增价值。如果税后净营业利润小于资本成本,即经济增加值为负,说明企业不仅没有创造新增价值,反而减损了股东财富。经济增加值作为业绩评价指标在一定程度上能够克服 ROE 的缺陷,抑制高管盲目投资的冲动,将管理者的决策导向股东价值最大化。

2009 年 11 月,国务院国有资产监督管理委员会(以下简称"国资委")下发《中央企业实行经济增加值考核方案(征求意见稿)》,明确从 2010 年开始在中央企业全面推行经济增加值考核,以引导企业规范投资行为。2010 年 1 月,国资委发布了《中央企业负责人经营业绩考核暂行办法》,将经济增加值指标列为对中央企业负责人年度经营业绩考核的基本指标之一,并规范了对经济增加值考核指标的计算。国资委经济增加值指标的计算公式是:

经济增加值＝税后净营业利润－资本成本
＝税后净营业利润－调整后资本×平均资本成本率

《中央企业负责人经营业绩考核暂行办法》发布后,央企(包括盈利性国有垄断企业)高管更加注重企业资本的运作效率,通过各种手段提高EVA。例如,处理掉绩效差的投资项目,提高企业运行效率,节约非现金营运成本,减少资金占用,降低税赋等。另外,企业还要多渠道筹资,优化资本结构,降低资本成本。在采取了 EVA 评价机制后,高管会为提高EVA 付出更多的努力,贡献更多,进而提高高管薪酬与高管贡献的匹配

---

① 郝洪,杨令飞.国资委经济增加值(EVA)考核指标解读[J].国际石油经济,2010(4).

度。因此,我们假设采取 EVA 评价标准后,高管薪酬与高管贡献的匹配度要高于未采取 EVA 评价标准时高管薪酬与高管贡献的匹配度。

假设 9-1:采取 EVA 评价后,高管薪酬与高管贡献的匹配度高于未采取 EVA 评价标准时高管薪酬与高管贡献的匹配度。

假设 9-1 主要通过检验高管对 EVA 评价体系的反应,采取 EVA 评价后,如果高管薪酬与高管贡献的匹配度有所提高,就可以进一步证明高管贡献作为高管行为评价指标的可信性和可行性。

目前对企业业绩的评价标准主要有传统绩效指标(ROE)和经济增加值指标(EVA),尽管相对于 ROE,EVA 已经有所改进,将股东价值提升作为企业业绩评价标准。但是,这些指标并没有将盈利性国有垄断企业的垄断优势考虑在内,只关注资本大小,而忽略了企业资本的构成和来源。高管贡献是通过回归分析得到的,它充分考虑了企业的利润来源,利润来源对一般企业来说没有太大的意义,但对盈利性国有垄断企业来说却是至关重要的,如果不考虑垄断优势,将严重高估企业高管对业绩的实际贡献。因此,我们假设,对于盈利性国有垄断企业来说,高管贡献的信息含量高于EVA 的信息含量,也高于 ROE 的信息含量。

假设 9-2:高管贡献的信息含量高于 EVA 的信息含量。

假设 9-3:高管贡献的信息含量高于 ROE 的信息含量。

9.2 研 究 设 计

我们在模型(8-1)的基础上,增加高管贡献与 EVA 虚拟变量的交叉变量,利用这个交叉项来检验假设 9-1,回归模型为:

$$Wage = \gamma_0 + \gamma_1 Contribution + \gamma_2 EVA \times Contribution + \gamma_3 ROA + \gamma_4 Top1$$
$$+ \gamma_5 Ceo + \gamma_6 Ratio + \gamma_7 Area + \gamma_i \sum Industry + \gamma_j \sum Year + \varepsilon$$

$$(9-1)$$

其中,EVA 是虚拟变量,如果盈利性国有垄断企业采用 EVA 考核体

系,则 EVA 取值为 1,否则取值为 0。由于盈利性国有垄断企业是在 2010
年才开始采用 EVA 考核体系,因此 2010 年以前,EVA 虚拟变量取值为
0,2010 年及以后,EVA 虚拟变量取值为 1。在实施了 EVA 评价体系后,
高管会付出更多努力,贡献更多,使高管贡献与高管薪酬的匹配度提高。
因此,我们预期 γ_2 的符号为正。

为了检验假设 9-2 和假设 9-3,我们借助事件研究法(Event Study)
检验三种业绩评价指标(高管贡献、EVA、ROE)与事件窗口内累计超额回
报率(CAR)之间的关系。事件研究法是一种统计方法,是研究当市场上
某一个事件发生后,股价是否会产生波动,以及是否会产生"异常报酬率"
(Abnormal Returns)。事件研究法的基本思想是,设定事件产生影响的时
间段为事件窗口(Event Window),计算事件窗口期的日异常收益率(该期
实际收益率与不发生事件条件下的收益率的差值)和累计异常收益率,并
用这两个指标的统计检验量衡量事件影响的显著程度。这里借鉴巴塔查
里亚等(Bhattacharya N. et al., 2003)[①]的做法,采用短窗口的事件研究
法检验三种业绩评价指标的信息含量。设定如下实证模型:

$$CAR = \delta_{01} + \delta_1 Contribution + \varepsilon_1 \qquad (9-2)$$

$$CAR = \delta_{02} + \delta_2 EVA + \varepsilon_2 \qquad (9-3)$$

$$CAR = \delta_{03} + \delta_3 ROE + \varepsilon_3 \qquad (9-4)$$

其中,被解释变量为不同时间窗口下每个交易日的累计超额收益
(CAR)。具体地,CAR1 表示前后各 1 个交易日(因此是三天的时间窗
口),CAR3 表示前后各三个交易日(因此是七天的时间窗口),CAR10 表
示前后各 10 个交易日(因此是 21 天的时间窗口),CAR20 表示前后各 20
个交易日(因此是 41 天的时间窗口),CAR90 是前后各 90 个交易日(因此
是 181 天的时间窗口),CAR18060 是年报公布前 180 个交易日和公布后
60 个交易日(可以表示年报前九个月和后三个月,即一年的 CAR)。

---

① Bhattacharya N., E. L. Black, T. E. Christensen, C. R. Larson. Assessing the Relative
Informativeness and Performance of Pro Forma Earnings and GAAP Operating Earnings[J].
Journal of Accounting and Economics, 2003(36).

CAR18060 中有一些公司上市不满一年,从上市当天开始计算。超额收益(AR)的计算使用 Fama-French(1993)[1]三因子模型。本研究首先使用盈余披露日前第 130 个交易日至盈余披露日前第 31 个交易日共 100 天的日数据估计模型因子载荷,然后计算盈余披露前后不同时间窗口下每天的超额收益:

$$AR_{it} = r_{it} - \hat{\varphi}_{MKT} r_{mt} - \hat{\varphi}_{SMb,i} SMB_t - \hat{\varphi}_{HML,i} HML_t \quad (9-5)$$

其中,AR_{it} 是股票 i 在盈余披露日第 t 天的超额收益,r_{mt} 是市场报酬率在盈余披露日第 t 天对无风险利率的溢价。$\hat{\varphi}_{MKT}$、$\hat{\varphi}_{SMb,i}$、$\hat{\varphi}_{HML,i}$ 是根据 Fama-French 模型估计的因子载荷,SMB_t 是市场上小股票对大股票的溢价,HML_t 是高账面价值/市值比率股票对低账面价值/市值比率股票的溢价。为了避免超额收益计量误差的影响,本研究采用了国内研究经常采用的指数调整超额收益计算方法,即超额收益(AR)等于个股当日收益率减去相应市场的指数收益率。为了减少异常值的影响,本研究对累计超额收益变量上下 1‰ 样本进行了截断处理(winsorize)。

方程(9-2)、方程(9-3)和方程(9-4)的自变量是高管贡献(Contribution)、经济增加值(EVA)和净资产收益率(ROE),三个方程的估计系数和调整后的 R^2 衡量了高管贡献(Contribution)、经济增加值(EVA)和净资产收益率(ROE)三种评价指标的信息含量。还借鉴似然比检验(likelihood ratio test)(Vuong,1989),[2]利用模型(9-6)和模型(9-7)比较方程(9-2)、方程(9-3)和方程(9-4)的解释力度。

$$CAR = \delta_{04} + \delta_1 Contribution + \delta_2 EVA + \varepsilon_4 \quad (9-6)$$

$$CAR = \delta_{05} + \delta_2 EVA + \delta_3 ROE + \varepsilon_5 \quad (9-7)$$

为了直接比较高管贡献(Contribution)、经济增加值(EVA)和净资产收益率(ROE)三种评价指标的系数大小,需要将高管贡献(Contribution)、

---

[1] Fama, French. Common Risk Factors in the Returns on Stocks and Bonds[J]. *Journal of Financial Economics*, 1993(33).

[2] Vuong, Q. H.. Likelihood Ratio Tests for Model Selection and Non-nested Hypotheses[J]. *Econometrica*, 1989(57).

经济增加值(EVA)和净资产收益率(ROE)这三个变量进行标准化处理,使三个变量的均值为 0,标准差为 1。在回归模型(9-6)和模型(9-7)之后,再使用 F 检验判断三种评价指标的系数。

9.3　经　验　检　验

9.3.1　描述性统计

根据《中央企业负责人经营业绩考核暂行办法》中对 EVA 计算方法的规定,本研究计算了 2001～2010 年样本上市公司的经济增加值(EVA),结果见表 9-1。

表 9-1　2001～2010 年盈利性国有垄断企业的 EVA

年　份	样本量	均　值	标准差	最小值	最大值
2001	14	2.71e+11	1.00e+12	−3.31e+10	3.76e+12
2002	16	2.86e+11	1.12e+12	−5.07e+10	4.50e+12
2003	18	1.26e+10	4.11e+20	−4.25e+08	1.68e+11
2004	19	2.99e+11	1.23e+12	−1.41e+10	5.39e+12
2005	19	6.13e+11	2.52e+12	−1.53e+09	1.10e+13
2006	20	7.05e+11	3.39e+12	−6.31e+08	1.52e+13
2007	23	−1.08e+09	4.63e+09	−1.83e+10	7.09e+09
2008	20	1.94e+09	3.45e+09	−9.45e+09	4.52e+09
2009	24	1.34e+12	4.70e+12	−5.87e+10	2.23e+13
2010	23	2.24e+12	7.57e+12	−7.00e+09	3.53e+13
合　计	196	6.44e+11	3.41e+12	−5.87e+10	3.53e+13

由表 9-1 可知,2001～2010 年盈利性国有垄断企业的平均 EVA 为 6.44e+11,EVA 总体递增,但企业之间的差距也在扩大,将 2001～2010 年盈利性国有垄断企业的 EVA 描绘出来,见图 9-1。

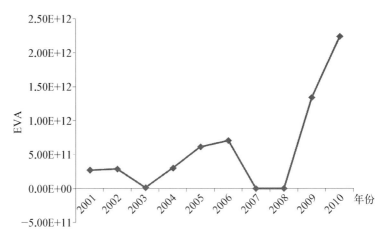

图 9 - 1　2001～2010 年盈利性国有垄断企业的 EVA

由图 9 - 1 可知,2009 年和 2010 年 EVA 迅速攀升,这与央企 EVA 考评制度的实施有关。为了比较不同类型样本的 EVA,本研究统计了三类企业的 EVA 分布情况,结果见表 9 - 2。

表 9 - 2　2001～2010 年三类企业的 EVA

企 业 类 型	样本量	均 值	标准差	最小值	最大值
盈利性国有垄断企业	196	6.44e+11	3.41e+12	−5.87e+10	3.53e+13
国有非垄断企业	226	8.14e+10	7.14e+11	−6.39e+10	1.09e+13
非国有企业	215	2.76e+07	5.51e+08	−1.36e+09	5.12e+09
全体样本	637	2.28e+11	1.96e+12	−6.39e+10	3.53e+13

由表 9 - 2 可知,盈利性国有垄断企业的 EVA(均值为 6.44e+11)高于国有非垄断企业的 EVA(均值为 8.14e+10),高于非国有企业的 EVA(均值为 2.28e+11),这表明盈利性国有垄断企业的股东价值创造能力很强,高于其他两类企业。当然,由于 EVA 并没有考虑企业的利润来源,EVA 并不代表高管的实际贡献。

根据模型(9 - 5)计算 2010 年盈利性国有垄断企业的累计超额收益,表 9 - 3 为年报披露前后各 1 个、3 个、10 个、20 个、90 个和前 180 个后 60 个交易日窗口下样本公司的累计超额收益(CAR)。

表 9 - 3　变 量 描 述

变　量	样本量	均　值	标准差	最小值	最大值
CAR1	22	0.005 3	0.032 5	−0.054 1	0.080 2
CAR3	22	0.005 6	0.038 1	−0.075 6	0.085 5
CAR10	22	0.013 2	0.071 2	−0.140 8	0.113 2
CAR20	22	0.019 5	0.123 6	−0.267 2	0.251 0
CAR90	22	−0.073 4	0.193 1	−0.425 8	0.484 2
CAR18060	22	−0.090 1	0.249 4	−0.527 9	0.275 2

注：CAR1、CAR3、CAR10、CAR20、CAR90 和 CAR18060 为年报披露日前后各 1 个交易日、前后各 3 个交易日、前后各 10 个交易日、前后各 20 个交易日、前后各 90 个交易日，以及前 180 个交易日后 60 个交易日的累计超额收益。

由表 9 - 3 可知，年报披露日前后各 20 个交易日和前后各 10 个交易日的平均 CAR 最高，随着窗口的减少和增加，CAR 逐渐降低，CAR90 和 CAR18060 的均值为负数。

9.3.2　回归分析

为了判断 EVA 实施后高管的行为反应，我们以 196 家盈利性国有垄断企业为研究样本，利用方程(9 - 1)中 EVA 与高管贡献的交叉项检验 EVA 实施后高管薪酬与高管贡献的匹配度，结果见表 9 - 4。

表 9 - 4　EVA 实施后高管薪酬与高管贡献匹配度检验

自　变　量	因变量：高管薪酬(Wage)		
高管贡献(Contribution)	0.000 014 2*** (4.87)	0.000 010 4*** (2.77)	8.70e−06** (2.53)
EVA×高管贡献 (Contribution)		5.30e−19** (2.59)	3.82e−19** (2.31)
盈利能力(ROA)			1 545 735** (2.28)
股权结构(Top1)			5 754.385* (1.77)

自　变　量	因变量：高管薪酬(Wage)		
两职合一(Ceo)			113 204.8 (0.64)
独立董事比例(Ratio)			30 128.79*** (7.17)
常数项(Constants)	1 094 297*** (22.13)	1 080 326*** (21.59)	−420 692.3 (−1.00)
所在地区(Area)	控制	控制	控制
所在行业(Industry)	控制	控制	控制
年份(Year)	控制	控制	控制
样本量	196	196	196
$Adj-R^2$	0.105 3	0.112 2	0.456 6

注：＊表示在10％的显著性水平下显著，＊＊表示在5％的显著性水平下显著，＊＊＊表示在1％的显著性水平下显著。回归系数为经过White异方差检验后的标准化系数。

由表9-4可知，高管贡献(Contribution)的估计系数显著为正，表明高管贡献与高管薪酬正相关，高管薪酬与高管贡献是匹配的，高管贡献越大，薪酬越高。EVA×高管贡献(Contribution)的估计系数显著为正，表明在采取了EVA评价体系后，高管薪酬与高管贡献的匹配度显著增加。这个结果说明EVA机制的实施提高了高管贡献与高管薪酬的匹配程度，假设9-1得到验证。

盈利能力(ROA)的估计系数显著为正，表明企业盈利能力越高，高管薪酬越高。股权结构(Top1)的估计系数显著为正，表明第一大股东持股比例越高，高管薪酬支付越高。两职合一(Ceo)的估计系数为正，但系数并不显著。独立董事比例(Ratio)的估计系数显著为正，表明独立董事比例越高，高管薪酬越高。

我们可以从正反两个方面理解表9-4的结果：第一，如果高管贡献这个评价方法是可行的，则说明EVA考评制度是有效的，因为EVA机制实施后，高管贡献与高管薪酬的相关性显著提高，EVA机制促使高管为了获得更多的薪酬而贡献更多。第二，如果EVA机制是有效的，则说明高管贡献这个评价方法是可行可信的。

为了检验高管贡献、EVA 和传统绩效指标(ROE)的信息含量,我们利用模型(9-2)、模型(9-3)和模型(9-4)检验高管贡献、EVA 和 ROE 与不同时间窗口下的累计超额收益率(CAR)之间的关系,以此反映三种绩效指标的信息含量,结果见表 9-5 和表 9-6(见本章末)。

由表 9-5 和表 9-6 可知,只有在年报披露日前后各 90 个交易日的窗口内,高管贡献和 ROE 的系数是显著的,EVA 的估计系数在任何时间窗口下的回归均不显著。以年报披露日前后各 90 个交易日(CAR90)的回归结果为例,高管贡献与 CAR90 显著正相关,表明高管贡献越大,CAR90 越大,市场反应越强烈。ROE 与 CAR90 显著正相关,表明 ROE 越大,CAR90 越大,市场反应越强烈。EVA 与 CAR90 负相关,表明 EVA 越大,CAR90 越小,市场没有多大反应,不过,这种关系并不显著。从 CAR90 的回归结果可知,市场对高管贡献有正向反应,证明用高管贡献评价高管努力结果是可行的。市场对 ROE 有正向反应,证明市场对传统绩效指标有一定的依赖程度。市场对 EVA 有不显著的负向反应,表明 EVA 还没有引起足够的市场关注。另外,只有在年报披露日前后各 90 个交易日的窗口内,高管贡献与 ROE 的市场反应是显著的,其他窗口下,三个绩效指标的市场反应均不显著。这个结果表明,市场对年度高管行为的反应较为迟缓,短时间内无法对高管行为做出及时准确的反应。可见,市场对高管薪酬和高管行为的认识有待提高。

以年报披露日前后各 90 个交易日的时间窗口为例,从模型调整后 R^2 可以看出,模型(9-2)的 R^2 大于模型(9-4)的 R^2,模型(9-4)的 R^2 大于模型(9-3)的 R^2。但是,要想判断 R^2 之间的关系是否显著,我们需要借助其他检验方法。本研究使用 Vuong 检验进一步比较了高管贡献、EVA 和 ROE 三个绩效指标信息含量的大小,即模型(9-2)、模型(9-3)和模型(9-4)的调整后 R^2 差异是否显著。研究发现,模型(9-2)与模型(9-3)相比较的 Vuong'Z 检验值为 2.13,在 5% 的水平下是显著的,说明模型(9-2)的解释力度大于模型(9-3)的解释力度。模型(9-3)与模型(9-4)相比较的 Vuong'Z 检验值为 1.89,在 10% 的水平下是显著的,说明模型(9-4)的解释力度大于模型(9-3)的解释力度。模型(9-2)与模型(9-4)相比较的 Vuong'Z 检验值为 0.78,并不显著,说明模型(9-2)的解释力度与模型(9-4)的解释力度之间的差异并不明显。因此,高管贡献和 ROE 的信息含量均大于 EVA 的信息含量,但高管贡献与 ROE 的信息含量并无显著差异。这个结果说明了三个问题:第一,目前市场对传统绩效指标的依赖程度仍然很高;第二,高管贡献作为一种新的高管业绩估计方法,是可以与传统绩效指标媲美的;第三,市场对 EVA 机制的反应仍然不够。

为了进一步检验高管贡献、EVA 和 ROE 的优劣程度,我们利用模型(9-6)和模型(9-7)分别检验高管贡献与 EVA 的优劣程度和 EVA 与 ROE 的优劣程度,结果见表 9-7 和表 9-8(见本章末)。

由表 9-7 和表 9-8 可知,同样只有在年报披露日前后各 90 个交易日的时间窗口内,高管贡献和 ROE 的系数是显著的,这印证了表 9-5 和表 9-6 对时间窗口的判断。因此,仍然以年报披露日前后各 90 个交易日的时间窗口为例,利用 F 检验比较高管贡献与 EVA 的回归系数,F 检验的结果十分显著,进一步说明高管贡献对 CAR90 的解释力度显著高于 EVA 对 CAR90 的解释力度。同样,ROE 对 CAR90 的解释力度显著高于 EVA 对 CAR90 的解释力度。但是,高管贡献与 ROE 的解释力度并无显著差异。这个结果进一步验证了表 9-5 和表 9-6 的研究结论。

9.4 本章小结

目前,评价盈利性国有垄断企业的业绩指标主要有 EVA 和传统绩效指标(如 ROE、ROA)两种。本章利用 EVA 虚拟变量与高管贡献的交叉项检验了 EVA 考评机制实施后高管的行为反应,发现 EVA 考评机制实施后,高管贡献与高管薪酬的匹配度提高了,说明 EVA 机制是有效的,它促使高管为了获得更多的薪酬而付出更多努力。我们还利用事件研究法(Event Study)比较了高管贡献、EVA 和 ROE 的信息含量和市场反应。研究发现,高管贡献和 ROE 的信息含量均明显高于 EVA 的信息含量,但高管贡献与 ROE 的信息含量并无显著差异。

表 9 - 5　高管贡献、EVA 与 ROE 的信息含量检验 (1)

变　　量	CAR1			CAR3			CAR10		
	模型(9-2)	模型(9-3)	模型(9-4)	模型(9-2)	模型(9-3)	模型(9-4)	模型(9-2)	模型(9-3)	模型(9-4)
Contribution	0.1768 (0.80)			0.0595 (0.27)			0.0024 (0.01)		
EVA		-0.0096 (-0.04)			-0.0170 (-0.08)			-0.0270 (-0.12)	
ROE			-0.1488 (-0.67)			-0.2866 (-1.34)			0.0144 (0.06)
常数项	0.0042 (0.59)	0.0054 (0.73)	0.0092 (1.01)	0.0052 (0.62)	0.0058 (0.67)	0.0144 (1.40)	0.0132 (0.83)	0.0138 (0.85)	0.0124 (0.62)
样本量	21	21	21	21	21	21	21	21	21
Adj - R^2	0.0499	0.0172	0.0267	0.0497	0.0362	0.0463	0.0500	0.0492	0.0498

注：* 表示在 10% 的显著性水平下显著，** 表示在 5% 的显著性水平下显著，*** 表示在 1% 的显著性水平下显著。为了直接比较高管贡献、EVA 和 ROE 对累计超额收益率的关系大小，本表报告的回归系数是标准化系数。

表9-6 高管贡献、EVA与ROE的信息含量检验(2)

变量	CAR20			CAR90			CAR18060		
	模型(9-2)	模型(9-3)	模型(9-4)	模型(9-2)	模型(9-3)	模型(9-4)	模型(9-2)	模型(9-3)	模型(9-4)
Contribution	-0.1211 (-0.55)			0.0853** (2.38)			-0.1714 (-0.78)		
EVA		-0.0910 (-0.41)			-0.0544 (-0.24)			-0.2000 (-0.91)	
ROE			-0.0895 (-0.40)			0.3359* (1.59)			-0.0640 (-0.29)
常数项	0.0223 (0.82)	0.0229 (0.81)	0.0283 (0.81)	-0.0765** (-1.79)	-0.0702 (-1.59)	-0.1254** (-2.44)	-0.0821 (-1.50)	-0.0750 (-1.34)	-0.0774 (-1.10)
样本量	21	21	21	21	21	21	21	21	21
Adj-R^2	0.0416	0.0346	0.0413	0.0685	0.0424	0.0469	0.0457	0.0080	0.0191

注:* 表示在10%的显著性水平下显著,** 表示在5%的显著性水平下显著,*** 表示在1%的显著性水平下显著,**** 表示在1%的显著性水平下显著。为了直接比较高管贡献,EVA和ROE对累计超额收益率的关系大小,本表报告的回归系数是标准化系数。

表 9-7　高管贡献、EVA 与 ROE 的信息含量比较(1)

变　量	系　数	CAR1		CAR3		CAR10	
		模型(9-6)	模型(9-7)	模型(9-6)	模型(9-7)	模型(9-6)	模型(9-7)
Contribution	δ_1	0.289 0 (1.03)		0.110 5 (0.38)		0.029 7 (0.10)	
EVA	δ_2	-0.185 0 (-0.66)	0.039 2 (0.16)	-0.084 1 (-0.29)	0.077 2 (0.34)	-0.045 0 (-0.16)	-0.034 5 (-0.14)
ROE	δ_3		-0.160 8 (-0.68)		-0.310 0 (-1.35)		0.024 8 (0.10)
常数项	δ_{0i}	0.005 4 (0.72)	0.009 1 (0.98)	0.005 8 (0.65)	0.014 2 (1.35)	0.013 8 (0.82)	0.012 5 (0.61)
样本量		21	21	21	21	21	21
Adj-R^2		0.046 8	0.079 2	0.096 4	0.008 5	0.103 8	0.103 8

注：* 表示在 10% 的显著性水平下显著，** 表示在 5% 的显著性水平下显著，*** 表示在 1% 的显著性水平下显著，**** 表示在 1% 的显著性水平下显著。为了直接比较高管贡献、EVA 和 ROE 对累计超额收益率的关系大小，本表报告的回归系数是标准化系数。

表 9 - 8　高管贡献、EVA 与 ROE 的信息含量比较(2)

变量	系数	CAR20 模型(9-6)	CAR20 模型(9-7)	CAR90 模型(9-6)	CAR90 模型(9-7)	CAR18060 模型(9-6)	CAR18060 模型(9-7)
Contribution	δ_1	-0.104 1 (-0.36)		0.187 1** (2.66)		-0.079 3 (-0.28)	
EVA	δ_2	-0.027 8 (-0.10)	-0.070 3 (-0.29)	-0.167 9 (-0.59)	-0.172 3 (-0.77)	-0.151 9 (-0.54)	-0.198 9 (-0.84)
ROE	δ_3		-0.068 1 (-0.28)		0.388 3* (1.74)		-0.003 5 (-0.01)
常数项	δ_{0i}	0.222 9 (0.80)	0.028 9 (0.81)	-0.070 4 (-1.57)	-0.123 4** (-2.37)	-0.074 9 (-1.31)	-0.074 4 (-1.05)
样本量		21	21	21	21	21	21
Adj-R^2		0.088 5	0.091 4	0.077 5	0.049 2	0.056 7	0.061 0

注：* 表示在 10% 的显著性水平下显著，** 表示在 5% 的显著性水平下显著，*** 表示在 1% 的显著性水平下显著。为了直接比较高管贡献、EVA 和 ROE 对累计超额收益率的关系大小，本表报告的回归系数是标准化系数。

第 10 章　行业垄断、"放大效应"与高管薪酬

　　垄断的"放大效应"使垄断企业业绩对高管努力的敏感度大于非垄断企业业绩对高管努力的敏感度。当高管能力相同、努力程度相同时,资产规模相同的垄断企业的业绩大于非垄断企业的业绩,主要是因为垄断企业天生被赋予的垄断优势。因此,当垄断企业和非垄断企业业绩相同时,支付给垄断企业高管的薪酬应该低于支付给非垄断企业高管的薪酬。

10.1　理　论　模　型

　　股东和高管是委托代理关系,股东作为委托人希望高管最大化企业利益,高管作为代理人却以自身利益最大化为行为准则。高管的努力程度属于私人信息,是股东难以观察到的,更是难以衡量的,这种信息不对称很容易造成管理层的道德风险。为了避免道德风险带来的损失,股东往往会根据企业业绩来判断高管的努力程度,进而决定支付的薪酬。但问题的关键是,企业的业绩到底在多大程度上能够反映高管的努力程度?换句话说,企业业绩中有多少来自高管的努力,多少来自企业自身的固有条件,多少来自政府赋予的垄断优势?

　　非垄断企业的业绩由企业规模、治理结构和高管努力等因素决定,垄断企业则不同,除上述因素外,还有其天生的自然垄断优势或行政垄断优势。为了用理论模型进行深入分析,先作如下假设。假设 1:高管是理性的经济人,其行为出发点是自身利益最大化;假设 2:高管自己决定采取何

种努力程度(k);假设3:高管努力要付出体力和脑力成本,记为$c(k)$。成本与努力程度有关,高管越努力,成本越高,即$\dfrac{\partial c(k)}{\partial k} > 0$。因此,令$c(k) = a + bk$,其中$a$、$b$均为常数,$b$反映了高管成本对努力程度的敏感性;假设4:企业看不到高管的努力程度,只能看到企业业绩等结果;假设5:企业根据业绩支付高管薪酬,表示为$w = w(y)$,y是企业业绩;假设6:企业业绩由很多因素决定,包括企业固有条件(如资产、规模等)、政府赋予企业的垄断优势、高管的能力和努力程度。进而,业绩可以表示为$y = y(k, q, s, m)$,其中,q表示高管能力,s表示企业固有条件,m表示垄断优势。这里,将m写进s。如果企业拥有垄断优势,则$m > 0$,如果企业没有垄断优势,则$m = 0$。即非垄断企业的$s_1 = s + m = s$,垄断企业的$s_2 = s + m > s$,则如果两个企业的固有条件相同,那么有垄断优势企业的最终固有条件(包含垄断优势)大于无垄断优势企业的最终固有条件(包含垄断优势),即$s_1 < s_2$。

对于管理者来说,效益函数应该包括薪酬、在职消费、声誉等,但由于对在职消费的衡量迄今为止并没有很准确的办法,声誉无法衡量,因此本文的高管效益函数只包括高管薪酬。在某种程度上,高管效益函数最重要的因素是薪酬激励(本文的薪酬是包括股权的)。于是,高管效益函数为$u = w(y) - c(k)$。高管最大化其效益函数,求效益函数的一阶导数,结果为:$\dfrac{\partial u}{\partial k} = \dfrac{\partial w}{\partial y} \times \dfrac{\partial y}{\partial k} - \dfrac{\partial c}{\partial k}$,令$\dfrac{\partial u}{\partial k} = 0$,则$\dfrac{\partial w}{\partial y} \times \dfrac{\partial y}{\partial k} = \dfrac{\partial c}{\partial k}$。由于$c(k) = a + bk$,所以$\dfrac{\partial c}{\partial k} = b$,$b$为常数。因此,$\dfrac{\partial w}{\partial y} = \dfrac{\dfrac{\partial c}{\partial k}}{\dfrac{\partial y}{\partial k}} = \dfrac{b}{\dfrac{\partial y}{\partial k}}$,$\dfrac{\partial w}{\partial y}$就是"高管薪酬—企业业绩相关度"。

由于企业业绩由很多因素决定,这里参考柯布-道格拉斯生产函数,考虑企业业绩的决定。柯布-道格拉斯生产函数为$y = L^{\alpha} K^{1-\alpha}$,其中$L$为人力资本,$K$为物质资本,$\alpha$为人力资本的贡献率,$1 - \alpha$为物质资本的贡献率。企业的人力资本包括高管和工人的人力资本。但相对于工人人力资本来说,高管人力资本一直被看作是决定企业发展的主要因素。因此,只考虑有差异的高管人力资本,工人的人力资本可以通过行业因素体现在实证中。企业高管的能力和努力水平可以看作是人力资本投入,而企业固有条件和垄断优势则是物质资本投入。写成由高管能力、努力水平、企业固有条件构成的企业业绩函数,为 $y = (kq)^\alpha s^{1-\alpha}$。

非垄断企业:

$$y_1 = (k_1 q_1)^\alpha s_1^{1-\alpha}, \quad \frac{\partial y_1}{\partial k_1} = \alpha q_1^\alpha s_1^{1-\alpha} k_1^{\alpha-1} = \alpha q_1^\alpha \left(\frac{s_1}{k_1}\right)^{1-\alpha}$$

垄断企业:

$$y_2 = (k_2 q_2)^\alpha s_2^{1-\alpha}, \quad \frac{\partial y_2}{\partial k_2} = \alpha q_2^\alpha s_2^{1-\alpha} k_2^{\alpha-1} = \alpha q_2^\alpha \left(\frac{s_2}{k_2}\right)^{1-\alpha}$$

在高管能力相同($q_1 = q_2$)、努力水平相同($k_1 = k_2$)的情况下,垄断企业和非垄断企业的"高管薪酬—企业业绩相关度"主要取决于企业包含垄断优势在内的最终固有条件(s)。由于政府赋予垄断企业垄断优势和特权,所以相对于同等条件的非垄断企业,$s_1 < s_2$。进而有 $\alpha q_1^\alpha \left(\dfrac{s_1}{k_1}\right)^{1-\alpha} <$

$\alpha q_2^\alpha \left(\dfrac{s_2}{k_2}\right)^{1-\alpha}$,于是 $\dfrac{\partial y_1}{\partial k_1} < \dfrac{\partial y_2}{\partial k_2}$。这个不等式说明垄断企业的业绩对高管努力程度的敏感度大于非垄断企业的业绩对高管努力程度的敏感度。这是因为垄断企业天生的垄断优势放大了高管的努力成果,这可以称之为垄断的"放大效应"。而非垄断企业没有这种垄断优势,也就不存在"放大效应"。譬如,垄断企业的高管努力 10,由于垄断因素的存在,这个 10 反映到业绩上就是 100;非垄断企业的高管努力 10,反映到业绩上仍是 10。

这个关系应用到薪酬的决定上,就可以说明垄断企业薪酬的合理性问题。因为 $\dfrac{\partial y_1}{\partial k_1} < \dfrac{\partial y_2}{\partial k_2}$,所以 $\dfrac{b}{\dfrac{\partial y_1}{\partial k_1}} > \dfrac{b}{\dfrac{\partial y_2}{\partial k_2}}$。又因为 $\dfrac{\partial w}{\partial y} = \dfrac{b}{\dfrac{\partial y}{\partial k}}$,所以

$\dfrac{\partial w_1}{\partial y_1} > \dfrac{\partial w_2}{\partial y_2}$。垄断企业的"高管薪酬—企业业绩相关度"小于非垄断企业的"高管薪酬—企业业绩相关度",即垄断企业和非垄断企业的业绩同样上

升一个单位,高管薪酬上升的程度不应是相同的,垄断企业高管薪酬的增加应该少于非垄断企业高管薪酬的增加。因为业绩上升同样的程度,垄断企业高管付出的努力小于非垄断企业高管付出的努力。

综上所述,理论模型得出以下两个主要结论:第一,垄断企业"业绩对高管努力程度的敏感度"大于非垄断企业"业绩对高管努力程度的敏感度";第二,垄断企业"高管薪酬—企业业绩相关度"小于非垄断企业"高管薪酬—企业业绩相关度"。正因如此,对垄断企业高管努力的评价不能完全用企业业绩来衡量。即使将企业高管薪酬和企业业绩挂钩,也应将垄断企业和非垄断企业区分开来。

10.2　研　究　设　计

选取截至 2008 年 12 月 31 日在沪深上市的所有公司作为样本,剔除 ST 公司,最后得到 1 439 个有效样本。根据 10.3.2 的理论模型,我们定义以下变量(见表 10 - 1)。

表 10 - 1　变量定义与说明

变　量	变　量　定　义		变　量　说　明
因变量	营业收入(Out)	企业在日常经营业务过程中形成的经济利益的总流入	反映企业业绩
自变量	总资产(Size)	企业拥有或控制的、能带来经济利益的全部资产	反映企业自身固有资源
	垄断情况(Mono)	属于垄断企业,MONO=1;属于非垄断企业,MONO=0	垄断的判断标准为 HHI 指数
	高管薪酬(Wage)	薪酬最高的前三名高管薪酬之和的平均值	反映企业高管的薪酬水平

采用赫芬达尔-赫希曼指数(HHI 指数)判断一个行业是否属于垄断行业,HHI 用市场上所有厂商市场份额百分比的平方和来表示。HHI 指数越大,说明市场集中度越大;反之越小。一般认为 HHI 指数大于 1 800 的行业属于垄断行业。根据这种方法来计算样本所涉及的 22 个行业的 HHI 指数,结果见表 10 - 2。

表 10-2　22 个行业的 HHI 指数

行　业	HHI	行　业	HHI	行　业	HHI
农林牧渔业	1 017.365(36)	金属非金属业	605.627(128)	批发零售贸易	390.688(84)
采掘业	3 264.218(32)	医药生物业	239.490(222)	金融保险业	2 346.604(25)
食品饮料业	367.196(62)	机械设备业	453.471(86)	房地产业	528.789(63)
纺织服装业	447.983(62)	其他制造业	1 028.842(22)	社会服务业	981.242(47)
木材家具业	3 734.877(4)	水电煤气业	2 690.322(63)	传播文化产业	1 565.647(10)
造纸印刷业	824.523(29)	建筑业	3 210.033(34)	综合类	405.940(60)
石化塑胶业	204.710(158)	运输仓储业	585.190(61)		
电子业	1 077.743(67)	信息技术业	924.979(84)		

资料来源：根据上市公司 2008 年年报计算得到，括号中的数字是行业中的企业个数。

　　从数据看，属于垄断行业的有采掘业、木材家具业、水电煤气业、建筑业和金融保险业。但是，由于木材家具业的有效样本只有四家上市公司，以此计算出来的 HHI 指数并不准确，因此不算作垄断行业。另外，由于行业划分不够细致，有些大行业不属于垄断行业，但是其下属的子行业却属于垄断行业。例如，信息技术业不是垄断行业，但电信业（HHI 指数为 6 514.988，不含海外上市的中国移动）作为子行业却属于垄断行业；运输仓储业不是垄断行业，但民航和海洋运输（HHI 指数为 2 456.879）作为子行业却属于垄断行业。还有些大行业不属于垄断行业，但是由于某个子行业的垄断性很强，而使整个大行业都显示为垄断行业，对这种行业也要加以区分。例如，建筑业作为大行业是垄断行业，主要因为其子行业铁路建筑业（中国中铁是唯一的铁路建筑企业，HHI 指数为 10 000.00）属于高度垄断行业。综上，本书提及的垄断行业主要包括采掘业、水电煤气业、金融保险业、电信业、铁路建筑业、民航和海洋运输业。

10.3　经　验　检　验

10.3.1　描述性统计

　　所有样本的前三名高管薪酬平均值为 55.41 万元，营业收入平均值为

729 780 万元,高管薪酬相对于营业收入的比值为 0.000 076,该比值反映了高管薪酬与营业收入的相对值。这个比例过高说明相对于企业的营业收入,高管薪酬过高,即薪酬激励过度,反之则是薪酬激励不足。我们把 0.000 076 看作是一个粗略标准,用来判断高管薪酬激励是否合理。

将样本按照企业的垄断性分为垄断企业和非垄断企业,再分别对两种类型企业的相关变量做描述性统计,结果见表 10 - 3。

表 10 - 3　分垄断性质的描述性统计

垄断性质	变量名称	样本量	均　值（万元）	标准差	最大值（万元）	最小值（万元）
垄断企业	Out	102	4 933 000	18 260 000	145 200 000	368.357 6
	Size	102	33 390 000	141 300 000	975 800 000	42 929.00
	Wage	102	65.303 5	87.253	592.63	5.20
非垄断企业	Out	1 337	409 100	1 275 000	23 460 000	113.103 7
	Size	1 337	907 100	7 152 000	157 200 000	11 872
	Wage	1 337	54.656	311.518	10 339.8	2.15

资料来源:根据上市公司 2008 年年报计算得到。

由表 10 - 3 看出,垄断企业的前三名高管薪酬平均值为 65.303 5 万元,营业收入平均值为 4 933 000 万元,高管薪酬相对于营业收入的比值为 0.000 013。非垄断企业的前三名高管薪酬平均值为 54.656 万元,营业收入平均值为 409 100 万元,高管薪酬相对于营业收入的比值为 0.000 13。垄断企业的"薪酬—收入比"(0.000 013)远远低于平均水平(0.000 076),说明从"薪酬—收入比"的角度看,垄断企业存在严重的激励不足,这也正是众多垄断企业的高管抱怨自己薪酬水平偏低的原因。非垄断企业的"薪酬—收入比"(0.000 13)则远远高于平均水平。这主要是因为,由于工资刚性和高管攀比心理,不管是垄断企业还是非垄断企业,高管薪酬都不会有太大的差别。但是,企业的营业收入却会有很大差别,非垄断企业的营业收入明显低于垄断企业的营业收入。仅从描述性统计就能看出,垄断企业高管的"薪酬—收入比"和非垄断企业高管的"薪酬—收入比"存在很大的差异。

10.3.2　回归分析

以上是对样本的描述性统计,下面用数据分别检验理论部分得到的两个主要结论:

(1)"企业业绩对高管努力程度的敏感度"检验

检验"企业业绩对高管努力程度的敏感度"其实就是检验高管努力对企业业绩的贡献率,即企业现有业绩中有多少是来自高管的努力。因此,应该用影响企业业绩的多种因素对企业业绩做多元线性回归。考虑到影响企业业绩的因素有企业资产规模、垄断情况以及高管努力程度等。建立计量模型 $OUT = \gamma_0 + \gamma_1 SIZE + \gamma_2 MONO + \gamma_3 k + \varepsilon$。

但是,高管努力程度 k 是无法衡量的,只能用其他变量来代替。这里用本年度的高管薪酬代表高管努力程度作为解释变量,因为本年度的高管薪酬是对本年度高管努力程度的衡量,虽然这个衡量不够准确,但是大部分企业的高管薪酬还是基本能够反映其高管的努力程度的。这区分于平时我们所说的薪酬的激励作用,薪酬的激励作用主要是指本年度薪酬对下一年的高管努力程度的激励。基于这种关系,我们用当年的高管薪酬代表高管努力程度,得到计量模型:$OUT = \gamma_0 + \gamma_1 SIZE + \gamma_2 MONO + \gamma_3 WAGE + \varepsilon$。

做多元回归之前,首先检验所有的解释变量和被解释变量的相关性,结果见表 10 - 4。

表 10 - 4　变量的相关性检验

变　　量		营业收入	总 资 产	垄断情况	高管薪酬
营业收入 （Out）	相关系数	1	0.470**	0.119**	0.401**
	显著性水平	—	0.000	0.000	0.000
总资产 （Size）	相关系数	0.470**	1	0.357**	0.152**
	显著性水平	0.000	—	0.000	0.000
垄断情况 （Mono）	相关系数	0.119**	0.357**	1	0.009
	显著性水平	0.000	0.000	—	0.731

变　　　量		营业收入	总 资 产	垄断情况	高管薪酬
高管薪酬 (Wage)	相关系数	0.401**	0.152**	0.009	1
	显著性水平	0.000	0.000	0.731	—

注：* 表示在 10% 的显著性水平下显著，** 表示在 5% 的显著性水平下显著，*** 表示在 1% 的显著性水平下显著。

由表 10-4 看出，被解释变量(营业收入)与三个解释变量(总资产、垄断情况和高管薪酬)都高度相关，可以进行下一步的回归分析。但同时也看到，解释变量总资产和另外两个解释变量垄断情况和高管薪酬也是高度相关的，因此在做回归分析的时候，会产生共线性。

用解释变量对被解释变量做多元线性回归，结果见表 10-5。

表 10-5　模型的线性回归结果

自 变 量	符号	系数	标准化系数	显著性水平	回归标准误	T 值
常数项	—	−0.013	−0.013	0.943	0.179	−0.071
垄断情况(Mono)	—	−0.131	−0.039*	0.09	0.077	−1.694
高管薪酬(Wage)	＋	0.001	0.336***	0.00	0.000	15.403
总资产(Size)	＋	0.271	0.433***	0.00	0.015	18.544
Ind	控制					

注：* 表示在 10% 的显著性水平下显著，** 表示在 5% 的显著性水平下显著，*** 表示在 1% 的显著性水平下显著。

模型中的三个解释变量都是有意义的，但是垄断情况(Mono)的符号为负，与之前的理论分析不符。出现这种情况的原因是模型存在较强的共线性。这可以从条件指数(condition index)判断出来，该模型的条件指数为 20.379，说明模型存在较强的共线性，这与我们之前作相关性分析时的预测相同。产生共线性的原因是总资产(Size)与垄断情况(Mono)、高管薪酬(Wage)高度相关。因此，这个模型的结论并不准确，必须解决共线性问题。解决共线性问题的方法有很多。这里，我们采用的方法是变量变换。

由于产生共线性的原因是解释变量总资产(Size)和其他解释变量垄

断情况(Mono)、高管薪酬(Wage)相关,这里将模型做简单的变化,去除总资产(Size)的影响,将模型写成如下形式:

$$\frac{OUT}{SIZE} = \left(\gamma_0 \ \frac{1}{SIZE} + \gamma_1\right) + \gamma_2 \ \frac{MONO}{SIZE} + \gamma_3 \ \frac{WAGE}{SIZE} + \varepsilon$$

变换后的模型剔除了总资产(Size)对其他解释变量的影响,不再存在共线性问题。对变换后的模型进行回归,结果见表 10 - 6。

表 10 - 6　变换后模型的线性回归结果

自 变 量	符号	系数	标准化系数	显著性水平	回归标准误	T 值
常数项	+	3.282	3.282***	0.000	0.022	151.337
MONO/ SIZE	+	0.385	0.115***	0.000	0.080	4.798
WAGE/ SIZE	+	0.001	0.400***	0.000	0.000	15.697

注:* 表示在 10%的显著性水平下显著,** 表示在 5%的显著性水平下显著,*** 表示在 1%的显著性水平下显著。

变换后的模型不存在共线性问题,结果是可以接受的。由表 10 - 6 看出,$\dfrac{MONO}{SIZE}$ 的系数显著,而且为正,说明垄断性与企业业绩正相关,垄断企业的业绩高于非垄断企业的业绩。$\dfrac{WAGE}{SIZE}$ 的系数显著,而且为正,说明高管努力与企业业绩正相关,高管越努力工作,企业的业绩越高。

根据上面的回归结果可以写出方程:$\dfrac{OUT}{SIZE} = 3.282 + 0.115$ $\dfrac{MONO}{SIZE} + 0.4 \ \dfrac{WAGE}{SIZE}$。

从上式可见,在垄断企业的高管和非垄断企业的高管付出同样努力程度的情况下 $\left(\text{即两者的} \dfrac{WAGE}{SIZE} \text{相同}\right)$,由于垄断企业的 $\dfrac{MONO}{SIZE}$ 项不为零,而非垄断企业的 $\dfrac{MONO}{SIZE}$ 项为零,使得两者的企业业绩产生差异。由于这种差异是排除了企业总资产等固有条件影响的基础上做出来的,因此,我们可以认为差异的主要来源是 $\dfrac{MONO}{SIZE}$,$\dfrac{MONO}{SIZE}$ 就是垄断的"放大效应"。正因为垄断的"放大效应",使得垄断企业"业绩对高管努力程度的敏感度"大于非垄断企业"业绩对高管努力程度的敏感度"。由此,我们验证了第一个理论结论。

(2)"高管薪酬—企业业绩相关度"检验

为了检验垄断企业和非垄断企业的"高管薪酬—企业业绩相关度",建立如下计量模型:

$$\frac{WAGE}{SIZE} = \varphi_0 + \varphi_1 \frac{OUT}{SIZE} + \varepsilon$$

分别用垄断企业和非垄断企业的数据对模型进行回归,结果见表10-7。

表 10-7　模型的线性回归结果

企业性质	自变量	符号	系数	显著性水平	回归标准误	T 值
垄断企业	常数项	—	0.242***	0.000	0.005	51.642
	MONO/SIZE	+	200***	0.000	0.001	7.132
非垄断企业	常数项	—	0.27***	0.000	0.002	16.101
	MONO/SIZE	+	100***	0.000	0.000	13.721

注:* 表示在10%的显著性水平下显著,** 表示在5%的显著性水平下显著,*** 表示在1%的显著性水平下显著。

根据上面的回归结果可以分别写出垄断企业和非垄断企业的方程:

垄断企业:

$$\frac{WAGE}{SIZE} = -0.242 + 200 \frac{OUT}{SIZE}$$

非垄断企业:

$$\frac{WAGE}{SIZE} = -0.27 + 100 \frac{OUT}{SIZE}$$

回归结果显示,垄断企业的"高管薪酬—企业业绩相关度"为200,非垄断企业的"高管薪酬—企业业绩相关度"为100,这个结果与之前的理论分析恰好相反。

我们之前的结论是,由于垄断的"放大效应",使得垄断企业的"业绩对高管努力程度的敏感度"大于非垄断企业的"业绩对高管努力程度的敏感度"。基于此,在企业业绩相同的情况下,应该支付给垄断企业高管低一些的工资,支付给非垄断企业高管高一些的工资,即垄断企业的"高管薪酬—企业业绩相关度"应该小于非垄断企业的"高管薪酬—企业业绩相关度"。实证分析的结果和理论研究的结论不符,说明现在垄断企业的高管薪酬水平并不合理。在垄断企业业绩和非垄断企业业绩相同的情况下,垄断企业非但没有减少对高管的支付,反而是支付了更高的薪酬。这恰好说明,垄断企业并没有考虑垄断的"放大效应",垄断企业的高管薪酬激励不是不足,而是过度。

为了进一步说明垄断的"放大效应",我们将垄断企业作为样本单独考察,检验垄断企业的垄断程度对"高管薪酬—企业业绩相关度"的影响,建立实证模型 $\dfrac{WAGE}{SIZE} = \sigma_0 + \sigma_1 \dfrac{OUT}{SIZE} + \sigma_2 \dfrac{OUT}{SIZE} \times MS + \varepsilon$, 式中,MS 为企业的市场份额,用来表示垄断企业的垄断程度;交叉项 $\dfrac{OUT}{SIZE} \times MS$ 表示市场份额(MS)对"高管薪酬—企业业绩相关度"的影响,回归结果见表 10-8。

表 10-8　模型的线性回归结果

自　变　量	符号	系　数	显著性水平	回归标准误	T 值
常数项	+	0.95***	0.000	0.012	77.865
MONO/SIZE	+	6.45**	0.011	0.002	−1.572
(MONO/SIZE)×MS	+	50.548**	0.035	0.001	2.106

注:* 表示在 10% 的显著性水平下显著,** 表示在 5% 的显著性水平下显著,*** 表示在 1% 的显著性水平下显著。

根据上面的回归结果写出方程: $\dfrac{WAGE}{SIZE} = 0.95 + 6.45 \dfrac{OUT}{SIZE} + 50.548 \dfrac{OUT}{SIZE} \times MS$。

由回归结果看出，$\dfrac{OUT}{SIZE} \times MS$ 的系数显著为正，证明垄断程度对"高管薪酬—企业业绩相关度"的影响是正向的，即随着垄断程度的增加，"高管薪酬—企业业绩相关度"也是逐渐增加的。这说明，越是垄断程度高的企业，高管薪酬激励过度的问题越严重。随着垄断程度的增加，这些企业非但没有相应地减弱高管薪酬和企业业绩之间的关系，反而是加强了两者的联系。

10.4 本 章 小 结

垄断企业"业绩对高管努力程度的敏感度"大于非垄断企业"业绩对高管努力程度的敏感度"，即在高管付出同样努力的情况下，由于垄断的"放大效应"，垄断企业的业绩对高管努力更敏感，能够获得更高的业绩，这一结论在随后的实证检验中得到了证实。理论上，垄断企业"高管薪酬—企业业绩相关度"应该小于非垄断企业"高管薪酬—企业业绩相关度"，即在垄断企业和非垄断企业具有相同业绩的情况下，垄断企业支付给高管的薪酬应该低于非垄断企业支付给高管的薪酬。但是根据上市公司 2008 年的数据，我们发现，现实中垄断企业"高管薪酬—企业业绩相关度"大于非垄断企业"高管薪酬—企业业绩相关度"，这说明目前垄断企业高管薪酬水平并不合理，存在激励过度问题。

第 11 章 高管薪酬机制与监督机制：
替代还是促进？

霍姆斯特龙（Holmstrom，1979）[①]认为，由于委托代理问题的来源是信息不对称性，即委托人缺乏足够的信息，所以"最原始的解决方法就是把资源投入到对代理人行为的监督中去"。当然，监督成本可能会很高，或者监督是不精确的，因此监督也是有风险的。可见，监督是解决高管机会主义行为，促使高管努力工作的最原始手段，监督机制的使用早于高管薪酬激励机制。只是现阶段的研究中，人们将注意力更多地放在了对高管的激励机制（即薪酬机制）上，而忽视了监督机制的作用。实际上，薪酬机制和监督机制同样作为促使高管努力工作的手段被公司使用。而这两种机制之间则是一种权衡关系（trade-off），公司权衡两种机制的成本收益，最终选择一个薪酬机制与监督机制的最优组合。从这个角度看，薪酬机制与监督机制是一种替代关系，监督机制对薪酬机制的作用是替代效应。当公司的监督机制足够有效时，通过监督高管行为能够直接促使高管努力工作，则不需要过多地依赖薪酬机制。但同时，监督机制还存在另外一种效应，即更好地促进高管薪酬契约的合理设计及契约的有效实施。从这个角度看，监督机制对薪酬机制的作用是促进效应，通过监督高管薪酬机制的有效实施，间接促使高管努力工作。本章要研究的是国有企业高管薪酬机制与监督机制之间到底关系如何，是替代效应还是促进效应，哪种效应的作用更显著？

[①] Holmstrom, B.. Moral Hazard and Observability[J]. *Bell Journal of Economics*, 1979(10).

11.1 文 献 综 述

公司是最有效的组织形式,但也有自身无法避免的代理问题,即股东和高管之间因信息不对称引起的高管不尽责。解决代理问题的方式有两种:激励机制和监督机制。前者是利用薪酬将高管行为与公司绩效结合起来,诱使高管努力工作;后者是利用来自各方的监督力量对高管行为进行有效监督,促使高管努力工作。随着高管持股计划和股票期权等手段的广泛采用,高管薪酬机制已经成为解决代理问题的首选途径,现有学术研究也主要集中讨论高管薪酬机制的有效性,而忽视了对监督机制的系统研究。国内唯一涉及这方面研究的是黄志忠等(2009)[①]的一篇文章,认为外部监管对高管薪酬有显著影响,但文章并没有全面衡量薪酬机制和监督机制之间可能存在的所有关系。实际上,监督机制对薪酬机制的作用有两种,替代效应和促进效应,我们需要深入检验这两种效应的结果。

11.1.1 薪酬机制

对薪酬机制的研究主要集中于高管薪酬与公司绩效的相关性检验。研究认为,高管薪酬与公司绩效的相关性越高,高管为提高公司绩效而努力工作的动力越大,薪酬机制的作用越显著。国外最早研究高管薪酬的学者是陶辛斯和贝克尔(Taussings & Baker,1925),[②]他们发现高管薪酬和公司业绩之间相关性很小,这个结果让人感到惊讶。也正是这样一个结果引起了学者们对高管薪酬问题的深入研究。但是,由于选取样本

---

① 黄志忠,郗群. 薪酬制度考虑外部监管了吗——来自中国上市公司的证据[J]. 南开管理评论,2009(12).

② Taussings F. W. , Baker W. S.. American Corporations and Their Executives:A Statistical Inquiry[J]. *Quarterly Journal of Economics*, 1925(40).

和采用方法的不同,这些学者的研究结果存在很大差异。一些学者证明了高管薪酬与企业业绩无关或关系微弱(Rapaport,1978[1];Ciscel & Carroll,1980[2];Rosen & Sherwin,1992[3];Tosi & Gomez-Mejia et al.,2000[4];魏刚,2000[5];谌新民等,2003[6])。一些学者证明了高管薪酬和企业业绩的正相关关系(Lewellen & Huntsman,1970[7];Coughlan & Schmidt,1985[8];Jensen & Murphy,1990[9];Abowd,1990[10];Hall & Libman,1998[11];Conyon & He,2008[12];杜胜利等,2005[13];唐清泉等,2008[14];李燕萍等,2008[15])。由此可见,大部分研究认为高管薪酬与公司绩效的联系越密切,薪酬机制的作用越显著。在发现高管薪酬与公司业绩的弱相关关系时,人们认为是薪酬机制的失效。本章认为,这种

---

[1]　Rappaport, A.. Executive Incentives vs. Corporate Growth[J]. *Harvard Business Review*, 1978(56).

[2]　Ciscel, David H., Thomas M. Carroll. The Determinants of Executive Salaries: An Econometric Survey[J]. *The Review of Economics and Statistics*, 1980(62).

[3]　Sherwin Rosen. Contracts and the Market for Executives[R]. Edited by Lars Werin and Hans Wijkander, 1992.

[4]　Tosi H. L., Werner S., Katz J. P., Gomez-Mejia L. R.. How Much Does Performance Matter? A Meta-Analysis of CEO Pay Studies[J]. *Journal of Management*, 2000(26).

[5]　魏刚.高级管理层激励与上市公司经营绩效[J].经济研究,2000(3).

[6]　谌新民,刘善敏.上市公司经营者报酬结构性差异的实证研究[J].经济研究,2003(8).

[7]　Lewellen, W., Huntsman B.. Managerial Pay and Corporate Performance[J]. *American Economic Review*, 1970(60).

[8]　Coughlan, A. T., R. M. Schmidt. Executive Compensation, Management Turnover and Firm Performance: An Empirical Investigation[J]. *Journal of Accounting and Economics*, 1985(7).

[9]　Jensen M., Murphy K. J.. Performance Pay and Top-Management Incentives[J]. *Journal of Political Economy*, 1990(98).

[10]　Abowd J.. Does Performance Based Managerial Compensation Affect Corporate Performance? [J]. *Industrial and Labor Relations Review*, 1990(43).

[11]　Hall Brian J., Liebman Jeffrey B.. Are CEOs Really Paid Like Bureaucrats? [J]. *Quarterly Journal of Economics*, 1998(113).

[12]　Conyon M. J., Lerong He. Executive Compensation and CEO Equity Incentives in China's Listed Firms[R]. Cornell University ILR School, Working Paper, 2008.

[13]　杜胜利,翟艳玲.总经理年度报酬决定因素的实证分析——以我国上市公司为例[J].管理世界,2005(8).

[14]　唐清泉,朱瑞华,甄丽明.我国高管人员报酬激励制度的有效性——基于沪深上市公司的实证研究[J].当代经济管理,2008(2).

[15]　李燕萍,孙红,张银.高管报酬激励、战略并购重组与公司绩效——来自中国A股上市公司的实证[J].管理世界,2008(12).

薪酬机制作用的弱化很可能是监督机制产生的替代效应。由于监督机制的作用,公司能够更有效地监督高管行为,因而不需要过分依赖高管薪酬机制。

11.1.2 监督机制

对监督机制的研究主要集中于研究监督机制对薪酬机制的促进作用,即监督机制对高管行为的间接作用。这些研究主要见于各种对高管薪酬与公司治理互动作用的研究中,它们检验了公司治理结构对高管薪酬以及高管薪酬与企业业绩相关性的作用,却较少关注监督机制对高管行为的直接作用。因此,研究监督机制的直接作用是十分必要的,这对国有企业来说尤为重要。这是因为,相对于民营企业来说,国企高管面临的监督力量更强。国有企业对高管行为的监督力量来源于企业内部和企业外部,外部监督机制包括产品市场、资本市场、国有资产监管部门、中央政府和地方政府等;内部监督机制包括股东、董事会和监事会等。

(1) 外部监督机制

国资委在国有企业监管中起着最为关键的作用,它代表国家履行出资人职责,解决了国有企业所有者缺位的问题。国资委对国有企业的监管包括很多方面,主要有国有企业负责人管理、重大事项管理和国有资产管理三个方面。其中,国资委对下属国有企业高管的薪酬管制是其监督机制的主要方面,薪酬管制对高管薪酬机制的作用主要是替代效应。一些研究表明,政府对国有企业高管薪酬的管制政策,使得国有企业高管薪酬低于民营企业高管薪酬,迫使国有企业高管不得不寻找其他补偿方式,例如在职消费(陈冬华等,2005[①])。

政府部门对国有企业的监督也起着一定作用,这种监督主要通过各级审计单位完成。政府(中央或地方)委派政府审计对国有企业进行审计核

---

① 陈冬华,陈信元,万华林.国有企业中的薪酬管制与在职消费[J].经济研究,2005(2).

查,政府审计出具的国有企业审计报告是考核评价国企高管工作业绩的主要依据。但是,中央政府部门与地方政府部门,对外部监督机制的影响是不同的。中央政府的监督能力明显高于地方政府的监督能力,而市场化程度较高地区的政府监督能力高于地方保护主义严重地区的政府监督能力。刘凤委等(2007)[1]发现,政府的监督力量越大,公司会计业绩的度量评价作用越小,这说明薪酬机制的作用越不显著,支持了国企监督机制对高管薪酬机制的替代效应。

目前,越来越多的国有企业成为上市公司,这些国有上市公司同样要接受证券市场的监督。证券市场对国有企业的监督主要通过严格的市场规则以及信息披露制度实现。证券市场严格审查国有上市公司的各方面状况,这本身就是一个对国有企业的筛选过程,能够成功上市的国有企业自然成为典范,而这些国企的高管也得到肯定。另外,日益完善的上市公司信息披露制度强制国有上市公司将经营状况全面真实地呈现在投资者面前,这无疑是种监督。辛清泉等(2009)[2]利用上市公司 2000～2005 年的数据进行检验,发现市场化进程增加了国有企业高管薪酬与公司业绩之间的敏感性,这说明市场的监督效率对高管薪酬机制起到了促进作用。

(2) 内部监督机制

股东对高管的监督主要通过董事会完成,当股东持股比例较高时,股东就会利用其股权优势来积极监督高管行为。一些研究发现,拥有大股东的公司支付给高管的薪酬水平明显低于没有外部大股东公司的高管薪酬(Hambrick & Finkelstein,1995[3]; Firth et al. , 1999[4])。另外,大股东还可以通过向董事会派出董事直接监督高管行为。

董事会对高管的监督主要通过董事会规模、董事长设置、独立董事和

① 刘凤委,孙铮,李增泉.政府干预、行业竞争与薪酬契约——来自国有上市公司的经验证据[J].管理世界,2007(9).

② 辛清泉,谭伟强.市场化改革、企业业绩与国有企业经理薪酬[J].经济研究,2009(11).

③ Hambrick, D. C., Finkelstein, S. The Effects of Ownership Structure on Conditions at the Top: The Case of CEO Pay Raises[J]. *Strategic Economic Journal*, 1995(16).

④ Firth, M., M. Tam, M. Tang. The Determinants of Top Management Pay[J]. *Omega*, 1999(27).

薪酬委员会实现。关于董事会规模,大部分研究发现董事会规模越小,监督效率越低(Yermack, 1996①; Core et al., 2000②)。关于董事长设置,研究认为如果总经理同时兼任董事长,那么他就具有决策实施者和决策监督者的双重身份,这势必减弱董事会的监督效率。布里克利等(Brickley et al.,1997)③和科尔等(Core et al.,2000)④的研究表明,CEO与董事长的兼任削减了董事会的监督效率,导致了更高的CEO薪酬。独立董事对高管行为的监督主要是事前监督,科尔等(Core et al.,2000)⑤发现董事会的监督效率依赖于独立董事。博伊德(Boyd,1994)⑥的实证研究结果表明,独立董事的比例与高管薪酬呈负相关关系,这证明独立董事的监督作用是一种替代效应。弗斯等(Firth et al.,1999)⑦研究发现两者之间具有显著的正相关关系,这证明独立董事的监督作用是一种促进效应。

监事会是公司的常设机关,顾名思义,其主要职能就是监督,监事会也就成为监督高管行为的主要部门之一。不同于独立董事的监督职能,监事会对高管行为的监督主要是事中监督和事后监督。目前关于监事会的监督效率与高管薪酬机制之间关系的研究还很少见。

11.2 理 论 模 型

夏皮罗和斯蒂格利茨(Shapiro & Stiglitz,1984)⑧将较高的工资解释

① Yermack D.. Higher Market Valuation of Companies with a Small Board of Directors[J]. *Journal of Financial Economics*, 1996(40).

②④⑤ Core, J., W. Guay, R. Verrecchia. Are Performance Measures Other Than Price Important to CEO Incentives? [R]. University of Pennsylvania, Working Paper, 2000.

③ Dunn P. The Impact of Insider Power on Fraudulent Financial Reporting[J]. *Journal of Management*, 2004(30).

⑥ Boyd, B.. Board Control and CEO Compensation[J]. *Strategic Management Journal*, 1994(15).

⑦ Firth, M., M. Tam, M. Tang. The Determinants of Top Management Pay[J]. *Omega*, 1999(27).

⑧ Shapiro, C., J. Stiglitz. Equilibrium Unemployment as a Worker Discipline Device[J]. *American Economic Review*, 1984(74).

成企业为防止工人偷懒而采取的激励办法。换句话说，当企业不可能完全监督工人行为时，工资成为工人偷懒被发现后被解雇的机会成本，工资越高，机会成本越高。因此，较高的工资可以通过提高机会成本而降低工人偷懒的倾向。同样，对高管来说，监督机制与薪酬机制一样，同样起着激励约束高管行为的作用。如果公司有足够的能力获得充分信息并监督高管行为的话，就没有必要支付较高的薪酬，只需通过监督避免高管偷懒；如果公司没有能力监督高管，或者监督成本过高的话，就只能通过支付高薪酬来激励高管努力。一些研究认为，国有企业高管薪酬相对于非国有企业高管薪酬来说偏低，正是这个原因使得一些国企高管寻求在职消费以期对自己进行补偿。其实，现有的国有企业高管薪酬是薪酬机制与监督机制权衡后的结果。国有企业高管受到国资委、各级政府以及证券市场的多重监管，因而没必要支付高薪酬。下面用理论模型证明上述观点。

为简单起见，假设高管是风险中性的，其效用函数为 $U(w, a) = w - C(a)$。其中，w 是高管薪酬，a 是高管行为，$C(a)$ 是高管成本，$C' > 0$，$C'' > 0$，且 $C(0) = 0$。假定 a 只有两个取值：$a = 0$ 表示偷懒，$a = 1$ 表示工作。假定企业除了发现高管是否偷懒外，没有别的信息可作为惩罚高管的依据。令 p 代表给定高管偷懒情况下企业发现高管偷懒的概率。如果高管选择工作，薪酬为 w，努力成本为 (1)，总效用为 $U(w, 1) = w - C(1)$。如果高管选择偷懒，发现后被解聘，得到保留薪酬 w_0，总效用为 $U(w_0, 0) = w_0$；如果偷懒不被发现，得到薪酬 w，总效用为 $U(w, 0) = w$。因此，高管选择偷懒的期望效用为 $pw_0 + (1-p)w$。当且仅当下列条件成立时，高管才将选择工作，而不是偷懒。

$$w - C(1) \geqslant pw_0 + (1-p)w \Rightarrow w \geqslant w_0 + \frac{C(1)}{p} \qquad (11-1)$$

如果企业可以完全监督高管，则高管薪酬等于 $w_0 + C(1)$，只要企业不可能对高管有完全的监督（即 $p < 1$），为了诱使高管努力工作，企业支付给高管的薪酬就必须大于保留薪酬。监督越困难（即 p 越小），企业需要支付的高管薪酬就越高。如果监督完全没有可能（即 $p = 0$），任何薪酬都

不可能诱使高管工作。我们将 $\Delta(p)$ 定义为高管薪酬中包含的"贿赂金"。则监督越困难,公司需要支付的贿赂金越高。

$$\Delta(p) = w + \frac{C(1)}{p} - (w + C(1)) = \frac{1-p}{p}C(1) \qquad (11-2)$$

概率 p 与监督力度有关,监督力度越大,高管偷懒被发现的概率就越大。监督力度取决于监督成本(即监督投入),包括监督高管行为付出的时间、金钱等。令 $M(p)$ 代表监督成本,且 $M'(p) > 0$,$M''(p) > 0$。则企业的代理成本包括两部分:贿赂金 $\Delta(p)$ 和监督成本 $M(p)$。提高 p 可以降低 $\Delta(p)$,但同时也会增加 $M(p)$。

企业选择 p 最小化代理成本:

$$AC(p) = \frac{1-p}{p}C(1) + M(p) \qquad (11-3)$$

一阶条件为:

$$-\frac{1}{p^2}C(1) + M'(p) = 0 \qquad (11-4)$$

上式中,$C(1)/p^2$ 为提高 p 的边际收益,$M'(p)$ 为提高 p 的边际成本。如图 11-1 所示,边际收益曲线向下倾斜,边际成本曲线向上倾斜。当 $p = p^*$ 时,边际收益等于边际成本,因此 p^* 是最优点。当高管工作 $C(1)$ 成本增加时,边际收益曲线向右移动,p^* 也随之变大。这说明,高管的工作成本越高,对于给定的概率 p,企业要支付更高的贿赂金。

可见,如果企业有能力对高管行为进行监督,则不需要支付较高的薪酬诱惑高管;如果企业没有能力监督高管或者监督成本过高,就需要支付一定的贿赂金,以诱使高管努力工作。高管薪酬机制与监督机制的选择是一个权衡过程,选择结果取决于监督成本,监督成本高的公司会更加依赖薪酬激励,而监督成本低的公司则会弱化薪酬激

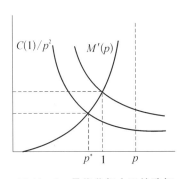

图 11-1 最优监督水平的选择

励,即监督机制对高管薪酬机制所起的作用是替代效应。

同时,监督机制还可能通过对高管薪酬契约制定和实施的有效控制,增加高管薪酬与公司绩效的相关性,对高管薪酬机制起到一定的促进效应。现有研究大多是围绕促进效应展开的,这里不再用理论模型进行说明。

11.3　研　究　设　计

由理论分析结果可知,监督机制对薪酬机制的作用方式有替代效应和促进效应两种,前者说明监督机制与薪酬机制应该是负相关关系,后者说明监督机制与薪酬机制应该是正相关关系,而两种效应的合力作用于高管行为,最终决定高管对公司绩效的贡献。因此,要想检验监督机制与薪酬机制之间的实际关系,只需判断这两种机制对高管行为结果的影响。具体研究步骤如下:

第一步:利用公司业绩对物力因素的回归残差衡量高管对公司业绩的贡献,即高管贡献;

第二步:利用主成分分析法,从内部监督和外部监督两个方面选择相关变量,构造监督指数 (M);

第三步:以高管贡献为因变量,监督指数、高管薪酬及两者的交叉项为自变量,做 OLS,检验监督机制对薪酬机制的替代效应和促进效应。

这里需要特别说明对高管贡献的衡量。过去的研究认为高管薪酬的支付依据是公司业绩,因为人们认为公司业绩越高,高管付出的努力越多,这样做的前提是公司业绩与高管薪酬的高度相关,不能简单地以公司业绩作为高管薪酬的支付依据。公司业绩由很多因素决定,包括公司规模、政府政策、行业特征、宏观经济、员工贡献与高管贡献等,高管只是其中的一个因素。无可厚非,高管工作努力,公司业绩会因此而有所提高。但由于其他因素同时作用于公司业绩,我们从表面无法判断公司业绩在多大程度上源于高管努力,多大程度上源于其他因素。事实上,对任何要素的定价都依据该要素的贡献率,高管也不例外,高管薪酬的支付依据应该是高管贡献,即高管到底在多大程度上影响了公司业绩。理论发展至此,人们发现高管贡献是难以衡量的,因为我们无法观察高管行为,高管能力也是私人信息,无从知晓。因此,很多研究就此止步。我们认为,虽然无法直接观测高管贡献,却可以间接衡量高管贡献。首先公司业绩和物力因素的贡献是可以衡量的,因此只要我们得到物力因素对公司业绩的解释力度,就能推导出高管贡献。

因此对高管贡献的衡量方法为:以公司业绩(经营绩效)为因变量,物力因素(公司规模、所属行业和政府政策)为自变量,治理因素(第一大股东持股比和资产负债比)为控制变量,做 OLS,得到物力因素对公司业绩的贡献。并根据回归结果,计算经营绩效的估计值(称为预期经营绩效),将经营绩效真实值与预期值相减,得到残值,这个残值就是物力因素无法解释的经营绩效,实际上就是高管贡献。

根据研究需要,我们定义如下变量(见表 11-1)。

表 11-1 变量定义及说明

类 别	具体因素	衡 量 指 标
公司业绩	经营绩效(performance)	用总资产收益率(ROA)表示
人力因素	高管贡献(contribution)	用公司业绩回归残差表示
物力因素	公司规模(size)	用公司总资产的对数表示
	所属行业(industry)	采用中国证监会行业分类标准,其中制造业采用二级分类名称,其他行业采用一级分类名称,共 22 个行业,分别设置 21 个代表行业分类的虚拟变量来控制不同行业所带来的影响
	政府政策(policy)	该变量为虚拟变量,如果上市公司为竞争性国有企业,取值 0;若为垄断性国有企业,取值 1;若为公益性国有企业,取值 -1
控制变量	第一大股东持股比(top1)	用第一大股东持股比例表示
	资本结构(lev)	用上市公司的资产负债比表示

类　别	具 体 因 素	衡　量　指　标
自变量	高管薪酬(wage)	用总经理(或总裁、CEO)从公司领取的现金薪酬总额表示
	监督指数(M)	利用主成分分析法计算获得
监督指数	政府监督力度(M_1)	该变量为虚拟变量,如果最终控制人为中央政府,取值为4;若为省级政府,取值为3;若为市级政府,取值为2;若为县级政府,取值为1;若不归政府监管,取值为0
	市场监督力度(M_2)	利用樊纲(2007)的各地区市场化指数表示
	大股东监督力度(M_3)	大股东委派董事比例(M_{31}):用股东委派的董事比例表示
		两权分离度(M_{32}):控制权与现金流权之间的差额
	董事会监督力度(M_4)	董事会规模(M_{41}):用董事总人数表示
		独立董事比例(M_{42}):用独立董事数占董事总数的比例表示
		独立董事工作地点(M_{43}):如果某个独立董事与上市公司工作地点相同,取值为1,否则取值为0,然后将同一公司独立董事工作地点取值求平均,将这个平均值作为变量
		薪酬委员会(M_{44}):如果公司设置薪酬委员会,取值为1,否则取值为0
	监事会监督力度(M_5)	监事会规模(M_{51}):用监事总人数表示
		职工监事比例(M_{52}):用职工监事数占监事总数的比例表示

11.4　经 验 检 验

　　以上海证券交易所和深圳证券交易所的国有上市公司 2009 年公开数据为样本,剔除高管不在上市公司领取薪酬的样本,最终样本量为728 家。

11.4.1 对高管贡献的衡量

基于研究设计,首先用影响公司业绩的物力因素和控制变量对公司业绩进行回归,结果见表 11 - 2。

表 11 - 2 物力因素回归结果

自 变 量	因变量:经营绩效(Performance)					
	估计系数	t 值	估计系数	t 值	估计系数	t 值
size	0.210***	4.756			0.178***	3.957
policy	0.007	0.123			0.011	0.185
top1			0.038	1.017	0.011	0.279
lev			−0.178***	−4.908	−0.157***	−4.336
常数项	−53.320***	−4.177	4.204	1.097	−44.195***	−3.450
行业因素	已控制		已控制		已控制	
样本量	709		709		709	
调整后的 R^2	0.129		0.133		0.153	

注:* 表示在 10% 的显著性水平下显著,** 表示在 5% 的显著性水平下显著,*** 表示在 1% 的显著性水平下显著。

由表 11 - 2 可知,在控制了行业变量后,公司规模与公司经营绩效显著正相关,说明公司规模越大,经营绩效越高;政府政策与公司经营绩效正相关,说明垄断性国有上市公司的经营绩效好于竞争性国有上市公司和公益性国有上市公司,但这种相关性并不显著;第一大股东持股比与公司经营绩效正相关,说明第一大股东持股比(即国有股比例)越高,经营绩效越好,但这种关系也不显著;资产负债比与公司经营绩效显著负相关,说明负债比例越高,经营绩效越差。

回归方程可写成:

$$Performance = -44.195 + 0.178 \times size - 0.157 \times lev \quad (11-5)$$

利用回归方程,计算公司业绩的估计值,然后将真实值与估计值相减,得到公司业绩的估计残差，由此得到高管贡献变量，即：

$$Contribution = Performance - \hat{Performance} \qquad (11-6)$$

11.4.2　构造监督指数

利用主成分分析法构造监督指数(M)，影响监督机制的因素包括政府监督力度、市场监督力度、董事会监督力度、大股东监督力度和监事会监督力度。将这些因素标准化后，利用统计软件得到方差分解主成分提取分析结果，见表 11-3。

表 11-3　方差分解主成分提取分析表

主 成 分	旋转后载荷平方和		
	特 征 值	方差百分比(%)	累计百分比(%)
1	1.529	15.294	15.294
2	1.390	13.903	29.197
3	1.199	11.994	41.190
4	1.161	11.612	52.803

由表 11-3 可知，共四个主成分因素的特征值大于 1，但是主成分的累计贡献率仅为 53%，小于 85%，这并不符合一般的经验要求。出现这种情况的主要原因是，对高管的监督力量来自多个主体，例如政府监管部门、市场、股东、董事会和监事会等，很难构造一个体现所有监督力量的指数，因此这里仍然使用这个结果，用四个主成分(F_1，F_2，F_3，F_4)代替原本的 10 个指标。进一步，我们得到初始因子载荷矩阵，见表 11-4。

表 11-4　初始因子载荷矩阵

因 子	主 成 分			
	1	2	3	4
Zscore(m1)	−0.16	0.698	−0.224	0.027
Zscore(m2)	−0.191	0.321	0.315	−0.562

因　子	主　成　分			
	1	2	3	4
Zscore(m31)	0.359	0.008	0.697	−0.08
Zscore(m32)	0.174	−0.654	−0.048	−0.262
Zscore(m41)	0.74	0.183	−0.349	−0.09
Zscore(m42)	−0.547	0.147	−0.026	0.45
Zscore(m43)	0.105	−0.365	−0.168	0.503
Zscore(m44)	0.24	0.256	0.281	0.213
Zscore(m51)	0.586	0.33	−0.239	0.118
Zscore(m52)	0.223	0.061	0.523	0.496

根据主成分的贡献率和主成分中各个因子的系数,监督指数可写成:

$$M = 0.077M_1 - 0.023M_2 + 0.214M_{31} - 0.169M_{32}$$
$$+ 0.124M_{41} - 0.009M_{42} + 0.011M_{43}$$
$$+ 0.215M_{44} + 0.180M_{51} + 0.276M_{52} \tag{11-7}$$

根据上式可计算出每家上市公司的监督指数。

11.4.3　监督机制与薪酬机制的关系检验

以高管贡献为因变量,监督指数和高管薪酬为自变量,做 OLS,检验监督机制对薪酬机制的替代效应和促进效应。回归结果见表 11-5。

表 11-5　替代效应与促进效应的回归结果

自　变　量	因变量:高管贡献(Contribution)					
	替　代　效　应			促　进　效　应		
	估计系数	t 值	标准误	估计系数	t 值	标准误
wage	0.167***	3.355	0.000	0.168***	3.294	0.000
M	0.025	0.507	1.221			

续　表

自变量	因变量：高管贡献(Contribution)					
	替　代　效　应			促　进　效　应		
	估计系数	t 值	标准误	估计系数	t 值	标准误
$wage \times M$				0.010	0.204	0.000
常数项	444.063***	502.975	0.883	444.051***	500.807	0.887
样本量	396			396		
调整后的 R^2	0.028			0.028		

注：* 表示在 10% 的显著性水平下显著，** 表示在 5% 的显著性水平下显著，*** 表示在 1% 的显著性水平下显著。

由表 11-5 可知，高管薪酬(wage)与高管贡献显著正相关，说明支付给高管的薪酬越高，其对公司绩效的贡献越大，这就是薪酬机制对高管行为的激励作用。同时也说明目前国有上市公司高管薪酬的支付与高管的实际贡献是基本一致的。监督指数(M)与高管贡献正相关，说明对高管的监督力度越大，其对公司绩效的贡献越大，这就是监督机制对高管行为的提升作用。

高管薪酬变量(wage)和监督指数变量(M)的系数均为正，说明二者之间是替代关系。也就是说，为了获得某一水平的高管贡献，高管薪酬机制与监督机制能够同时实现目标。若监督机制足够强大，则可以适当减少薪酬；若监督机制作用有限，则需要通过增加薪酬以提升高管贡献。虽然监督指数变量(M)的系数并不显著，但这也能够证明监督机制对薪酬机制的替代效应。监督指数的系数不显著说明国有企业的薪酬机制要比监督机制作用力强。

为了检验监督机制对薪酬机制是否存在促进效应，我们引入高管薪酬与监督指数的交叉项($wage \times M$)。这样做的原因是，如果监督机制能够促进薪酬机制发挥作用，那么这种作用的方式是通过增加高管薪酬与高管贡献之间的相关性来实现的。由回归结果可知，交叉项的系数为正，说明监督指数越大，高管薪酬与高管贡献的相关度越强。但是，这种关系也并不是很明显。这一结果表明，监督机制对高管薪酬机制存在促进效应，监督机制对高管薪酬机制的影响方式既包括直接的替代效应,也包括间接的促进效应。但是,这两种关系都不是很显著,说明目前促进高管努力工作的手段主要是薪酬机制,对高管的监督机制并不完善,也没有起到应有的作用。

11.5　本　章　小　结

解决高管代理问题的方式有薪酬机制和监督机制两种,前者随着高管持股计划、股票期权计划、高管养老金计划等一系列激励手段的发明而成为人们研究的焦点,后者却被看作是一种成本高、收益低的传统方式而被忽视。理论模型说明,促进高管努力工作,可以通过薪酬机制与监督机制实现。而监督机制对薪酬机制的作用可能存在两种效应:替代效应和促进效应。经验研究发现,中国国有上市公司监督机制对高管薪酬机制的作用既存在直接的替代效应,又存在间接的促进效应。这说明强化对高管的监督机制可能成为高薪酬的有效替代,也可以从间接角度促使薪酬机制的有效实施。目前上市公司对高管的监督机制并不完善,监督机制的替代效应和促进效应也没有充分发挥出来。因此,我们应该在一定程度上回归高管监督机制,重新认识并重视对高管行为的监督,而不是一味依赖增加高管薪酬。全球范围的金融危机告诉我们,高管永远都是贪婪的,那些试图通过提高高管薪酬,增加"薪酬—业绩相关度"的措施可能在一段时间是有效的,但决不能代替监督机制的作用。有时,这些薪酬机制可能反而诱使高管做出有损公司利益的选择。

第 12 章　内部提升、外部选拔与高管薪酬差距

高管是企业权力的中心,是制订计划、实施战略和产生绩效的核心人物。因此,高管选择的成败直接关系到企业生命的延续,也是企业相当重视的一个议题。通常,选择高管的途径有内部提升(Internal Promotion)和外部选拔(External Recruitment)两种。内部提升,即将曾经或者正在被企业雇佣的人提升为总经理(或 CEO);外部选拔,即将没有被企业雇佣过的人选拔为总经理(或 CEO)。同时,按照高管选拔途径的不同将继任高管分为内部继任者(insider)和外部继任者(outsider)。

随着规模扩大和发展要求,国内外企业都充分意识到高管继任模式选择的重要,选择了不同的高管选拔方式。在国外,通用公司选择了内部提升,雷吉・琼斯(Reggie Jones)用七年时间从公司内部挑选了韦尔奇(Welch),韦尔奇(Welch)将通用事业推向了顶峰。沃尔玛也选择了内部提升,山姆・沃尔顿(Sam Walton)用四年时间培养大卫・格拉斯(David Glass),格拉斯(David Glass)不负众望,给沃尔玛带来了连续十二年增长和全球扩张,而格拉斯(David Glass)的继任者李・斯科特(Li Scott)也是在沃尔玛工作近二十年的老臣。卡马特公司选择了外部继任人弗洛伊德・霍尔(Freud Holzer),结果股价一落千丈,随后的外部继任者查尔斯・康纳威(Charles Conaway)上任两年后,公司倒闭了。在国内,联想、华为、海尔,这些知名企业的接班人问题也一度成为人们关注的话题。

从国内外继任人选择的案例中,不难发现,内部继任者和外部继任者各有优劣,内部继任者熟悉企业经营状况,与管理团队其他成员形成了长期合作关系,接管后较易上手,同时,内部提升也可以对其他高管形成激

励;但内部继任者也有致命弱点,他们往往对企业发展模式的选择有一种惯性,不能为企业带来更多的新鲜思路,这种模式有利于稳定企业发展,却不利于对企业发展产生巨大的推动。相反,外部继任者将新理念和新方法带进企业,他们上任后的第一件事往往是大刀阔斧改革,为企业的第二次发展提供了契机;但外部继任者对企业内部情况不甚了解,需要花费一定时间和成本融入管理团队。另外,外部选拔削弱了对企业内部其他管理者的激励作用。

实际上,对内部提升和外部选拔的选择既是企业最大化期望收益的过程,又是内部候选人和外部候选人共同参与的一场锦标赛。选择内部继任者还是外部继任者不仅取决于继任者的特征比较,还取决于企业为这场竞赛设置的奖金大小。国资委连续几年海内外公开招聘央企高管,却没有海外高管愿意进入央企。国资委认为,原因在于央企支付的高管薪酬远远低于海外企业高管薪酬,因此无法吸引海外人才。可见,高管薪酬在继任模式选择中扮演着重要角色。本章基于锦标赛理论,将高管薪酬作为竞赛奖金考虑进高管更换模式的选择,通过理论模型和实证检验分析高管能力和高管薪酬对高管继任模式选择的影响。

12.1　文　献　综　述

国内外学者对高管继任问题的研究可以分为高管更换原因,高管继任模式选择,以及高管继任效果三个方面。

12.1.1　高管更换原因

国外学者很早就注意到高管更换这一特殊问题,并从经营业绩、董事会特征和股权结构等方面考察导致高管更换的主要原因。高管更换的首要原因是较差的经营业绩,大量研究表明,经营业绩较差的公司更容易发生控制权转移,进而增加了高管更换的可能性(Couglilan & Sehmidt,

1985[①]；Warner et al.，1988[②]；Martin ＆ MCconnell，1991[③]；Kaplan，1994[④]；Parrino，1997[⑤]；Huson et al.，2004[⑥]）。董事会独立性是影响高管更换的另一个原因，戈亚尔和帕克（Goyal ＆ Park，2002）[⑦]发现，当董事长和 CEO 由一人担任时，CEO 更换的可能性明显降低。耶马克（Yermack，1996）[⑧]和穆拉维耶夫（Muravyev，2003）[⑨]发现董事会规模与高管更换概率呈显著负相关。另外，一些研究发现，持有大量股份的高管掌握了董事会的实际控制权，进而降低了高管更换的可能（Harrison et al.，1988[⑩]；Mikkelson ＆ Partch，1997[⑪]；Denis et al.，1997[⑫]；Tsai等，2006[⑬]）。国内学者也考察了高管更换原因，李新春（2001）认为，应该按照所有制性质考察企业高管更换原因，非国有企业高管更换的主要原因

① Coughlan, A. T., Schmidt, R. M.. Executive Compensation, Management Turnover and Firm Performance[J]. *Journal of Accounting and Economics*, 1985(7).

② Warner, J., R. Watts, K. Wruck. Stock Prices and Top Management Changes[J]. *Journal of Financial Economics*, 1988(20).

③ Martin, K. J., McConnell, J. J.. Corporate Performance, Corporate Takeovers, and Management Turnover[J]. *Journal of Finance*, 1991(46).

④ Kaplan, S.. Top Executive Rewards and Firm Performance：A Comparison of Japan and the US[J]. *Journal of Political Economy*, 1994(102).

⑤ Parrino, R.. CEO Turnover and Outside Succession：A Cross-Sectional Analysis[J], *Journal of Financial Economics*, 1997(46).

⑥ Huson, M. R., Malatesta, P. H., R. Parrino. Managerial Succession and Firm Performance [J]. *Journal of Financial Economics*, 2004(74).

⑦ Goyal Vidhan, K., Chul W. Park. Board Leadership Structure and CEO Turnover [J], *Journal of Corporate Finance*, 2002(8).

⑧ Yermack, D.. Higher Market Valuation of Companies with a Small Board of Directors[J]. *Journal of Financial Economics*, 1996(40).

⑨ Muravyev, A.. Turnover of Senior Managers in Russian Privatized Firms[J]. *Comparative Economic studies*, 2003(45).

⑩ Harrison, J. R., D. L. Torres, S. Kukalis. The Changing of the Guard：Turnover and Structural Change in the Top-management Positions[J]. *Administrative Science Quarterly*, 1988(33).

⑪ Mikkelson W., M. Partch. The Decline of Takeovers and Disciplinary Managerial Turnover [J]. *Journal of Financial Economics*, 1997(44).

⑫ Denis, D. J., D. K. Denis, A. Sarin. Ownership Structure and Top Executive Turnover[J]. *Journal of Financial Economics*, 1997(45).

⑬ Tsai, W. H., J. H. Hung, Y. C. Kuo, L. Kuo. CEO Tenure in Taiwanese Family and Nonfamily Firms：An Agency Theory Perspective[J]. *Family Business Review*, 2006(19).

在于行业竞争和企业生存发展的压力,而国有企业高管更换则更多地被主管部门的意识左右。龚玉池(2001)研究发现,高管非常规更换的可能性与资产收益率和营业收入显著负相关,但与股票超额收益率的相关性并不显著。马磊等(2008)利用中国上市公司1998~2006年的数据检验了高管更换与董事会特征、经营业绩之间的关系,最终发现高管更换的可能性随公司经营业绩的下降而提高。另外,由于管理者"堑壕"的存在,董事会难以更换业绩不佳的高管。

12.1.2 高管更换模式

高管更换的首要原因是较差的公司业绩,而更换模式的选择也在很大程度上取决于公司业绩。帕里诺(Parrino,1997)[1]认为那些业绩明显低于行业平均水平的公司更倾向于从外部选拔继任者。随后,哈森等(Huson et al.,1999),[2]库拉纳等(Khurana et al.,2000)[3]和阿格拉沃尔等(Agrawal et al.,2003)[4]也得到相似的结论。出现这种情况的原因是,外部继任者往往会进行一系列改革,市场将其当成一个利好信号。因此,对那些业绩较差的公司来说,选择外部继任者不失为一个挽回市场信心的机会。迄今为止,国内对继任模式的考察还很不足。辛立国等(2009)[5]发现,公司经营业绩在1998~2002年期间对高管继任模式选择产生显著影响,但这种影响在2003~2006年期间并不显著。另外,独立董事的比例基本不对继任模式产生影响。但是,他们的研究中没有考虑继任者特征、企业特征和行业特征等重要变量。

---

[1] Parrino, R. CEO Turnover and Outside Succession: A Cross-Sectional Analysis[J]. *Journal of Financial Economics*, 1997(46).

[2] Huson, M. R., Malatesta, P. H., R. Parrino. Managerial Succession and Firm Performance [J]. *Journal of Financial Economics*, 2004(74).

[3] Khurana, Rakesh, Nohria, Nitin. The Performance Consequences of CEO Turnover[R]. Harvard Business School, SSRN Working Paper, 2000.

[4] Agrawal, Anup, Charles R. Knoeber, Theofanis Tsoulouhas. Are Outsiders Handicapped in CEO Successions? [J]. *Journal of Corporate Finance*, 2006(12).

[5] 辛立国,马磊. 上市公司高管继任模式选择的实证研究[J].产业经济评论,2009(12).

12.1.3 高管更换效果

高管更换效果指高管继任后企业业绩的提升,这直接反映了高管更换的效率,也是企业最关心的问题。大部分研究认为高管更换带来了股价提升和业绩改进,也有研究指出这种人事变动对企业存在破坏性。国外研究成果大都认为高管更换会带来企业业绩的提升,尤其当继任者来源于外部时,这种业绩提升更加明显(Hambrick & Mason, 1984[①]; Deepak & James, 1994[②])。也有少数学者认为内部继任者会带来更好的企业业绩(Furtado & Rozeff, 1987[③]; Zajac, 1990[④])。在国内,朱红军(2004)[⑤]利用上市公司1996~1998 年的数据检验高管更换与公司业绩的关系,发现高管更换并未带来公司业绩的上升。张必武和石金涛(2006)[⑥]研究发现总经理更换提高了其他高管的离职概率,但降低了企业绩效对高管离职的影响。刘星和蒋荣(2006)[⑦]发现 CEO 的非常规更换并未带来上市公司业绩的显著提高。柯江林等(2007)[⑧]认为外部选拔继任者不仅没有带来公司业绩的提升,反而对业绩有负面影响,这个发现与其他研究结果截然相反。马磊和辛立国(2008)[⑨]发现上市公司的经营业绩并没有在更换经理后得到显著

---

① Hambrick, D. C. , Mason, P. . Upper Echelons: The Organization as a Reflection of Its Top Managers[J]. *Academy of Management Review*, 1984(9).

② Deepak K. Datta, James P. Guthrie. Executive Succession: Organizational Antecedents of CEO Characteristics[J]. *Strategic Management Journal*, 1994(15).

③ Furtado, E. P. H. , M. S. Rozeff. The Wealth Effects of Company Initiated Management Changes[J]. *Journal of Financial Economics*, 1987(18).

④ Zajac, E. J. , Westphal, J. D. . Who Shall Succeed? How CEO/Board Preferences and Power Affect the Choice of New CEOs[J]. *Academy of Management Journal*, 1996(39).

⑤ 朱红军.高级管理人员更换与经营业绩[J].经济科学,2004(4).

⑥ 张必武,石金涛.总经理更换与高管团队的稳定性研究——来自中国上市公司的经验证据[J].财经研究,2006(1).

⑦ 刘星,蒋荣.中国上市公司 CEO 继任特征与公司业绩变化关系的实证研究[J].管理科学,2006(6).

⑧ 柯江林,张必武,孙健敏.上市公司总经理更换、高管团队重组与企业绩效改进[J].南开管理评论,2007(3).

⑨ 马磊,辛立国.公司业绩、董事会特征与高管更换[J].产业经济评论,2008(4).

改善。姜跃龙(2008)[①]则发现,有政府背景的高管继任之后,公司价值显著高于无政府背景的高管继任后产生的公司价值,也显著高于一般未发生高管变更的公司价值。杜兴强等(2009)[②]以 2001～2006 年的 A 股上市公司为样本,检验了高管更换和继任模式两个因素对盈余管理的影响。结果表明,高管更换导致了显著的负向盈余管理行为,选择外部继任者的上市公司相对于选择内部继任者的上市公司而言更倾向于进行显著的负向盈余管理。

综上所述,从高管更换原因看,较差的经营业绩增加了高管更换的可能性。从高管更换模式看,经营业绩也是影响高管更换模式的主要因素,即业绩较差的公司更倾向于选拔外部继任者,以期提升企业业绩。从高管更换效果看,高管更换对企业业绩有显著影响,但现有研究并没有对影响方向达成一致。

国外有研究将薪酬与人员更换联系在一起,但这些文章的研究对象均为雇员,而没有涉及公司高管。至今为止,国内没有研究将薪酬与人员更换联系起来,也没有文章研究高管薪酬与高管更换之间的关系。事实上,高管薪酬直接关系到高管的努力程度,进而对企业业绩产生影响。因此,在研究高管更换效果时,不应该绕开高管薪酬而单纯检验高管更换与企业业绩之间的关系,这样做得到的结果只是一种计量关系,并不能说明问题的内在逻辑。在研究内部继任者和外部继任者对企业业绩影响时,尤其要充分考虑高管薪酬的影响。因为现实中,外部继任者的薪酬往往高于内部继任者的薪酬,这种薪酬差距将直接影响高管的努力程度。因此,我们要通过高管薪酬在高管更换和企业业绩之间建立起一座桥梁,深入研究高管更换模式的选择和效果,这便是本章要解决的问题。

12.2 理 论 模 型

最早用理论模型对代理人薪酬差异做出说明的是锦标赛理论(Lazear &

[①] 姜跃龙. 具有政府背景的高管继任影响公司价值吗? ——托宾 Q 值视角下的解读[J]. 中山大学研究生学刊,2008(1).

[②] 杜兴强,周泽. 高管变更、继任来源与盈余管理[J]. 当代经济科学,2010(1).

Rosen，1981①)。锦标赛理论认为,委托人无法直接观察到代理人的产出,却可以对代理人产出进行排序,然后按照代理人排名支付不同的报酬。他们证明代理人的努力水平取决于"获胜者"和"失败者"之间的报酬差距,且随着报酬差距的扩大而增加。这种代理人内部的激励机制就是锦标赛理论。后来,锦标赛理论被用来说明高管团队的激励问题。在高管团队中,总经理(或 CEO)产生的过程就是一个锦标赛,而奖金就是总经理与副总经理之间的薪酬差别,这种薪酬差距越大,参赛者越会努力工作以获得总经理的职位。鉴于此,一些实证文献将高管团队薪酬差距看作是锦标赛的奖金,然后检验薪酬差距与企业业绩之间的关系。国内外大量研究表明,高管团队内薪酬差距越大,企业业绩越高,锦标赛理论得到证实(Lambert et al.，1993②；Main et al.，1993③；林俊清等,2003④)。

但是,现有锦标赛理论研究忽略了一点,即争夺总经理职位的参赛者不仅包括来自企业内部的副总经理,还包括来自企业外部的参赛者。争夺总经理职位的锦标赛实际上是企业在内部经理人市场和外部经理人市场之前的一种选择,也就是高管更换模式的选择。这里存在两个问题:第一,事实表明,企业给予外部继任者和内部继任者的薪酬存在很大差别,这意味企业设定了两种不同的锦标赛奖金,这种奖金差别直接影响企业的选择。不过,现有锦标赛理论并没有考虑奖金的差别。第二,如果总经理来自外部经理人市场,即使团队内其他成员十分努力,也无法赢得竞赛,那么高管团队内薪酬差距是否还有激励作用呢? 不过,现有锦标赛理论并没有区分参赛者的来源,仅考虑内部参赛者的情况。即使有少量文章区分了内部提升和外部选拔(Chan，1996⑤),但这些研究的对象均为获胜奖金相同

① Lazear, E. P., S. Rosen. Rank-Order Tournaments as Optimum Labor Contracts[J]. *Journal of Political Economy*, 1981(89).
② Lambert, R. A., Larcker, D. F., Weigelt, K.. The Structure of Organizational Incentives [J]. *Administrative Science Quarterly*, 1993(38).
③ Main, B. G., O'Reilly, C. A., Wade, J.. Top Executive Pay: Tournament or Teamwork? [J]. *Journal of Labor Economics*, 1993(11).
④ 林俊清、黄祖辉、孙永祥. 高管团队内薪酬差距、公司绩效和治理结构[J]. 经济研究,2003(4).
⑤ Chan, W.. External Recruitment versus Internal Promotion[J], *Journal of Labor Economics*, 1996(14).

的员工,而没有考虑高管的问题。

另外,如前所述,现有关于高管更换的经验研究忽略了薪酬差距对高管更换的作用。薪酬差距对高管更换的影响是多方面的:第一,薪酬差距对继任者产生激励作用,决定继任者的努力程度,进而影响企业业绩的高低。第二,薪酬差距对高管团队内部其他成员产生激励作用,如果内部参赛者获胜,团队成员就更有动力为自己成为下一轮获胜者而努力工作,如果外部参赛者获胜,团队成员看不到努力目标,工作积极性大大减弱,甚至会考虑跳槽。第三,高管薪酬还是企业选择继任模式时必须考虑的成本之一。可见,过去对高管更换的研究缺乏对高管薪酬的考虑,是不完整的。

12. 2. 1　企业选择高管更换模式的成本收益分析

企业可能选择内部提升,即内部参赛者(insider)获胜;也可能选择外部选拔,则外部参赛者(outsider)获胜。选择不同继任模式会产生不同的成本,内部提升的成本相对简单,主要包括支付给内部获胜者的薪酬(W_{in})。外部选拔的成本较为复杂,不仅包括支付给外部获胜者的薪酬(W_{out}),还包括团队内部的激励损失(C_{incen})和外部继任者进入企业后的磨合成本(C_{coor})。

内部提升成本为:

$$C_{in} = W_{in}$$

外部选拔成本为:

$$C_{out} = W_{out} + C_{incen} + C_{coor}$$

假设内部参赛者和外部参赛者的保留薪酬均为 W_0,当内部参赛者获胜时,获得奖金 ΔW_{in},当外部参赛者获胜时,获得奖金 ΔW_{out},则 $W_{in} = W_0 + \Delta W_{in}$,$W_{out} = W_0 + \Delta W_{out}$。因此,内部提升与外部选拔的成本可以进一步写成:

内部提升成本为:

$$C_{in} = W_0 + \Delta W_{in} \tag{12-1}$$

外部选拔成本为：

$$C_{out} = W_0 + \Delta W_{out} + C_{incen} + C_{coor} \qquad (12-2)$$

需要说明一点，有些研究认为外部继任者进入企业存在很多障碍（handicap），这些障碍大多来自内部人，进而说明要想充分利用外部经理人市场，首先要解决外部参赛者的进入障碍（Agrawal et al. , 2003[①]）。本研究并不支持这种观点，实际上，所谓的"进入障碍"就是激励损失和磨合成本，它们都是外部继任的成本，而这些成本是由企业承担的，是企业继任模式选择成本收益分析中必须考虑的。相对于外部参赛者来说，内部参赛者进入企业的时间较长，企业已经为他们付出了培训成本和磨合成本。因此，外部继任者的磨合成本是合理的，内部继任者也存在磨合成本，只不过这种成本已经进行了多年摊销。

选择不同继任模式产生的收益均为企业业绩。假设参赛者的努力为 μ，企业业绩为 R，不考虑其他影响企业业绩的因素，则 $R = \mu + \varepsilon$，其中，ε 为随机变量，服从均值为 0，方差为 σ^2 的正态分布。因此，内部提升与外部选拔的收益如下：

内部提升收益为：

$$R_{in} = \mu_{in} + \varepsilon \qquad (12-3)$$

外部选拔收益为：

$$R_{out} = \mu_{out} + \varepsilon \qquad (12-4)$$

进而得到内部提升与外部选拔的净收益。

内部提升净收益为：

$$NR_{in} = R_{in} - C_{in} = (\mu_{in} + \varepsilon) - (W_0 + \Delta W_{in}) \qquad (12-5)$$

外部选拔净收益为：

$$NR_{out} = R_{out} - C_{out} = (\mu_{out} + \varepsilon) - (W_0 + \Delta W_{out} + C_{incen} + C_{coor})$$
$$(12-6)$$

① Agrawal, Anup, Charles R. Knoeber, Theofanis Tsoulouhas. Are Outsiders Handicapped in CEO Successions? [J]. *Journal of Corporate Finance*, 2006(12).

假设内部参赛者获胜的概率为 P，外部参赛者获胜的概率为 $(1-P)$，则企业的期望净收益为：

$$
\begin{aligned}
E(NR) &= P \times NR_{in} + (1-P) \times NR_{out} \\
&= P \times [(\mu_{in} + \varepsilon) - (W_0 + \Delta W_{in})] + (1-P) \\
&\quad \times [(\mu_{out} + \varepsilon) - (W_0 + \Delta W_{out} + C_{incen} + C_{coor})] \\
&= P(\mu_{in} - \Delta W_{in}) + (1-P)(\mu_{out} - \Delta W_{out}) \\
&\quad - W_0 - (1-P)(C_{incen} + C_{coor}) + \varepsilon \qquad (12-7)
\end{aligned}
$$

12.2.2 参赛者的最优选择

参赛者的收益是薪酬（包括保留薪酬和竞赛奖金），成本是付出的努力，目标是最大化自己的净收入。假设内部参赛者与外部参赛者的努力成本分别为 E_{in} 和 E_{out}，其中，E_{in} 和 E_{out} 分别是参赛者努力 μ_{in} 和 μ_{out} 的严格增函数，即 $E'_{in} > 0$，$E'_{out} > 0$，$E''_{in} > 0$，$E''_{out} > 0$。

若内部参赛者获胜，其净收益为：

$$
U_{in} = W_{in} - E_{in} = W_0 + \Delta W_{in} - E_{in} \qquad (12-8)
$$

若外部参赛者获胜，其净收益为：

$$
U_{out} = W_{out} - E_{out} = W_0 + \Delta W_{out} - E_{out} \qquad (12-9)
$$

因为内部参赛者获胜的概率为 P，外部参赛者获胜的概率为 $(1-P)$，则：

内部参赛者的期望净收益为：

$$
\begin{aligned}
E(U_{in}) &= P \times (W_0 + \Delta W_{in} - E_{in}) + (1-P) \times (W_0 - E_{in}) \\
&= W_0 + P\Delta W_{in} - E_{in} \qquad (12-10)
\end{aligned}
$$

外部参赛者的期望净收益为：

$$
\begin{aligned}
E(U_{out}) &= (1-P) \times (W_0 + \Delta W_{out} - E_{out}) + P \times (W_0 - E_{out}) \\
&= W_0 + (1-P)\Delta W_{out} - E_{out} \qquad (12-11)
\end{aligned}
$$

内部参赛者的最优化问题是：

$$\mathrm{Max}E(U_{in}) = W_0 + P\Delta W_{in} - E_{in} \qquad (12-12)$$

该最优问题的一阶条件为：

$$\frac{\partial E(U_{in})}{\partial \mu_{in}} = \Delta W_{in}\frac{\partial P}{\partial \mu_{in}} - \frac{\partial E_{in}}{\partial \mu_{in}} = 0 \Rightarrow \Delta W_{in}\frac{\partial P}{\partial \mu_{in}} = E'_{in}$$

$$(12-13)$$

同理，外部参赛者的最优化问题是：

$$\mathrm{Max}E(U_{out}) = W_0 + (1-P)\Delta W_{out} - E_{out} \qquad (12-14)$$

该最优问题的一阶条件为：

$$\frac{\partial E(U_{out})}{\partial \mu_{out}} = -\Delta W_{out}\frac{\partial P}{\partial \mu_{out}} - \frac{\partial E_{out}}{\partial \mu_{out}} = 0 \Rightarrow \Delta W_{out}\frac{\partial P}{\partial \mu_{out}} = -E'_{out}$$

$$(12-15)$$

12.2.3　企业的最优选择

企业的最优化问题是：

$$\begin{aligned}\mathrm{Max}E(NR) = {}& P(\mu_{in} - \Delta W_{in}) + (1-P)(\mu_{out} - \Delta W_{out})\\ & - W_0 - (1-P)(C_{incen} + C_{coor}) + \varepsilon \qquad (12-16)\end{aligned}$$

该最优问题的一阶条件为：

$$\begin{aligned}\frac{\partial E(NR)}{\partial \mu_{in}} = {}& P + \mu_{in}\frac{\partial P}{\partial \mu_{in}} - \mu_{out}\frac{\partial P}{\partial \mu_{in}} - \Delta W_{in}\frac{\partial P}{\partial \mu_{in}}\\ & + \Delta W_{out}\frac{\partial P}{\partial \mu_{in}} + (C_{incen} + C_{coor})\frac{\partial P}{\partial \mu_{in}}\\ = {}& P + \frac{\partial P}{\partial \mu_{in}}[\mu_{in} - \mu_{out} - \Delta W_{in} + \Delta W_{out} + (C_{incen} + C_{coor})] = 0\end{aligned}$$

$$\Rightarrow P = \frac{\partial P}{\partial \mu_{in}}[\mu_{out} - \mu_{in} + \Delta W_{in} - \Delta W_{out} - (C_{incen} + C_{coor})] \qquad (12-17)$$

由内部参赛者的一阶条件 $\Delta W_{in} \dfrac{\partial P}{\partial \mu_{in}} = E'_{in}$，得 $\dfrac{\partial P}{\partial \mu_{in}} = \dfrac{E'_{in}}{\Delta W_{in}}$。

因此，$P = \dfrac{E'_{in}}{\Delta W_{in}}[\mu_{out} - \mu_{in} + \Delta W_{in} - \Delta W_{out} - (C_{incen} + C_{coor})]$

$$(12-18)$$

由此可知，$\dfrac{\partial P}{\partial \Delta W_{in}} = -\dfrac{E'_{in}[\mu_{out} - \mu_{in} - \Delta W_{out} - (C_{incen} + C_{coor})]}{(\Delta W_{in})^2}$

$$(12-19)$$

因为 $E'_{in} > 0$，$(\Delta W_{in})^2 > 0$，所以 $\dfrac{\partial P}{\partial \Delta W_{in}} < 0$。这说明，企业为内部参赛者设定的获胜奖金越高，内部参赛者获胜的概率越小。

又因为 $P = \dfrac{\partial P}{\partial \mu_{in}}[\mu_{out} - \mu_{in} + \Delta W_{in} - \Delta W_{out} - (C_{incen} + C_{coor})]$，解此微分方程：

$$\partial \mu_{in} = \frac{1}{P}[\mu_{out} - \mu_{in} + \Delta W_{in} - \Delta W_{out} - (C_{incen} + C_{coor})] \times \partial P$$

$$\Rightarrow \int d\mu_{in} = \int \frac{1}{P}[\mu_{out} - \mu_{in} + \Delta W_{in} - \Delta W_{out} - (C_{incen} + C_{coor})] \times dP$$

$$\Rightarrow \mu_{in} = [\mu_{out} - \mu_{in} + \Delta W_{in} - \Delta W_{out} - (C_{incen} + C_{coor})] \times \ln P$$

$$\Rightarrow P = e^{\frac{\mu_{in}}{\mu_{out} - \mu_{in} + \Delta W_{in} - \Delta W_{out} - (C_{incen} + C_{coor})}} \qquad (12-20)$$

进一步考察各个因素对内部参赛者获胜概率的影响，得到如下理论结论：

理论结论 1：$\partial P / \mu_{in} > 0$，$\partial P / \mu_{out} < 0$，说明内部参赛者越努力，外部参赛者越不努力，企业选择内部参赛者继任的概率越大。

理论结论 2：$\partial P / \partial \Delta W_{in} < 0$，$\partial P / \partial \Delta W_{out} > 0$，说明企业对内部参赛者设定的获胜奖金越低，对外部参赛者设定的获胜奖金越高，选择内部参赛者继任的概率越大。

理论结论 3：$\partial P / \partial C_{incen} > 0$，$\partial P / \partial C_{coor} > 0$，说明由于选择外部参赛者继任而造成的内部激励损失越大，外部参赛者获胜后融入企业，与高管团队其他人员的磨合成本越高,选择内部参赛者继任的概率越大。

从高管更换成本和收益的角度看,参赛者的努力属于高管更换收益范围,而参赛者奖金、激励损失和磨合成本则属于高管更换成本范围。

12.3　研究设计

为了验证结论的正确性,检验现实资本市场中上市公司高管更换模式的选择规律。利用 Logit 模型检验决定高管更换模式选择的因素,以及不同高管更换模式对公司绩效的影响。

由理论结论 1 得知,内部参赛者努力与外部参赛者努力显著影响企业对高管更换模式的选择。而参赛者的行为结果主要取决于参赛者的学历和工作经验。因此,参赛者努力由学历和工作经验决定。于是,我们得到实证假设 12-1。

假设 12-1:相对于外部参赛者来说,内部参赛者的学历越高,工作经验越多,企业内部提升的可能性越大,外部选拔的可能性越小。

由理论结论 2 得知,参赛者奖金的高低也是影响企业高管继任模式选择的重要因素。于是,我们得到实证假设 12-2。

假设 12-2:相对于外部参赛者来说,内部参赛者的获胜奖金越高,企业内部提升的可能性越小,外部选拔的可能性越大。

由理论结论 3 得知,选择外部参赛者继任而造成的内部激励损失越大,外部参赛者获胜后融入企业,与高管团队其他人员的磨合成本越高,选择内部参赛者继任的概率越大。由于无法避免的量化难度,选择外部参赛者继任后造成的内部激励损失可能只能是一种理论说法,暂时无法通过计量方法证实。但是,外部参赛者获胜后与高管团队的磨合成本是可以衡量的。这里,用高管团队规模和前任高管在职年限来衡量外部获胜者与高管团队磨合成本,得到实证假设 12-3a 和实证假设 12-3b。

假设 12-3a:高管团队规模越大,企业内部提升的可能性越大。

假设 12-3b:前任高管的任职年限越长,企业内部提升的可能性越大。

除此之外,高管变更模式还可能受到其他因素影响。例如,当经营绩效很差时,上市公司可能更倾向于通过"空降兵"为市场传递一种良好信号,以期为股价和业绩带来转机,而一些经营稳定的上市公司则可能选择"就地取材"以稳定业绩。于是得到实证假设 12 - 4。

假设 12 - 4:上一期的企业业绩越差,企业外部选拔的可能性越大。

假设 12 - 1 的目的是检验高管更换收益对更换模式选择的影响,假设 12 - 2 和假设 12 - 3 的目的则是检验高管更换成本对更换模式选择的影响。

表 12 - 1　变量定义与说明

类　　别	变量名称	变　量　定　义
因变量	高管变更模式 (turnover)	若公司选择内部提升,取值为 1,否则取值为 0
自变量	参赛者能力差距 (ability gap)	用参赛者的学历表示能力,当参赛者的学历为本科及以下时,取值为 1;硕士及以上时,取值为 2。用内部参赛者能力与外部参赛者能力的差值表示参赛者能力差距
	参赛者工作 经验差距 (expertise gap)	用参赛者的年龄表示工作经验,用内部参赛者工作经验与外部参赛者工作经验的差值表示参赛者工作经验差距
	参赛者奖金差距 (prize gap)	若高管更换模式为内部提升,则内部参赛者的奖金为高管更换后的高管团队薪酬差距;外部参赛者的奖金为高管更换之前本行业其他公司的总经理平均薪酬与高管更换之前本公司其他高管的薪酬差距。若高管更换模式为外部选拔,则内部参赛者的奖金为高管更换之前的高管团队薪酬差距;外部参赛者的奖金为高管更换后的高管团队薪酬差距。用内部参赛者奖金与外部参赛者奖金的差值表示参赛者奖金差距
	高管团队规模 (Msize)	用高管团队(包括总经理或 CEO、副总经理、总会计师等)的总人数表示
	前任高管任职 年限(year)	用离任高管担任总经理(或 CEO)职位的年数表示
	前期绩效 (pre-perform)	用上市公司更换高管前一期的净资产收益率(ROE)、总资产收益率(ROA)和托宾 Q 值表示

续　表

类　别	变量名称	变　量　定　义
控制 变量	公司规模（Fsize）	用公司总资产的自然对数表示
	公司所有制（soe）	若公司为国有性质，取值为 1，否则取值为 0
	第一大股东持股 比例（top1）	用第一大股东持股数占全部股本的比例表示

注：高管团队薪酬差距的衡量方法是：首先求高管团队内所有非 CEO 高管的薪酬平均值，然后用 CEO 薪酬减去非 CEO 高管的平均薪酬，用这个差额代表高管团队薪酬差距。

这里需要特别说明内部参赛者和外部参赛者的界定问题，由于高管更换问题的一次性，无法获知真正的参赛者有哪些，而只能看到高管变更模式选择的结果，也就是说，只能看到最终获胜者，而无从知晓其他参赛者。因此，在计量的过程中只能选择代理变量。具体地，若上市公司最终选择内部提升，则内部参赛者为新任高管，这时，挑选与上市公司规模相当的同行业上市公司作为比照对象，并将比照公司的高管作为外部参赛者。若上市公司最终选择外部选拔，则外部参赛者为新任高管，这时，我们将上市公司的前任高管作为内部参赛者。

以 2007 年更换高管的 354 家 A 股上市公司作为样本，为了保证研究的准确性，对样本做如下筛选：（1）剔除继任总经理并未正式任命，而只是代理总经理的样本（21 家）；（2）剔除控股股东委派总经理的样本（10 家）；（3）在同一年内多次更换高管，只考虑最后一次更换（13 家），最终样本量为 310 家。

在这 310 家变更高管的上市公司中，有 101 家上市公司因为前任高管工作调动而更换高管，占 32.58%；五家上市公司因为前任高管退休而更换高管，占 1.61%；53 家上市公司因为前任高管任期届满而更换高管，占 17.10%；五家上市公司因为控股权变动而更换高管，占 1.61%；57 家上市公司因为前任高管辞职而更换高管，占 18.39%；六家上市公司因为前任高管被解聘而更换高管，占 1.94%；五家上市公司因为前任高管的健康原因而更换高管，占 1.61%；11 家上市公司因为前任高管的个人问题而更换高管，占 3.55%；五家上市公司为了完善法人治理结构而更换高管，占

1.61%；一家上市公司因为前任高管涉案而更换高管,占 0.32%；六家上市公司因为结束代理而更换高管,占 1.94%；另外 54 家上市公司更换高管的原因不明。

所有样本中,选择内部提升的上市公司有 190 家,占所有样本的61.29%；选择外部选拔的上市公司有 120 家,占所有样本的 38.71%。可见,大部分上市公司在更换高管时选择了成本较低的内部提升。

12.4 经验检验

12.4.1 描述性统计

为了解样本的大概分布,我们对样本进行了初步统计,结果见表 12 - 2。

表 12 - 2 描述性统计结果

变 量 名 称	最小值	最大值	均 值	标准差
Panel A：内部提升样本				
参赛者能力差距(ability gap)	−4.00	2.00	0.026	1.124
参赛者工作经验差距(expertise gap)	−18.00	22.00	−0.844	8.763
参赛者奖金差距(prize gap)	−58.87	56.10	−10.217	12.806
高管团队规模(Msize)	2	13	5.91	2.129
前任高管任职年限(year)	0.16	11.90	4.219	2.531
前期绩效(pre-perform)	−3.60	0.34	−0.033	0.454
Panel B：外部提升样本				
参赛者能力差距(ability gap)	−2.00	2.00	−0.127	1.017
参赛者工作经验差距(expertise gap)	−14.00	23.00	3.025	7.331
参赛者奖金差距(prize gap)	−254.00	28.25	−1.681	32.882
高管团队规模(Msize)	2	11	5.77	1.915
前任高管任职年限(year)	0.20	10.30	3.503	2.496
前期绩效(pre-perform)	−1.64	0.47	−0.018	0.085

续　表

变　量　名　称	最小值	最大值	均　值	标准差
Panel C：全部样本				
参赛者能力差距(ability gap)	−4.00	3.00	−0.008	1.127
参赛者工作经验差距(expertise gap)	−24.00	26.00	0.498	8.715
参赛者奖金差距(prize gap)	−457.14	1 765.86	−8.083	115.87
高管团队规模(Msize)	2	17	5.76	2.303
前任高管任职年限(year)	0.16	15	3.745	2.648
前期绩效(pre-perform)	−3.60	0.69	−0.017	0.354

由表 12 - 2 可知，对于选择内部提升的上市公司来说，外部参赛者的能力略高于内部参赛者的能力，但参赛者的能力差距很小；内部参赛者的工作经验低于外部参赛者的工作经验，这与预测的恰好相反(这可能因为使用高管年龄代表工作经验还是存在很大误差，尤其在分析高管更换问题上，有时企业出于某种考虑可能会选择一些年轻有为的参赛者)；内部参赛者的获胜奖金明显低于外部参赛者的获胜奖金，这与理论结论 2 是完全吻合的。对于选择外部选拔的上市公司来说，内部参赛者的能力低于外部参赛者的能力；内部参赛者的工作经验高于外部参赛者的工作经验；内部参赛者的获胜奖金仍然低于外部参赛者的获胜奖金，不过，这种奖金差距明显缩小了。另外，选择内部提升的上市公司与选择外部选拔的上市公司在高管团队规模上并没有明显区别。而当前任高管的任职年限高于 4 年时，上市公司选择内部提升的可能性更大；当前期绩效较低时，上市公司选择内部提升的几率也会增加。

由描述性统计结果可知，除参赛者工作经验变量与前期绩效变量的初步统计结果与假设检验相悖以外，其余变量的关系均符合实证假设，这为下面的经验检验提供了支持。

12.4.2　回归分析

实证检验主要分为两个部分，首先，利用 Logit 模型检验决定上市公司高管更换模式选择的因素;然后,进一步比较不同高管变更模式对公司绩效的影响是否有区别。

(1) 高管更换模式选择的经验检验

为了检验影响上市公司选择高管变更模式的因素,建立实证模型:

$$
\begin{aligned}
Logit(turnover) = {} & \alpha_0 + \alpha_1 \times ability\ gap + \alpha_2 expertise\ gap \\
& + \alpha_3 \times prize\ gap + \alpha_4 \times Msize + \alpha_5 \times year + \alpha_6 \\
& \times pre\text{-}perform + \alpha_7 \times Fsize + \alpha_8 \times soe + \alpha_9 \times top1 + \varepsilon
\end{aligned}
$$

$$(12-21)$$

首先,对模型进行拟合,结果见表12-3。

表 12-3 模型预测结果

		模　型　预　测		
		外 部 选 拔	内 部 提 升	预测准确率(%)
不含任何自变量	外部选拔	0	37	0
	内部提升	0	68	100
	总的预测准确率	—	—	64.8
包含自变量	外部选拔	23	14	62.2
	内部提升	12	56	82.4
	总的预测准确率	—	—	75.2

由表12-3可知,当模型不含任何自变量,只有常数项时,所有对象皆被预测为内部提升,总的预测准确率为64.8%。当模型包含自变量时,总预测准确率增至75.2%,说明自变量对改善模型预测效果有明显作用。接下来对高管更换模式的影响因素做多元回归,结果见表12-4。

表 12-4 上市公司选择高管更换模式影响因素的多元回归结果

变 量 名 称	因变量:高管变更模式(turnover)			
	估计系数	Wald 统计量	显著性水平	OR 值
constant	1.853	0.099	0.753	6.381
ability gap	0.166	0.190	0.663	1.181

变量名称	因变量：高管变更模式（turnover）			
	估计系数	Wald 统计量	显著性水平	OR 值
expertise gap	−0.091***	6.294	0.012	0.913
prize gap	−0.081***	15.419	0.000	0.922
Msize	0.028	0.046	0.830	1.028
year	0.328***	8.123	0.004	1.388
pre-perform	−1.411	0.683	0.408	0.244
Fsize	−0.098	0.117	0.733	0.907
soe	−0.470	0.812	0.367	0.625
top1	−0.022	1.163	0.281	0.979

注：***、** 和 * 分别表示在 0.01、0.05 和 0.10 的水平下显著。

由表 12 - 4 可知，对高管更换模式产生影响的主要因素有参赛者工作经验差距（expertise gap）、参赛者奖金差距（prize gap）和前任高管任职年限（year）。具体地，参赛者能力差距变量（ability gap）的估计系数为正，说明内部参赛者能力越高，内部提升可能性越大。但由于高管能力的差距不大，这种关系并没有通过显著性检验，假设 12 - 1 得到部分证实。参赛者工作经验差距变量（expertise gap）的估计系数显著为负，说明内部参赛者能力越低，外部参赛者能力越高，上市公司选择内部提升的可能性越大。这个结论与假设 12 - 1 正好相反，如前所述，原因可能是代理变量存在问题。那么，单纯考虑变量本身，内部参赛者年龄越大，外部参赛者年龄越小，上市公司选择外部选拔的可能性越大，这说明内部获胜者的平均年龄大于外部获胜者的平均年龄。参赛者奖金差距变量（prize gap）的估计系数显著为负，说明内部参赛者的奖金越高，外部参赛者的奖金越低，上市公司选择外部选拔的可能性越大，假设 12 - 2 得到支持。高管团队规模变量（Msize）的估计系数为正，说明高管团队规模越大，继任高管融入团队要付出的磨合成本越高，上市公司选择内部提升的可能性越大。但是，这种关系并不显著，假设 12 - 3a 得到部分支持。前任高管任职年限变量（year）的估计系数显著为正，说明前任高管在任年限越长，其在公司内部的关系网越稳定,上市公司选择内部提升的可能性越大,假设 12－3b 得到支持。前期绩效变量(pre-perform)的估计系数为负,说明上市公司前期业绩越差,选择内部提升的可能性越大,与假设 12－4 相悖。但是,这种关系并不显著。

我们还发现,上市公司规模越大,选择外部选拔的可能性越大;非国有上市公司选择内部提升的概率高于国有上市公司;上市公司第一大股东持股比例越高,选择外部选拔的概率越大。不过,这三个变量均不显著。

Logist 回归结果中,反映更换收益的变量(如参赛者能力差距和经验差距)回归效果并不好。其中,参赛者能力差距变量(ability gap)的估计系数不显著,而参赛者工作经验差距变量(expertise gap)的估计系数为负,这说明高管更换效果对更换模式选择的影响很小,或者说是不确定的。而反映更换成本的变量(如参赛者奖金差距和磨合成本)回归效果十分显著,其中,参赛者奖金差距变量(prize gap)的估计系数显著为负,前任高管任职年限变量(year)的估计系数显著为正,这说明高管更换成本对更换模式选择的影响很大。中国上市公司更换高管更多地考虑高管更换成本的大小,而不是更换后的效果。之所以出现这种情况,与选择不同更换模式上市公司的更换效果有关,本章将进一步讨论不同更换模式的效果有何差别。

（2）高管更换效果的实证检验

为了进一步检验不同高管变更模式对公司绩效提升的影响,我们对不同高管更换模式的上市公司绩效作了组间方差分析。由于高管更换后需要一定时间调整战略和整合重组,所以,公司绩效对高管更换的反映可能不会如此迅速。因此,我们分别比较了上市公司更换高管前一年,更换后第一年、第二年和第三年的公司绩效,描述性统计结果见表 12－5。

表 12－5　上市公司更换高管后三年内的公司绩效

	内 部 提 升			外 部 选 拔			全 部 样 本		
	ROE	ROA	TQ	ROE	ROA	TQ	ROE	ROA	TQ
更换前一年 (2006)	－0.02	－0.01	1.27	－0.02	－17.96	15.69	－0.02	－7.00	6.78

续 表

	内 部 提 升			外 部 选 拔			全 部 样 本		
	ROE	ROA	TQ	ROE	ROA	TQ	ROE	ROA	TQ
更换后第一年(2007)	0.17	0.03	2.28	0.14	0.06	9.64	0.16	0.04	5.03
更换后第二年(2008)	0.02	−0.09	1.42	0.02	0.04	104.04	0.02	−0.04	39.83
更换后第三年(2009)	0.02	0.02	2.90	0.08	0.03	129.23	0.04	0.65	50.62

由表 12-5 可知,高管更换前,样本公司的公司绩效普遍偏低,说明业绩越差的上市公司越易变换高管。在高管更换后第一年,选择内部提升和选择外部选拔的上市公司绩效均由负转正。但在高管更换后第二年,前一年的增长趋势并没有继续,选择内部提升和选择外部选拔的上市公司绩效均有所回落,但仍为正值。在高管更换后第三年,上市公司绩效又有显著提高,但提升幅度不及高管更换后的第一年。为了进一步确定这种差异是否明显,我们对上市公司更换高管后第一年、第二年和第三年上市公司的净资产收益率作了组间方差分析,结果见表 12-6。

表 12-6 不同高管更换模式上市公司绩效的组间方差分析

年 份	变异来源	均方差	F 统计量	P 值
高管更换后第一年(2007)	turnover	0.062	0.045	0.833
高管更换后第二年(2008)	turnover	0.003	0.602	0.439
高管更换后第三年(2009)	turnover	0.182	1.916	0.167

由表 12-6 可知,虽然更换高管后,上市公司绩效得到显著提升,但这种绩效改进在内部提升和外部选拔的上市公司之间并没有显著差异。这说明只要上市公司根据自身情况、内部参赛者条件和外部参赛者条件选择适合自己的高管更换模式,就可以提升公司绩效。

(3) 高管更换频率与股票回报率

中国资本市场发展二十九年来,高管变更已经不再是件稀罕事。但是,上市公司在高管更换问题上仍然存在很大差异。有些上市公司连续十年任用同一位高管,而有些上市公司则频繁发生人事地震。那么,高管更换频率意味着什么? 我们选取沪深两市 A 股上市公司 1990～2010 年连续二十年的数据,分析高管更换频率与股票回报率之间的关系。

变更高管的上市公司属于业绩较差的上市公司,尽管更换高管后,绩效有所提升,但如表 12 - 5 所示,这种绩效提升是短暂的,高管更换几年后便会回落。因此,我们认为高管更换越频繁,股票回报率越低,得到假设 12 - 5a。另外,公司绩效较差的上市公司更容易更换高管,而高管更换能够在一定程度上提高企业绩效。因此,我们认为高管更换越频繁,股票回报率变动越大,得到假设 12 - 5b。

假设 12 - 5a:高管更换越频繁,公司平均绩效越低。

假设 12 - 5b:高管更换越频繁,公司绩效变动越大。

为保证样本的可比性,选取 1999 年以及在此之前上市的公司作为研究样本。不考虑其他职位变更情况,仅研究总经理变更,剔除控股股东产生总经理的样本,最终样本为 792 个。首先定义几个变量:更换次数(times),用上市公司 2010 年之前总经理变更次数表示;内部提升比例(in),用内部提升次数与更换次数的比值表示;外部选拔比例(out),用外部选拔次数与更换次数的比值表示;更换频率(frequency),用公司上市年限与更换次数的比值表示,这个比例越小,说明高管更换越频繁;股票回报率(return),用上市公司年个股回报率的平均值表示;股票回报率波动(vilreturn),用上市公司年个股回报率的标准差表示。对上述变量做简单的描述性统计,结果见表 12 - 7。

表 12 - 7　高管更换频率的描述性统计结果

变 量 名 称	最小值	最大值	均　值	标准差
更换次数(times)	1	12	3.10	1.697
内部提升比例(in)	0	1	58.839	34.908
外部选拔比例(out)	0	1	41.161	34.908
更换频率(frequency)	1.40	20	6.213	3.889

变　量　名　称	最小值	最大值	均　值	标准差
股票回报率(return)	−0.13	1.73	0.328	0.149
股票回报率波动(vilreturn)	0.38	6.25	0.919	0.408

由表 12-7 可知,在所有样本中,总经理更换次数存在很大差别,有的上市公司只更换了一次总经理,而有的上市公司总经理更换次数达 12 次之多,但是内部提升和外部选拔的次数并没有太大差异。另外,在考虑了上市公司上市年限后,更换频率变量的差异化很大,有的上市公司上市二十年,才更换一次总经理,而有的上市公司平均一点四年就更换一个总经理。为了进一步检验高管更换频率对股票回报率的影响,以股票回报率为因变量,更换频率和外部选拔比例为自变量,做 OLS,回归结果见表 12-8。

表 12-8　高管更换频率与股票回报率

自　变　量	因变量:股票回报率(return)		因变量:股票回报率波动(vilreturn)	
	估计系数	T 值	估计系数	T 值
更换频率(frequency)	0.140**	2.085	0.075	1.326
外部选拔比例(out)	−0.019	−0.379	−0.016	−0.443
常数项	0.327***	13.865	1.001***	12.782
R^2	0.081		0.052	

注:***、**和*分别表示在 0.01、0.05 和 0.10 的水平下显著。

由表 12-8 可知,高管更换频率对股票回报率影响显著,高管更换频率越大,年均股票回报率越低,说明频繁的高管更换影响了上市公司的正常运作,不利于公司发展,降低了投资回报,假设 12-5a 得到验证。但是,外部选拔比例对股票回报率的影响并不显著,这与前面的研究结论吻合,内部提升和外部选拔只是不同上市公司依据自身情况的一个选择结果,其更换效果并无明显差别。高管更换频率对股票回报率波动并无显著影响,假设 12-5b 没有得到验证,说明高管更换还只是一个短期事件。这可能与研究样本只包括总经理变更有关,按照西方国家的分析框架,总经理(或

CEO)是公司治理结构的核心,但是在中国上市公司公司治理结构中,总经理的地位不如董事长来得重要。

12.5 本 章 小 结

高管更换模式选择对公司来说至关重要,新任高管的选择过程可以看作是一场内部参赛者和外部参赛者之间的锦标赛,双方争夺的目标就是总经理的职位,而获胜奖金则是继任后的高额薪酬。因此,上市公司不仅要根据内部参赛者和外部参赛者的能力选择高管更换模式,还要从参赛者获胜奖金出发,充分考虑模式选择的成本。本章以锦标赛理论为基础,构建了高管更换模式选择的理论模型,证明相对于外部参赛者来说,内部参赛者越努力,获胜奖金越低,公司选择内部参赛者继任的概率越大。另外,由于选择外部参赛者继任而造成的内部激励损失越大,外部参赛者获胜后与高管团队的磨合成本越高,选择内部参赛者继任的概率越大。

本章通过进一步的回归分析检验了中国上市公司高管更换模式的选择。研究发现,参赛者奖金和前任高管任职年限均对上市公司高管更换模式选择有显著影响。内部参赛者获胜奖金越低,外部参赛者获胜奖金越高,前任高管任职年限越长,上市公司选择内部提升的可能性越大,即内部提升的成本越低,选择内部提升的可能性越大。这说明,中国上市公司更换高管不同于西方国家,西方国家将高管更换当成市场利好信号,希望通过高管更换带来绩效的明显提升。而中国上市公司更换高管时更多地在考虑更换成本(即高管薪酬),哪种模式的成本低,便选择哪种更换模式。之所以出现这种状况,原因是,中国上市公司更换高管后的绩效得到了显著提高,但选择内部提升和外部选拔的上市公司绩效提升并没有差别。

因此,上市公司的高管更换模式选择要综合考虑不同更换模式的成本和收益,选择适合自己的高管更换模式。内部提升和外部选拔是两种殊途同归的模式,不论公司选择何种高管更换模式,对绩效的提升作用并无差异。另外,高管更换越频繁,年均股票回报率越低,说明频繁的高管更换不利于公司发展,降低了投资回报。

第13章 高管相对薪酬、攀比效应与代理成本

近年来,随着企业营业收入的逐年攀升,高管薪酬也水涨船高。以上市公司为例,2001 年平均高管薪酬为 32 万元,2012 年增至 64 万元。与此相比,2001 年全国城镇就业人员平均工资仅为 1 万元,2012 年增至 4 万元。即便如此,有些年薪几十万的高管(尤其是国企高管)仍抱怨薪酬太低。[①] 为什么一些高管对薪酬的满意度并没有随着收入水平的提高而增加? 原因在于,高管效用不仅取决于绝对收入,还取决于相对收入。当高管与同行业或同地区其他高管的收入相比时,认为自己的相对收入偏低,心理不平衡,便会产生诸多抱怨,这就是高管薪酬的攀比效应。本章以 2008~2012 年沪深 A 股上市公司为研究样本,从地域与行业两个角度衡量高管相对薪酬,检验高管相对薪酬与企业代理成本的关系,深入分析高管薪酬的攀比效应,为高管薪酬制度的合理化改进提供理论解释和经验证据。

13.1 文 献 综 述

攀比是一个心理学名词,被界定为中性略偏阴性的心理特征,即个体发现自身与参照个体发生偏差时产生负面情绪的心理过程。通常,产生攀

[①] 资料来源:"邓崎琳谈高管年薪:中国央企高管工资远低于国外同行",人民网,2011 年 3 月 5 日。

比心理的个体与被选作参照对象的个体之间往往具有极大的相似性,导致攀比个体的虚荣动机增强,甚至产生心理障碍和极端行为。这就解释了为什么一些高管的薪酬已高达几十万,却仍然抱怨薪酬过低,对现有薪酬十分不满,因为他们关注的不仅是自己的薪酬,还会与其他高管的薪酬相比。高管以同行业、同地区企业的高管为参照对象,希望付出比别人少的努力,得到比别人多的收获。但人们往往在低估别人努力的同时夸大自己的付出,进而愈发认为自己应当获得更多补偿,最终产生抱怨和不满的情绪。从攀比对象看,高管并不会将所有人作为参照对象,只会与其有相似性的人比较,可以是同地区,也可以是同行业的高管。从攀比方向看,高管只会向上攀比,与薪酬比自己高的人比较,从而产生不满与抱怨;却很少与薪酬比自己低的人比较,从而产生满足感。随着薪酬的增加,高管还会更换攀比对象,寻找更高的攀比目标。这使得高管一方面薪酬逐年提升,另一方面却并未实现效用函数的最大化。

　　现有关于攀比效应的研究主要集中于宏观经济学的消费攀比行为(Keeping up with the Joneses)和微观经济学的"幸福—收入之谜"(Easterlin 悖论)。宏观经济学认为个体在作消费决策时,不仅关心绝对消费水平,还关心相对消费水平,从而产生消费的相互攀比,并以此解释(Alvarez-Cuadrado et al.,2004[1];Tsoukis,2007[2])股票溢价(Abel,1990[3],1999[4];Gali,1994[5])、税收政策(Ljungqcist & Uhlig,2000[6])等问题。微观经济学对攀比效应的研究开始于"幸福—收入之谜"。一些研

---

[1]　Alvarez-Cuadrado F.,Monteiro G.,Turnovsky S. J.. Habit Formation, Catching up with the Joneses, and Economic Growth[J]. *Journal of Economic Growth*,2004(9).

[2]　Tsoukis C.. Keeping up with the Joneses, Growth, and Distribution[J]. *Scottish Journal of Political Economy*,2007(54).

[3]　Abel A. B.. Asset Prices under Habit Formation and Catching up with the Joneses[J]. *American Economic Review*,1990(80).

[4]　Abel A. B.. Risk Premia and Term Premia in General Equilibrium[J]. *Journal of Monetary Economics*,1999(43).

[5]　Gali J.. Keeping up with the Joneses: Consumption Externalities, Portfolio Choice, and Asset Prices[J]. *Journal of Money*,*Credit and Banking*,1994(26).

[6]　Ljungqvist L.,Uhlig H.. Tax Policy and Aggregate Demand Management under Catching up with the Joneses[J]. *American Economic Review*,2000(90).

究发现,当国家变得更加富有时,人们的平均幸福水平并未随之提高,于是将相对收入水平(即攀比效应)引入个人效用函数,以解释"幸福—收入之谜"(Easterlin, 1995[①];Clark & Oswald, 1996[②];Graham & Pettinato, 2001[③];赵奉军,2004[④];田国强和杨立岩,2006[⑤];罗楚亮,2006[⑥],2009[⑦])。

公司治理领域涉及相对薪酬或攀比效应的文献主要见于锦标赛理论(Tournament Theory)。锦标赛理论认为高管之间薪酬差距的加大可以诱使高管努力工作,进而提高公司绩效。此后的相关经验研究利用不同样本检验了锦标赛理论,证明了高管薪酬差距对企业绩效的提升作用,例如梅因等(Main et al. ,1993)[⑧]、林浚清等(2003)[⑨]、鲁海帆(2007)[⑩]、葛伟和高明华(2013)[⑪]、张丽平等(2013)[⑫]。目前,锦标赛理论成为大多数文献研究高管薪酬差距的理论依据。基于此,高管薪酬差距被认为是激励高管努力工作的奖励。不过,锦标赛理论暗含一个假设前提,即高管只与同企业的其他高管比较收入高低,当收入高于企业中其他高管时便获得满足,进而努力工作;当薪酬低于企业中其他高管时也会努力工作,以获得企业的最高薪酬。这样,薪酬差距越大,越有利于企业业绩的提升。

---

① Easterlin R. A.. Will Raising the Incomes of All Increase the Happiness of All? [J]. *Journal of Economic Behavior and Organization*, 1995(27).

② Clark A. E., Oswald A. J.. Satisfaction and Comparison Income[J]. *Journal of Public Economics*, 1996(61).

③ Graham C., Pettinato S.. Happiness, Markets, and Democracy: Latin America in Comparative Perspective[J]. *Journal of Happiness Studies*, 2001(2).

④ 赵奉军.收入与幸福关系的经济学考察[J].财经研究,2004(5).

⑤ 田国强,杨立岩.对"幸福—收入之谜"的一个解答[J].经济研究,2006(11).

⑥ 罗楚亮.城乡分割、就业状况与主观幸福感差异[J].经济学(季刊),2006(3).

⑦ 罗楚亮.绝对收入、相对收入与主观幸福感——来自中国城乡住户调查数据的经验分析[J].财经研究,2009(11).

⑧ Main B. G., O'Reilly C. A., Wade J.. Top Executive Pay: Tournament or Teamwork? [J]. *Journal of Labor Economics*, 1993(11).

⑨ 林俊清,黄祖辉,孙永祥.高管团队内部薪酬差距、公司绩效和治理结构[J].经济研究,2003(4).

⑩ 鲁海帆.高管团队内部货币薪酬差距与公司业绩关系研究——来自中国 A 股市场的经验证据[J].南方经济,2007(4).

⑪ 葛伟,高明华.职位补偿、攀比效应与高管薪酬差距——以中国上市公司为例[J].经济经纬,2013(1).

⑫ 张丽平,杨兴全,陈旭东.管理者权力、内部薪酬差距与公司价值[J].经济与管理研究,2013(5).

　　锦标赛理论的高管薪酬差距与本研究讨论的高管薪酬攀比效应的差别在于：第一,锦标赛理论仅关注企业内部的高管相对薪酬,高管薪酬攀比效应研究企业之间的高管相对薪酬;第二,锦标赛理论将高管相对薪酬视为高管努力工作的奖励,重点关注相对薪酬与企业绩效的关系,高管薪酬攀比效应将高管相对薪酬视为引起攀比效应的原因,重点研究相对薪酬与代理成本等消极攀比效应的关系。尽管葛伟和高明华(2013)[①]也提出高管薪酬的攀比效应,却只是将攀比效应作为高管薪酬差距的一种解释,没有深入研究薪酬差距引起的高管攀比行为与攀比效应。事实上,不同企业的高管之间也存在薪酬攀比行为。从微观角度看,高管存在攀比心理,他们不仅关心自己的薪酬,还会选择同一群体内的参照对象,将他们的薪酬作为自己攀比的目标。由于高管往往选择向上攀比,因此攀比后的结果往往是对现有薪酬的不满。

　　由于攀比心理的促使,高管在比较相对收入的基础上采取一系列力图使其收入与付出趋于均衡的行为方式,即攀比行为(李实和刘小玄,1986)。[②] 高管的攀比行为主要表现为如下几个方面:第一,要求企业提高薪酬,当然,这样做的前提是高管有足够的谈判能力;第二,寻求更多在职消费以获得物质补偿;第三,消极怠工,降低工作效率;第四,跳槽到薪酬更高的企业。[③] 其中,前三种攀比行为是内化的,第四种攀比行为是外化的,高管权衡各种攀比行为的成本与收益,选择最合适的行为满足其攀比心理。不论哪种攀比行为,都会对企业产生消极的攀比效应,例如薪酬成本上升、管理成本增加、运营效率下降、高管层频繁变动,这些消极的攀比效应在一定程度上表现为企业代理成本的增加。基于此,得出如下研究假设:

　　假设 13-1:高管相对薪酬越低,企业代理成本越高。

---

① 葛伟,高明华.职位补偿、攀比效应与高管薪酬差距——以中国上市公司为例[J].经济经纬,2013(1).
② 李实,刘小玄.攀比行为和攀比效应[J].经济研究,1986(8).
③ 当然,我们并不否认个别高管在攀比后,看到自己的缺点而更加努力,但本研究讨论的攀比专指负面的攀比心理和消极的攀比行为。

　　基于体制原因,我国经理人市场是二元分割的,国企高管不愿进入民企,民企高管也无法进入国企,两个经理人市场是割裂的。在国企经理人市场上,高管流动性差,使其难以通过跳槽实现攀比心理。另外,国有企业高管薪酬存在严格的薪酬管制,使其更难通过加薪实现攀比心理。因此,国有高管多选择在职消费和消极怠工两种途径实现攀比心理,而这两种行为均在一定程度上增加了企业的代理成本。需要说明的是,国企高管的攀比对象不仅是薪酬,他们还关注职位升迁。因此,国企高管不仅存在以薪酬为目标的物质攀比行为,还存在以职位为目标的非物质攀比行为。有时,尽管有很大的物质攀比动机,但与未来可能的职位升迁相比,物质攀比行为可能被暂时搁置,但这并不能否认攀比效应。因为一旦这些国企高管任职期满,升迁无望,便会加重攀比效应,"59岁现象"就是很好的例证。在民企经理人市场上,只有一类高管符合攀比行为的假设,即职业经理人。在所有权与经营权未完全分离的情况下,高管的攀比心理并不突出,攀比行为对代理成本的作用效果也不明显。因此,将高管相对薪酬对企业代理成本的影响视为高管薪酬的攀比效应,得出如下研究假设:

　　假设13-2:国企高管薪酬的攀比效应相对较弱,民企高管薪酬的攀比效应相对较强。

　　从高管的可替代性看,高管薪酬攀比效应还可能受到市场结构的影响。产业经济学将市场结构定义为某一市场中各种要素之间的内在联系及其特征,主要表现为规模、集中度和产品差异化。当市场集中度较低时,行业竞争激烈,高管能力对经营绩效的影响较大。当市场集中度较高时,大企业可以借助行业地位提升经营绩效,小企业处于劣势地位。此时,不论是大企业还是小企业,高管能力对经营绩效的作用都不大。因此,市场集中度越低,企业家能力对经营绩效的提升作用越明显(杜雯翠和高明华,2013[①]),企业家的可替代性越差,高管谈判能力越强,越有可能由于攀比

---

① 杜雯翠,高明华.市场结构、企业家能力与经营绩效——来自中国上市公司的经验证据[J].浙江工商大学学报,2013(1).

心理而增加企业代理成本。得出如下研究假设：

假设 13-3：市场集中度越低，高管薪酬的攀比效应越弱。

13.2　研　究　设　计

13.2.1　研究样本与数据来源

以 2008～2012 年在沪深交易所上市的所有 A 股上市公司为基本样本库，通过以下筛选步骤：(1) 剔除金融类和公用事业类上市公司；(2) 为得到平衡面板数据，剔除上市时间不满五年与年报不连续的上市公司，保留 2008～2012 年的连续样本；(3) 剔除 ST 上市公司；(4) 剔除高管不在上市公司领取薪酬的上市公司；(5) 对所有观测值进行 0.05% 的缩尾处理。最终获得 1 345 家上市公司共五年的 6 725 个样本观测值。其中，深市 641 个上市公司，3 205 个样本观测值，占总样本的 47.66%；沪市 704 个上市公司，3 520 个样本观测值，占总样本的 52.34%。

根据全球行业分类标准(GICS)，将上市公司划分为能源、基础材料、工业、消费必需品、消费常用品、医疗保健、金融、信息技术、电信服务、公用事业十个行业，其前两位代码分别为 10、15、20、25、30、35、40、45、50、55。借鉴李明辉(2009)[①]的做法，将金融(40)和公用事业(55)两个行业剔除，同时将信息技术(45)和电信服务(50)两个行业合并。样本的行业分布见表 13-1。由表 13-1 可以看出，样本分布最多的行业为工业、基础材料和消费必需品，这三个行业的上市公司占全体样本的 68.85%。

根据国家统计局的区域划分，将上市公司划分为华北地区(北京、天津、河北、山西、内蒙古)，华东地区(山东、江苏、安徽、浙江、福建、上海)，东北地区(辽宁、吉林、黑龙江)，华南地区(广东、广西、海南)，华中地区(湖北、湖南、河南、江西)，西南地区(四川、云南、贵州、西藏、重庆)，西北地区

---

① 李明辉.股权结构、公司治理对股权代理成本的影响[J].金融研究,2009(2).

(宁夏、新疆、青海、陕西、甘肃)六个地理区域。样本的地区分布见表13-1。由表13-1可以看出,样本主要分布于华东地区,占总样本的39.63%,其次为华南地区、华北地区和华中地区。

研究所使用的全部数据来自国泰安(CSMAR)数据库。为保证数据准确性,来自数据库的数据均经过随机抽样,与上市公司年报数据比对。

表 13-1　样 本 分 布

行　业	能源	基础材料	工业	消费必需品	消费常用品	医疗保健	信息与电信
样本量	215	1 520	1 775	1 335	565	515	800
百分比	3.20%	22.60%	26.39%	19.85%	8.40%	7.66%	11.90%
区　域	华北地区	华东地区	东北地区	华南地区	华中地区	西南地区	西北地区
样本量	860	2 665	440	949	750	581	480
百分比	12.79%	39.63%	6.54%	14.11%	11.15%	8.64%	7.14%

13.2.2　模型设定与变量定义

为检验高管薪酬的攀比效应,设定如下实证模型:

$$Agency_t = \beta_0 + \beta_1 Wage_t + \beta_2 Shareholder_t + \beta_3 Dual_t + \beta_4 Board_t$$
$$+ \beta_5 Independent_t + \beta_6 Ceo\_share_t + \beta_7 Commitee_t$$
$$+ \beta_8 Size_t + \beta_9 Lev_t + \beta_{10} SOE_t + \varepsilon \qquad (13-1)$$

因变量为代理成本(Agency),用来反映攀比行为对企业经营产生的攀比效应。目前,衡量代理成本的最常用方法是昂等(Ang et al.,2000)[1]提出的管理费用率和资产周转率,不过这种方法需要选择零代理成本公司,在现实中很难实现。于是,辛格和戴维森(Singh & Davidson,2003)[2]直接采用资产周转率、销售费用率和管理费用率计算代理成本,该方法得

---

[1]　Ang J. S., Cole R. A., Lin J. W.. Agency Costs and Ownership Structure[J]. *Journal of Finance*, 2000(55).

[2]　Singh M., Davidson Iii W. N.. Agency Costs, Ownership Structure and Corporate Governance Mechanisms[J]. *Journal of Banking & Finance*, 2003(27).

到了广泛应用(曾庆生和陈信元,2006[①];李明辉,2009[②])。基于现有文献研究,用资产周转率(TAT)与管理费用率(Agency_manage)表征代理成本。其中,资产周转率为销售收入与总资产的比值,管理费用率为管理费用占主营业务收入的比例。资产周转率越高、管理费用率越低,表示代理成本越小。

自变量为高管相对薪酬(Wage)。高管相对薪酬既包括地理意义上的相对薪酬(Bouwman, 2012[③]),也包括行业意义上的相对薪酬(Shue, 2011[④]; Bereskin & Cicero, 2011[⑤])。从地域与行业两个角度衡量高管相对薪酬。假定 t 年某地区某上市公司的高管薪酬为 W_i^t,该地区高管薪酬的最大值为 $\hat{W}_i^t$,则该上市公司的地区相对高管薪酬为 $\hat{W}_i^t/W_i^t$,该数值越大,表示上市公司高管薪酬在同地区中的相对水平越低,高管攀比心理越强,相应的攀比行为可能越突出。同理,假定 t 年某行业某上市公司的高管薪酬为 W_j^t,该行业高管薪酬的最大值为 $\hat{W}_j^t$,则该上市公司的行业相对高管薪酬为 $\hat{W}_j^t/W_j^t$,该数值越大,表示上市公司高管薪酬在同行业中的相对水平越低,高管攀比心理越强,相应的攀比行为可能越突出。基于此种方法,计算每个上市公司当年的地区相对薪酬(Wage_area)和行业相对薪酬(Wage_ind)。

基于现有研究发现,回归模型还控制了其他可能影响代理成本的变量:(1)股东数量(Shareholder)。用上市公司的股东数量表示。在股东数量较多,股权相对分散的情况下,股东不愿积极监督管理者,代理成本较高(肖作平等,2006[⑥];李寿喜,2007[⑦])。(2)两职兼任(Dual)。该变量为

---

① 曾庆生,陈信元.何种内部治理机制影响了公司权益代理成本[J].财经研究,2006(2).
② 李明辉.股权结构、公司治理对股权代理成本的影响[J].金融研究,2009(2).
③ Bouwman C.. The Geography of Executive Compensation[R]. Available at SSRN 2023870, 2012.
④ Shue K.. Executive Networks and Firm Policies: Evidence from the Random Assignment of MBA Peers[J]. *Review of Financial Studies*, 2013(26).
⑤ Bereskin F. L., Cicero D. C.. CEO Compensation Contagion: Evidence from an Exogenous Shock[J]. *Journal of Financial Economics*, 2013(107).
⑥ 肖作平,陈德胜.公司治理结构对代理成本的影响[J].财贸经济,2006(10).
⑦ 李寿喜.产权、代理成本和代理效率[J].经济研究,2007(1).

虚拟变量,若上市公司董事长与总经理(或 CEO)由同一人担任,取值为 0,否则取值为 1。当董事长与总经理由不同人担任时,两个职位的相互制衡可能降低代理成本。(3) 董事会规模(Board)。用上市公司董事人数表示。董事会规模越大,沟通和协调问题越大,董事会控制管理层的能力下降,从而导致代理成本的增加(Jensen, 1993①; Yermack, 1996②)。(4) 独立董事比例(Independent)。用上市公司独立董事人数与董事会规模的比值表示。独立董事可能有效控制代理成本,但现有研究没有证实独立董事对代理成本的降低作用(如曾庆生和陈信元,2006③)。(5) 高管持股(Ceo_share)。该变量为虚拟变量,若上市公司高管持有本公司股票,取值为 1,否则取值为 0。管理者持股有助于减少代理成本(Ang et al.,2000④; Singh & Davidson, 2003⑤)。(6) 公司规模(Size)。用上市公司总资产的自然对数表示。在管理者持股一定的情况下,随着公司规模的增大,管理者控制的资源越多,不当消费的可能性越大,代理成本越高(李明辉,2009⑥)。(7) 资产负债率(Lev)。用上市公司总负债与总资产的比值表示。关于债务融资对代理成本的关系,现有研究结论并不一致,部分研究认为负债有助于降低代理成本(Singh & Davidson, 2003⑦),部分研究否定了负债对代理成本的降低作用(肖作平,2006⑧;李寿喜,2007⑨)。(8) 所有制性质(SOE)。该变量为虚拟变量,若上市公司的最终控制人是国有,取值为 0,否则取值为 1。政府控股的上市公司因受到行政干预而承

---

① Jensen M. C.. The Modern Industrial Revolution, Exit, and the Failure of Internal Control Systems[J]. *Journal of Finance*, 1993(48).
② Yermack D.. Higher Market Valuation of Companies with a Small Board of Directors[J]. *Journal of Financial Economics*, 1996(40).
③ 曾庆生, 陈信元. 何种内部治理机制影响了公司权益代理成本[J]. 财经研究,2006(2).
④ Ang J. S., Cole R. A., Lin J. W.. Agency Costs and Ownership Structure[J]. *Journal of Finance*, 2000(55).
⑤⑦ Singh M., Davidson Iii W. N.. Agency Costs, Ownership Structure and Corporate Governance Mechanisms[J]. *Journal of Banking & Finance*, 2003(27).
⑥ 李明辉. 股权结构、公司治理对股权代理成本的影响[J]. 金融研究,2009(2).
⑧ 肖作平, 陈德胜. 公司治理结构对代理成本的影响[J]. 财贸经济,2006(10).
⑨ 李寿喜. 产权、代理成本和代理效率[J]. 经济研究,2007(1).

担了更多的社会性负担,代理成本问题更加严重(李寿喜,2007[①];高雷等,
2007[②])。(9) 行业(IND)。该变量为虚拟变量,根据 GICS 行业分类标准,
设置六个虚拟变量。

13.3　经 验 检 验

13.3.1　描述性统计

表 13 - 2 为主要变量的描述性统计,地区相对薪酬(Wage_area)与行
业相对薪酬(Wage_ind)的均值分别为 12.152 与 14.044,说明高管薪酬的
地区差距与行业差距较大,同一地区最高的高管薪酬是平均薪酬的 12 倍,
同一行业最高的高管薪酬是平均薪酬的 14 倍。

表 13 - 2　描 述 性 统 计

变 量 名 称	样本量	最小值	中位数	最大值	均　值	标准差
资产周转率(TAT)	6 725	12.08	67.98	236.2	80.291	51.531
管理费用率(Agency_manage)	6 725	0.013	0.071	0.384	0.091	0.076
地区相对薪酬(Wage_area)	6 725	1.746	8.750	47.544	12.152	10.293
行业相对薪酬(Wage_ind)	6 725	1.784	10.136	59.178	14.044	12.473
股东数量(Shareholder)	6 725	7 322	36 557	273 678	55 446.32	56 593.86
两职兼任(Dual)	6 725	0	1	1	0.825	0.380
董事会规模(Board)	6 725	5	9	14	9.017	1.759
独立董事比例(Independent)	6 725	0.3	0.333	0.5	0.364	0.047
高管持股(Ceo_share)	6 725	0	1	1	0.510	0.500
公司规模(Size)	6 725	19.273	21.615	24.781	21.717	1.255

①　李寿喜.产权、代理成本和代理效率[J].经济研究,2007(1).
②　高雷,宋顺林.治理环境、治理结构与代理成本[J].经济评论, 2007(3).

变　量　名　称	样本量	最小值	中位数	最大值	均　　值	标准差
资产负债率(Lev)	6 725	0.105	0.507	1.056	0.509	0.215
所有制性质(SOE)	6 725	0	0	1	0.393	0.489

表 13 - 3 的变量 Pearson 相关性检验可以看出,除股东数量 (Shareholder)外,其他自变量与因变量显著相关,但变量之间的相关系数均低于 0.5,表明多重共线性问题并不严重。

13.3.2　回归分析

用资产周转率表征代理成本,采用混合最小二乘估计(OLS)、面板数据的固定效应模型(FE)、面板数据的随机效应模型(RE),分别检验地区相对薪酬、行业相对薪酬与代理成本的关系,即高管薪酬的攀比效应,回归结果见表 13 - 4。由表 13 - 4 可知,在地区攀比的回归中,地区相对薪酬 (Wage_area)的估计系数在三种回归方法下均显著为负,表明高管相对于地区最高薪酬水平的差距越大,高管攀比心理越严重,代理成本越高。在行业攀比的回归中,行业相对薪酬(Wage_ind)的估计系数在三种回归方法下均显著为负,表明高管相对于行业最高薪酬水平的差距越大,高管攀比心理越严重,代理成本越高。由此,假设 13 - 1 得到验证。除此之外,股东数量(Shareholder)与资产周转率(TAT)显著负相关,表明股东数量越多,股权越分散,代理成本越高,这与肖作平等(2006)[①]、李寿喜(2007)[②]的研究结论是一致的。两职兼任(Dual)的估计系数显著为正,表明董事长与 CEO 两职合一的上市公司,其代理成本较高。董事会规模(Board)的估计系数均不显著。独立董事比例(Independent)的估计系数显著为负,表明独立董事比例越高,代理成本越高,这说明独立董事制度并没有解决代理

---

① 肖作平,陈德胜.公司治理结构对代理成本的影响[J].财贸经济,2006(10).
② 李寿喜.产权、代理成本和代理效率[J].经济研究,2007(1).

表 13 - 3　相关性检验

变　量	1	2	3	4	5	6	7	8	9	10	11	12
资产周转率(TAT)	1.000											
管理费用率(Agency_manage)	−0.486***	1.000										
地区相对薪酬(Wage_area)	−0.178***	0.196***	1.000									
行业相对薪酬(Wage_ind)	−0.190***	0.197***	0.809***	1.000								
股东数量(Shareholder)	−0.019	−0.166***	−0.177***	−0.175***	1.000							
两职兼任(Dual)	0.050***	−0.103***	−0.017	−0.010	0.092***	1.000						
董事会规模(Board)	0.054***	−0.123***	−0.148***	−0.139***	0.210***	0.130***	1.000					
独立董事比例(Independent)	−0.037	0.032	0.003	0.001	0.086***	−0.056	−0.287***	1.000				
高管持股(Ceo_share)	0.053***	−0.029	−0.138***	−0.169***	0.052***	−0.068	0.028	−0.025**	1.000			
公司规模(Size)	0.140***	−0.419***	−0.370***	−0.358***	0.623***	0.137***	0.303***	0.037***	0.081***	1.000		
资产负债率(Lev)	0.116***	−0.065***	0.105***	0.143***	0.053***	0.057***	0.037***	0.010	−0.078***	0.192***	1.000	
所有制性质(SOE)	−0.075***	0.140***	0.111***	0.088***	−0.221***	−0.212***	−0.209***	0.059***	0.064***	−0.319***	−0.110***	1.000

注：*、**、*** 分别表示相关系数在 10%、5%、1% 的水平下显著。

成本问题,反而加重了代理成本,这与曾庆生和陈信元(2006)①的研究结论是一致的。高管持股(Ceo_share)的估计系数显著为正,表明当高管持有公司股份时,代理成本较低,高管持股能够有效缓解代理成本问题,与昂等(Ang et al.,2000)②的结论是一致的。公司规模(Size)的估计系数显著为正,表明公司规模越高,代理成本越低,这与李明辉(2009)③的发现是一致的。资产负债率(Lev)的估计系数显著为正,表明负债比例越高,代理成本越低,债务融资能够有效缓解代理问题,这与辛格和戴维森(Singh & Davidson,2003)④的结论一致,与肖作平(2006)⑤、李寿喜(2007)⑥的结论不同。所有制性质(SOE)的估计系数显著为负,表明国有控股上市公司的代理问题弱于民营控股上市公司,这与曾庆生和陈信元(2006)⑦、李寿喜(2007)⑧的结论不一致,与李明辉(2009)⑨的发现相同。

表 13-4 回 归 结 果

变量名称	地 区 攀 比			行 业 攀 比		
	混合 OLS	FE	RE	混合 OLS	FE	RE
地区相对薪酬 (Wage_area)	−0.156 *** (−11.83)	−0.162 *** (−12.16)	−0.156 *** (−11.83)			
行业相对薪酬 (Wage_ind)				−0.178 *** (−13.48)	−0.187 *** (−13.99)	−0.178 *** (−13.48)
股东数量 (Shareholder)	−0.148 *** (−9.58)	−0.150 *** (−9.69)	−0.148 *** (−9.58)	−0.147 *** (−9.52)	−0.148 *** (−9.59)	−0.147 *** (−9.52)
两职兼任 (Dual)	0.032 *** (2.63)	0.032 ** (2.63)	0.032 ** (2.63)	0.033 ** (2.66)	0.033 ** (2.69)	0.033 ** (2.66)

①⑦ 曾庆生,陈信元.何种内部治理机制影响了公司权益代理成本[J].财经研究,2006(2).

② Ang J. S., Cole R. A., Lin J. W.. Agency Costs and Ownership Structure[J]. *Journal of Finance*, 2000(55).

③⑨ 李明辉.股权结构、公司治理对股权代理成本的影响[J].金融研究,2009(2).

④ Singh M., Davidson Iii W. N.. Agency Costs, Ownership Structure and Corporate Governance Mechanisms[J]. *Journal of Banking & Finance*, 2003(27).

⑤ 肖作平,陈德胜.公司治理结构对代理成本的影响[J].财贸经济,2006(10).

⑥⑧ 李寿喜.产权、代理成本和代理效率[J].经济研究,2007(1).

续　表

变量名称	地 区 攀 比			行 业 攀 比		
	混合 OLS	FE	RE	混合 OLS	FE	RE
董事会规模 （Board）	−0.003 （−0.22）	−0.002 （−0.16）	−0.003 （−0.22）	−0.003 （−0.23）	−0.002 （−0.16）	−0.003 （−0.23）
独立董事比例 （Independent）	−0.026 ** （−2.03）	−0.024 （−1.94）	−0.026 ** （−2.03）	−0.026 ** （−2.07）	−0.025 * （−1.99）	−0.026 * （−2.07）
高管持股 （Ceo_share）	0.039 *** （3.25）	0.038 ** （3.13）	0.039 ** （3.25）	0.033 *** （2.70）	0.031 * （2.54）	0.033 ** （2.70）
公司规模 （Size）	0.140 *** （8.04）	0.139 *** （7.83）	0.140 *** （8.04）	0.131 *** （7.56）	0.128 *** （7.20）	0.131 *** （7.56）
资产负债率 （Lev）	0.107 *** （8.54）	0.139 *** （7.83）	0.107 *** （8.54）	0.117 *** （9.33）	0.119 *** （9.47）	0.117 *** （9.33）
所有制性质 （SOE）	−0.029 ** （−2.25）	−0.028 *** （−2.20）	−0.029 *** （−2.25）	−0.031 ** （−2.44）	−0.031 * （−2.41）	−0.031 * （−2.44）
行业/年度效应	Control	Control	Control	Control	Control	Control
样本量	6 725	6 725	6 725	6 725	6 725	6 725
R²	0.093	0.095	0.095	0.099	0.100	0.100
Hausman		16.81 *			37.22 ***	

注：* 、** 、*** 分别表示在10％、5％、1％的水平下显著,括号中的数字为 Z 值,系数为标准化系数,常数项与行业的估计结果略去。

　　由表 13−4 的回归结果可知,国有上市公司的代理问题相对民营上市公司较弱。那么,国有上市公司中高管薪酬攀比效应与民营企业有何差异? 为了检验假设 13−2,根据上市公司最终控制人的性质将样本划分为国有样本与民营样本两组,分别对全样本、国有样本、民营样本进行估计,结果见表 13−5。由表 13−5 可知,在地区攀比的回归中,地区相对薪酬(Wage_area)的估计系数在国有样本与民营样本的回归中均显著为负,表明不论是国有企业,还是民营企业,地区相对薪酬越大,高管攀比心理越严重,代理成本越高,高管薪酬攀比效应越明显。同时,邹检验(Chow 检验)判断回归系数的差异,发现国有样本与民营样本的回归系数差异是显著的。同时,国有样本中地区相对薪酬(Wage_area)回归系数的绝对值大于民营样本中回归系数的绝对值。综合上述检验结果,可以看出,尽管相对于民营企业来说,国有企业的代理成本问题较弱,但国有企业中高管薪酬攀比行为对代理成本的影响强于民营企业。换句话说,在高管攀比动机相同的情况下,国有企业的高管攀比行为对代理成本的消极作用更加显著。因此,国有企业高管薪酬的攀比效应对企业经营的负面影响更大,应当引起高度重视。同样,在行业攀比的回归中,行业相对薪酬(Wage_ind)的估计系数在国有样本与民营样本的回归中均显著为负,且回归系数差异显著,国有企业中高管行业薪酬攀比效应强于民营企业。综上,假设 13 - 2 得到验证。

表 13 - 5 分所有制的回归结果

变量名称	地 区 攀 比			行 业 攀 比		
	全样本	国有样本	民营样本	全样本	国有样本	民营样本
地区相对薪酬 (Wage_area)	−0.156 *** (−11.86)	−0.186 *** (−11.01)	−0.112 *** (−5.39)			
行业相对薪酬 (Wage_ind)				−0.178 *** (−13.48)	−0.212 *** (−12.50)	−0.134 *** (−6.40)
股东数量 (Shareholder)	−0.147 *** (−9.51)	−0.114 *** (−5.59)	−0.201 *** (−9.15)	−0.146 *** (−9.45)	−0.113 *** (−5.56)	−0.200 *** (−9.12)
两职兼任 (Dual)	0.037 *** (3.02)	0.009 (0.55)	0.061 ** (3.15)	0.037 *** (3.08)	0.008 (0.49)	0.062 ** (3.22)
董事会规模 (Board)	−0.000 (−0.01)	−0.008 (−0.48)	−0.001 (−0.03)	−0.000 (−0.01)	−0.008 (−0.49)	−0.002 (−0.08)
独立董事比例 (Independent)	−0.027 ** (−2.12)	−0.014 (−0.88)	−0.051 * (−2.40)	0.027 ** (−2.16)	−0.012 (−0.77)	−0.054 * (−2.53)
高管持股 (Ceo_share)	0.037 *** (3.07)	0.034 * (2.20)	0.044 * (2.22)	0.030 ** (2.51)	0.024 (1.57)	0.040 * (2.04)
公司规模 (Size)	0.147 *** (8.58)	0.095 *** (4.19)	0.171 *** (7.16)	0.139 *** (8.14)	0.085 *** (3.75)	0.163 *** (6.83)
资产负债率 (Lev)	0.108 *** (8.65)	0.131 *** (8.10)	0.075 *** (3.81)	0.118 *** (9.44)	0.144 *** (8.83)	0.083 *** (4.21)
行业/年度效应	Control	Control	Control	Control	Control	Control

续　表

变量名称	地 区 攀 比			行 业 攀 比		
	全样本	国有样本	民营样本	全样本	国有样本	民营样本
样本量	6 725	4 460	2 265	6 725	4 460	2 265
R^2	0.067	0.065	0.073	0.074	0.073	0.077
chi2(8)	46.46			52.31		
Prob＞chi2	0.000			0.000		

注：＊、＊＊、＊＊＊分别表示在 10%、5%、1%的水平下显著,括号中的数字为 Z 值,系数为标准化系数,常数项与行业的估计结果略去。

为了验证假设 13-3,以 2008 年为例,计算样本公司的市场份额(即该上市公司营业收入占行业营业收入总额的比例),然后将同一行业中每个公司的市场份额的平方和加总,计算得到该行业的赫芬达尔-赫希曼指数(HHI 指数)。各行业的赫芬达尔-赫希曼指数分别为：能源(3 797.21)、基础材料(201.43)、工业(424.25)、消费必需品(536.51)、消费常用品(362.13)、医疗保健(550.81)、信息与电信(1 222.69)。除此之外,还计算了每个行业的前四位企业市场占有率(CR4)。各行业的 CR4 分别为：能源(92.18%)、基础材料(20.16%)、工业(32.02%)、消费必需品(33.51%)、消费常用品(3.45%)、医疗保健(32.40)、信息与电信(54.72%)。综合考量各行业的 HHI 指数与 CR4,发现能源、信息与电信行业的市场集中度较高,消费常用品的市场集中度较低。以行业相对薪酬(Wage_ind)为自变量,分别对每个行业的样本进行估计,结果见表 13-6。由表 13-6 可以看出,在能源行业的回归中,行业相对薪酬(Wage_ind)的估计系数并不显著,在信息与电信行业的回归中,行业相对薪酬(Wage_ind)的估计系数仅在 10%的水平下显著,这表明行业集中度越高,高管薪酬的攀比效应越不明显。在消费常用品的回归中,行业相对薪酬(Wage_ind)的估计系数显著为负,且邹检验显示,估计系数的绝对值显著大于其他行业的估计系数,这说明市场集中度越低,高管薪酬的攀比效应越显著。由此,假设 13-3 得到证实。

表 13 - 6　分行业的回归结果

变量名称	能源	基础材料	工业	消费必需品	消费常用品	医疗保健	信息与电信
行业相对薪酬 (Wage_ind)	−0.109 (−1.37)	−0.162*** (−5.56)	−0.156*** (−5.72)	−0.178*** (−6.49)	−0.271*** (−6.50)	−0.119** (−2.53)	−0.071* (−1.85)
股东数量 (Shareholder)	0.297*** (3.00)	0.034 (0.95)	−0.196*** (−6.21)	−0.211*** (−6.87)	−0.234*** (−5.72)	−0.256*** (−6.25)	−0.028 (−0.65)
两职兼任 (Dual)	−0.026 (−0.36)	0.056** (2.16)	0.054** (2.22)	0.037 (1.48)	0.035 (0.92)	0.076* (1.94)	−0.070* (−1.86)
董事会规模 (Board)	0.255*** (3.44)	0.098*** (3.51)	−0.023 (−0.91)	−0.107*** (−3.87)	−0.150*** (−3.39)	0.278*** (6.39)	−0.039 (−0.97)
独立董事比例 (Independent)	0.038 (0.51)	0.021 (0.81)	0.003 (0.13)	−0.075*** (−2.85)	−0.077* (−1.82)	0.033 (0.82)	−0.077** (−1.96)
高管持股 (Ceo_share)	0.003 (0.04)	0.026 (0.99)	0.011 (0.45)	0.054** (2.07)	0.077* (1.68)	−0.052 (−1.27)	0.021 (0.55)
公司规模 (Size)	−0.515*** (−4.26)	−0.020 (−0.53)	0.093** (2.56)	0.336*** (9.76)	0.181*** (3.68)	0.305*** (6.25)	0.081* (1.70)
资产负债率 (Lev)	0.043 (0.54)	−0.087*** (−3.13)	0.199*** (8.14)	0.136*** (5.32)	0.140*** (3.54)	−0.031 (−0.76)	0.200*** (5.41)
所有制性质 (SOE)	−0.174** (−2.16)	−0.029 (−1.07)	0.044** (1.72)	−0.068*** (−2.63)	0.011 (0.28)	−0.083** (−2.09)	−0.086** (−2.15)
年度效应	Control	Control	Control	Control	Control	Control	Control
样本量	215	1 520	1 775	1 335	565	515	800
R^2	0.126	0.055	0.086	0.192	0.201	0.297	0.056

注：*、**、*** 分别表示在 10%、5%、1% 的水平下显著,括号中的数字为 T 值,系数为标准化系数,常数项的估计结果略去。

13.3.3　稳健性检验

为保证检验结果的可靠性,进行了以下稳健性检验:

第一,以管理费用率(Agency_manage)表征代理成本,采用混合 OLS 模型,重复上述回归,结果见表 13 - 7。由表 13 - 7 可知,地区相对薪酬

(Wage_area)的估计系数显著为正,表明地区相对薪酬越高,攀比心理越严重,管理费用率越高,代理成本越大。行业相对薪酬(Wage_ind)的估计系数显著为正,表明行业相对薪酬越高,攀比心理越严重,代理成本越大。上述结论进一步证实了假设 13－1。

第二,本研究使用的相对薪酬变量可能存在潜在的内生性问题。在设定的实证模型中,认为高管相对薪酬引起的攀比行为是导致企业代理成本增加的原因。还有一种可能性,就是代理成本较高的企业,可能会设定较低的高管薪酬,以此保障股东利益。在这种情况下,代理成本就成为攀比效应的原因。由此产生的反向因果可能造成严重的内生性问题。根据以往研究经验,在回归模型中加入高管相对薪酬的滞后项,用资产周转率表征代理成本,采用混合最小二乘估计对模型重新估计,结果见表 13－7。由表 13－7 可知,滞后一期的地区相对薪酬(Wage_area_1)、滞后两期的地区相对薪酬(Wage_area_2)、滞后一期的行业相对薪酬(Wage_ind_1)、滞后两期的行业相对薪酬(Wage_ind_2)的估计系数均不显著,这表明相对薪酬与代理成本之间并不存在反向因果关系,模型的内生性问题亦不严重。

第三,使用分位数回归(quantile regression)检验不同分位点高管相对薪酬对代理成本(用资产周转率表征)的影响,回归结果显示,在 0.1、0.25、0.5、0.75、0.9 的分位点上,地区相对薪酬(Wage_area)与行业相对薪酬(Wage_ind)的估计系数均显著为负,证明了结论的稳健性。

表 13－7　稳健性检验与内生性检验

变 量 名 称	稳健性检验(管理费用率)		内生性检验(资产周转率)	
	地区攀比	行业攀比	地区攀比	行业攀比
地区相对薪酬(Wage_area)	0.036** (2.97)		−0.127*** (−7.24)	
滞后一期的地区相对薪酬 (Wage_area_1)			0.034 (0.42)	
滞后两期的地区相对薪酬 (Wage_area_2)			0.105 (1.26)	
行业相对薪酬(Wage_ind)		0.044*** (3.58)		−0.168*** (−9.57)

变　量　名　称	稳健性检验(管理费用率)		内生性检验(资产周转率)	
	地区攀比	行业攀比	地区攀比	行业攀比
滞后一期的行业相对薪酬 (Wage_ind_1)				0.077 (1.15)
滞后两期的行业相对薪酬 (Wage_ind_2)				0.042 (0.61)
股东数量(Shareholder)	0.150*** (10.59)	0.149*** (10.55)	−0.114*** (−5.80)	−0.113*** (5.79)
两职兼任(Dual)	−0.047*** (−4.20)	−0.048*** (−4.22)	0.029 (1.72)	0.030 (1.81)
董事会规模(Board)	0.022 (1.82)	0.022 (1.84)	−0.035* (−1.99)	−0.034 (−1.93)
独立董事比例(Independent)	0.040*** (3.45)	0.040*** (3.46)	−0.045** (−2.68)	−0.045** (−2.67)
高管持股(Ceo_share)	0.008 (0.74)	0.010 (0.91)	0.016 (0.96)	0.007 (0.41)
公司规模(Size)	−0.506*** (−31.57)	−0.502*** (−31.39)	0.141*** (6.29)	0.124*** (5.60)
资产负债率(Lev)	0.023* (1.99)	0.020 (1.73)	0.076*** (4.43)	0.088*** (5.12)
所有制性质(SOE)	0.002 (0.15)	0.002 (0.20)	−0.055** (−3.12)	−0.057** (−3.29)
行业/年度效应	Control	Control	Control	Control
样本量	6 725	6 725	3 707	3 707
R²	0.196	0.197	0.055	0.065

注：* 、** 、*** 分别表示在10%、5%、1%的水平下显著,括号中的数字为 Z 值,系数为标准化系数,常数项与行业的估计结果略去。

13.4　本　章　小　结

高管不仅关注其绝对薪酬,也十分重视其相对薪酬。当高管相对薪酬较低时,便会对现状不满,甚至产生心理障碍和极端行为,进而消极怠工或增加在职消费,造成更为严重的代理问题,即高管薪酬的攀比效应。以2008~2012 年沪深主板上市公司的平衡面板数据为研究样本,检验高管相对薪酬对代理成本的影响,以及不同所有制、不同行业中攀比效应的差异。研究发现,与地区(或行业)最高薪酬相比,高管薪酬的相对水平越低,企业代理成本越高,这证明了攀比效应的存在。从所有制角度看,国有企业的高管薪酬攀比效应更加明显;从行业角度看,能源、电信等市场集中度较高的行业,高管薪酬攀比效应并不明显,消费常用品等市场集中度越低的行业,高管薪酬的攀比效应较为明显。因此,企业在制定高管薪酬契约时,不但要考虑企业经营绩效等自身因素,还要充分考虑高管薪酬在同地区、同行业的相对位置,尤其是国有企业和竞争性企业,应尽量避免高管薪酬的消极攀比效应。如前所述,高管薪酬的攀比效应可能是多方面的,本研究只讨论了高管相对薪酬对代理成本的影响,没有深入研究高管相对薪酬对在职消费、高管更换的作用,这些将是未来研究的方向。

第14章 结论与启示

本书从制度背景、理论模型和实证检验等多个角度研究了盈利性国有垄断企业高管薪酬契约,提出了评价盈利性国有垄断企业高管行为的新方法——高管贡献,并利用多种方法检验了高管贡献的可行性和可信性。本章总结全书,提出研究不足,指出未来的研究方向。

14.1 主 要 结 论

高管是公司战略的制定者和实施者,是代理问题的核心。如何有效激励高管努力,让高管发挥最大的潜能,如何严格约束高管行为,使高管不损害股东利益,是公司治理理论经久不衰的核心话题。而盈利性国有垄断企业高管薪酬契约是否合理,关乎盈利性国有垄断企业的运作效率,关乎国民收入分配的公平与否。因此,研究盈利性国有垄断企业高管薪酬契约具有重要的理论意义和实践意义。

国外学者对高管薪酬契约的集中研究开始于20世纪70年代,学者们以委托代理理论为基础,寻找解决股东与高管利益冲突的最优高管薪酬契约,称之为“最优契约论”(Optimal Contract Theory)。最优契约论认为,通过股东与高管之间最优契约的制定,可以解决信息不对称带来的道德风险和逆向选择问题。中国学者对高管薪酬契约的研究起步较晚,且大多为检验高管薪酬与企业绩效之间相关性的实证检验。对于盈利性国有垄断企业,现有研究并没有充分考虑其特殊的利润来源和高管背景。盈利性国有垄断企业的高管薪酬契约不同于一般企业,这源于盈利性国有垄断企业的历史变迁和制度背景。不同于非国有企业,盈利性国有垄断企业的所有者是国家,但作为大股东,国家没有足够的时间和精力维护股东权益;不同于竞争性国有企业和公益性国有企业,盈利性国有垄断企业享受国家赋予的垄断优势。因此,研究盈利性国有垄断企业高管薪酬契约必须从其特殊的制度背景出发。

本研究并不讨论垄断是好是坏,只关注在垄断存在的前提下,盈利性国有垄断企业的高管薪酬契约是什么样的,应当是什么样的。利用2001~2010 年盈利性国有垄断企业的数据,运用理论模型、非参数检验、参数检验和事件研究法等多种方法,从理论模型和经验检验两个角度研究了盈利性国有垄断企业的高管薪酬契约。本书提出盈利性国有垄断企业的利润不仅来源于物质投入和人力投入,还来源于政府赋予的垄断优势,这种垄断优势放大了高管对企业业绩的实际贡献。因此,不应将企业业绩作为盈利性国有垄断企业高管薪酬的支付标准,而应将高管贡献作为支付依据。同时,应使用"高管薪酬—高管贡献匹配度"来衡量盈利性国有垄断企业高管薪酬契约的合理性,而不是"高管薪酬—企业业绩相关度"。研究检验了盈利性国有垄断企业高管薪酬契约的合理性以及影响这种合理性的因素,还进一步比较了高管贡献、EVA 与 ROE 的信息含量。本书的主要研究发现如下:

第一,盈利性国有垄断企业的主要利润来源是政府赋予的垄断优势,而这种垄断优势放大了高管对企业的实际贡献。垄断优势指的是盈利性国有垄断企业凭借政府赋予的各种特权,在资源获取、商品销售、融资筹资和政府补贴等各方面享受的垄断权力。盈利性国有垄断企业的垄断优势主要来源于土地租、资源租、价格租、利息租、分红租和政府补贴等方面。以中国石油(601857)为例,2007~2010 年,中国石油的名义利润率均维持在 13% 以上,但若将垄断利润从实际利润中扣除,实际利润率便降至10% 以下,2009 年的实际利润率为负值。可见,中国石油实际利润率与名义利润率的差别巨大。若用垄断利润占名义利润的比重表示垄断利润率,2007 年的垄断利润率为 61.68%,2008 年的垄断利润率为46.59%,2010 年的垄断利润率为 81%,说明 2007 年、2008 年和 2010

年,中国石油凭借政府赋予的垄断优势而获得的利润是构成其营业利润的主要部分。2009 年的垄断利润率为 151.98%,说明 2009 年中国石油若不是凭借垄断优势,其营业利润实际上是小于零的,属于事实亏损。正是由于垄断优势的存在,原本归因于垄断优势的企业业绩被误认为是高管努力的结果,进而放大了高管对企业业绩的实际贡献,放大了以企业业绩为支付标准的高管薪酬。

第二,在求解盈利性国有垄断企业薪酬契约最优解时,必须将垄断优势写入企业业绩函数和高管薪酬契约,这样的薪酬契约才是有效的。以最优契约论的基本模型为基础,一方面将高管贡献和垄断优势写入 C-D 形式的企业业绩函数,提出用高管贡献与高管薪酬的匹配度检验盈利性国有垄断企业高管薪酬契约的合理性;另一方面将垄断优势写入高管薪酬契约,求高管薪酬契约的最优解。有效的高管薪酬契约必须充分考虑垄断优势带来的"放大效应",否则将严重高估高管贡献,支付过高的高管薪酬。如此,薪酬契约对高管的评价作用和激励作用都无从谈起。

第三,盈利性国有垄断企业的总资产最高,创造利润不及国有非垄断企业,利润中来自高管的贡献更少。借鉴 Solow 模型和 Richardson 模型对回归残差的理解,利用企业实际业绩与预期业绩的差值表示高管贡献,估计了盈利性国有垄断企业、国有非垄断企业和非国有企业的高管贡献。研究发现,盈利性国有垄断企业的总资产最高,创造的利润却不如国有非垄断企业。在盈利性国有垄断企业的利润中,来自高管的贡献更少。相比之下,非国有企业的总资产最少,但这些利润中来自高管的贡献却是最大的。

第四,现有盈利性国有垄断企业的高管薪酬契约并不合理,相比之下,非国有企业的高管薪酬契约较为合理。检验 2001~2010 年盈利性国有垄断企业高管薪酬契约的合理性,研究发现,全部样本(包括盈利性国有垄断企业、国有非垄断企业和非国有企业)的高管薪酬契约是合理的。但是,据我们了解的实际情况,盈利性国有垄断企业高管薪酬契约其实是不合理的,其不合理主要表现为高管贡献较低时却支付了过高的薪酬;只有非国有企业的高管薪酬契约较为合理,高管贡献越高,薪酬支付越多。另外,垄断优势越大,高管薪酬契约的合理性越低。

第五,高管贡献和 ROE 的信息含量均明显高于 EVA 的信息含量,但高管贡献与 ROE 的信息含量并无显著差异。2010 年 1 月,国资委发布《中央企业负责人经营业绩考核暂行办法》,办法规定放弃传统的净资产收益率(ROE)指标,采用经济增加值(EVA)指标作为对央企负责人的业绩考评标准。EVA 指标是否修正了高管行为,促使高管付出更多的努力,增加了高管贡献? 本书还检验了 EVA 考评机制实施后高管行为的改变。研究发现,EVA 考评机制实施后,高管贡献与高管薪酬的匹配度提高了,说明 EVA 机制是有效的,它促使高管为了获得更多薪酬而付出更多努力。我们还利用事件研究法比较了高管贡献、EVA 和 ROE 的信息含量和市场反应,发现高管贡献和 ROE 的信息含量均明显高于 EVA 的信息含量。

14.2　研　究　不　足

由于能力有限,本书还存在很多研究不足,这些不足都将成为未来的研究方向。

首先,对于盈利性国有垄断企业的高管来说,薪酬只是其效用满足的一部分,福利待遇、在职消费、声誉、仕途升迁、自我实现等因素对盈利性国有垄断企业的高管效用也是十分重要的。但是,本书在理论模型中仅将垄断优势写进企业业绩函数和高管薪酬契约,却没有进一步研究盈利性国有垄断企业的高管效用函数。

其次,正如书稿第 5 章所述,盈利性国有垄断企业的垄断优势包括土地租、资源租、价格租、利息租、分红租和政府补贴等多个方面。但是,由于数据来源限制,书稿在实证部分除政府补贴用上市公司的微观数据外,其他垄断优势均使用行业或省份的宏观数据来代替,这样做可能会忽略盈利性国有垄断企业的个体差异。

再次,由于 EVA 考评机制刚刚实施一年,因此在第 9 章的事件研究法中,研究样本量很小,使得结果并不是很显著。

最后,基于高管贡献的薪酬契约评价方法能否推广到全部上市公司,需要进一步的验证。

附录：盈利性国有垄断
企业的高管贡献

年份	公司代码	公司简称	高管贡献	年份	公司代码	公司简称	高管贡献
2001	600726	华电能源	−1.73E＋09	2002	000780	平庄能源	1.11E＋09
2001	600011	华能国际	−4.11E＋09	2002	000875	吉电股份	−2.78E＋09
2001	600688	上石化	−6.12E＋09	2002	600726	华电能源	−1.95E＋09
2001	000966	长源电力	1.14E＋09	2002	600508	上海能源	−1.17E＋08
2001	600028	中国石化	3.96E＋09	2002	600011	华能国际	−4.23E＋09
2001	600508	上海能源	−3.12E＋08	2002	000966	长源电力	1.15E＋09
2001	000600	泰山石油	3.94E＋09	2002	600871	仪征化纤	−5.52E＋09
2001	600871	仪征化纤	−5.32E＋09	2002	600744	华银电力	−1.90E＋09
2001	600236	桂冠电力	−1.20E＋09	2002	600292	九龙电力	1.03E＋09
2001	600744	华银电力	−9.70E＋08	2002	600028	中国石化	2.79E＋09
2001	000780	平庄能源	1.01E＋09	2003	600900	长江电力	−5.80E＋09
2001	600863	内蒙华电	−2.74E＋09	2003	600583	海油工程	−16042579
2001	600292	九龙电力	9.90E＋08	2003	600021	上海电力	−4.99E＋09
2001	600795	国电电力	−2.56E＋09	2003	000875	吉电股份	−2.48E＋09
2002	600236	桂冠电力	−8.43E＋08	2003	600795	国电电力	−3.89E＋09
2002	600583	海油工程	2.41E＋08	2003	600688	上石化	−4.93E＋09
2002	600688	上石化	−5.32E＋09	2003	000966	长源电力	1.01E＋09
2002	600863	内蒙华电	−2.74E＋09	2003	600011	华能国际	−2.86E＋09
2002	600795	国电电力	−3.53E＋09	2003	600871	仪征化纤	−5.08E＋09
2002	000875	吉电股份	−1.84E＋09	2003	600508	上海能源	−3.60E＋08

年份	公司代码	公司简称	高管贡献	年份	公司代码	公司简称	高管贡献
2003	600744	华银电力	−1.88E+09	2005	000600	泰山石油	−5.28E+08
2003	600028	中国石化	1.01E+10	2005	000875	吉电股份	−2.14E+09
2003	600236	桂冠电力	−2.63E+09	2005	600292	九龙电力	31212790
2003	600292	九龙电力	9.56E+08	2005	600863	内蒙华电	−4.91E+09
2003	600863	内蒙华电	−3.35E+09	2005	600028	中国石化	1.64E+10
2003	600726	华电能源	−1.71E+09	2005	000966	长源电力	−9.96E+08
2003	000875	吉电股份	−1.90E+09	2005	600744	华银电力	−2.48E+09
2004	600863	内蒙华电	−3.96E+09	2005	600900	长江电力	−5.06E+09
2004	600688	上石化	−2.92E+09	2005	000875	吉电股份	−3.15E+09
2004	600508	上海能源	−6.16E+08	2005	600027	华电国际	−4.93E+09
2004	600795	国电电力	−4.51E+09	2005	600688	上石化	−6.02E+09
2004	600726	华电能源	−2.05E+09	2005	600021	上海电力	−5.55E+09
2004	600744	华银电力	−2.03E+09	2005	600583	海油工程	−9.71E+08
2004	600292	九龙电力	−3.98E+09	2005	600508	上海能源	−9.07E+08
2004	000600	泰山石油	6.65E+08	2005	600871	仪征化纤	−6.88E+09
2004	000966	长源电力	3.36E+08	2005	600011	华能国际	−5.37E+09
2004	600900	长江电力	−5.25E+09	2006	600508	上海能源	−1.06E+09
2004	600028	中国石化	2.32E+10	2006	600795	国电电力	−4.88E+09
2004	000875	吉电股份	−3.04E+09	2006	000875	吉电股份	−1.65E+09
2004	600011	华能国际	−3.95E+09	2006	600021	上海电力	−4.40E+09
2004	600021	上海电力	−4.98E+09	2006	600236	桂冠电力	−3.61E+09
2004	600027	华电国际	−4.22E+09	2006	000966	长源电力	−1.18E+09
2004	600583	海油工程	−4.32E+08	2006	601991	大唐发电	−4.95E+09
2004	600871	仪征化纤	−5.78E+09	2006	600508	上海能源	−1.92E+09
2004	600236	桂冠电力	−2.96E+09	2006	600688	上石化	−6.37E+09
2005	600726	华电能源	−1.69E+09	2006	600726	华电能源	−2.17E+09
2005	600236	桂冠电力	−3.98E+09	2006	600863	内蒙华电	−4.02E+09
2005	600795	国电电力	−4.71E+09	2006	600028	中国石化	3.36E+10

年份	公司代码	公司简称	高管贡献	年份	公司代码	公司简称	高管贡献
2006	000600	泰山石油	−2.17E＋08	2007	600292	九龙电力	1.61E＋08
2006	600583	海油工程	−1.25E＋09	2007	600508	上海能源	−1.36E＋09
2006	600900	长江电力	−4.57E＋09	2007	601857	中国石油	1.20E＋11
2006	600027	华电国际	−5.35E＋09	2008	601898	中煤能源	−2.11E＋09
2006	600871	仪征化纤	−5.06E＋09	2008	000600	泰山石油	−3.99E＋09
2006	600744	华银电力	−2.22E＋09	2008	600508	上海能源	−1.70E＋09
2006	600011	华能国际	−4.31E＋09	2008	600028	中国石化	−1.96E＋10
2006	600292	九龙电力	68586192	2008	601857	中国石油	7.01E＋10
2007	600688	上石化	−5.84E＋09	2008	600900	长江电力	−4.95E＋09
2007	600795	国电电力	−5.23E＋09	2008	600744	华银电力	−3.15E＋09
2007	600583	海油工程	−1.59E＋09	2008	600583	海油工程	−3.20E＋09
2007	600863	内蒙华电	−4.17E＋09	2008	600688	上石化	−1.37E＋10
2007	601808	中海油服	−4.39E＋09	2008	600508	上海能源	−2.15E＋09
2007	600236	桂冠电力	−2.76E＋09	2008	601808	中海油服	−5.16E＋09
2007	600744	华银电力	−2.85E＋09	2008	600726	华电能源	−2.88E＋09
2007	601898	中煤能源	−2.55E＋10	2008	601991	大唐发电	−8.86E＋09
2007	600021	上海电力	−4.75E＋09	2008	600795	国电电力	−6.94E＋09
2007	600011	华能国际	−3.69E＋09	2008	600508	上海能源	−1.99E＋09
2007	600508	上海能源	−1.43E＋09	2008	000966	长源电力	−4.72E＋09
2007	600726	华电能源	−2.41E＋09	2008	600871	仪征化纤	−7.83E＋09
2007	601991	大唐发电	−8.18E＋09	2008	600236	桂冠电力	−5.41E＋09
2007	600027	华电国际	−5.71E＋09	2008	600292	九龙电力	87749751
2007	600508	上海能源	−1.58E＋09	2008	601088	中国神华	1.26E＋10
2007	000966	长源电力	−2.11E＋09	2009	000966	长源电力	−2.08E＋09
2007	600900	长江电力	−4.46E＋09	2009	000600	泰山石油	3.00E＋08
2007	600871	仪征化纤	−5.01E＋09	2009	600795	国电电力	−6.17E＋09
2007	000600	泰山石油	−2.30E＋09	2009	600508	上海能源	−2.23E＋09
2007	600028	中国石化	3.29E＋10	2009	600292	九龙电力	−2.80E＋08

年份	公司代码	公司简称	高管贡献	年份	公司代码	公司简称	高管贡献
2009	600011	华能国际	−1.26E＋09	2010	601857	中国石油	1.25E＋11
2009	600583	海油工程	−3.66E＋09	2010	600688	上石化	−3.41E＋09
2009	600508	上海能源	−2.19E＋09	2010	600292	九龙电力	−85518838
2009	601088	中国神华	2.07E＋10	2010	600508	上海能源	−2.78E＋09
2009	600027	华电国际	−6.56E＋09	2010	600744	华银电力	−3.21E＋09
2009	601808	中海油服	−1.05E＋09	2010	000966	长源电力	−3.48E＋09
2009	601898	中煤能源	−4.20E＋09	2010	601991	大唐发电	−7.39E＋09
2009	601857	中国石油	9.02E＋10	2010	601898	中煤能源	−4.10E＋09
2009	600726	华电能源	−4.05E＋09	2010	601088	中国神华	2.37E＋10
2009	600871	仪征化纤	−3.75E＋09	2010	600795	国电电力	−7.40E＋09
2009	600688	上石化	−4.78E＋09	2010	601808	中海油服	−4.42E＋09
2009	601991	大唐发电	−7.94E＋09	2010	600236	桂冠电力	−2.97E＋09
2009	600863	内蒙华电	−3.58E＋09	2010	600508	上海能源	−2.56E＋09
2009	600744	华银电力	−3.00E＋09	2010	600021	上海电力	−5.06E＋09
2009	600021	上海电力	−4.92E＋09	2010	600028	中国石化	5.30E＋10
2009	600028	中国石化	4.71E＋10	2010	600011	华能国际	−7.80E＋09
2009	600900	长江电力	−6.23E＋09	2010	600871	仪征化纤	−4.36E＋09
2009	600236	桂冠电力	−5.70E＋08	2010	600583	海油工程	−4.63E＋09
2009	600508	上海能源	−2.38E＋09	2010	600726	华电能源	−4.09E＋09
2010	600900	长江电力	−2.59E＋09	2010	000600	泰山石油	−3.56E＋09
2010	600508	上海能源	−2.94E＋09	2010	600863	内蒙华电	−4.49E＋09

参 考 文 献

英文文献

[1] Abowd J.. Does Performance Based Managerial Compensation Affect Corporate Performance? [J]. *Industrial and Labor Relations Review*, 1990(43).

[2] Aggarwal, R., A. Samwick. Why do Managers Diversify Their Firms? Agency Reconsidered[J]. *Journal of Finance*, 2003(58).

[3] Alan Blinder. Crazy Compensation and the Crisis[N]. *The Wall Street Journal*, 2009 – 05 – 28.

[4] Bebchuk, L. A., Jesse M. Fried. Executive Compensation as an Agency Problem[J]. *Journal of Economic Perspectives*, 2003(17).

[5] Berle, A., Means G. C.. *The Modern Corporation and Private Property*[M]. Revised Edition. New York: Harvourt, Brace and World Inc., 1967.

[6] Bhattacharya N., E. L. Black, T. E. Christensen, C. R. Larson. Assessing the Relative Informativeness and Performance of Pro Forma Earnings and GAAP Operating Earnings[J]. *Journal of Accounting and Economics*, 2003(36).

[7] Brunello G., Graziano C. and Parigi B.. Executive Compensation and Firm Performance in Italy[J]. *International Journal of Industrial Organization*, 2001(19).

[8] Ciscel, David H., Thomas M. Carroll. The Determinants of

Executive Salaries: An Econometric Survey[J]. *The Review of Economics and Statistics*, 1980(62).

[9] Clark. Corporate Scandals: Is It a Problem of Bad Apples, or Is It the Barrel? [R]. National Press Club, 2003.

[10] Conyon M. J., Lerong He. Executive Compensation and CEO Equity Incentives in China's Listed Firms[R]. Cornell University ILR School, Working Paper, 2008.

[11] Core, J., W. Guay, R. Verrecchia. Are Performance Measures Other Than Price Important to CEO Incentives? [R]. University of Pennsylvania, Working Paper, 2000.

[12] Coughlan, A. T., R. M. Schmidt. Executive Compensation, Management Turnover and Firm Performance: An Empirical Investigation[J]. *Journal of Accounting and Economics*, 1985(7).

[13] David, P., R. Kochhar, E. Levitas. The Effect of Institutional Investors on the Level and Mix of CEO Compensation [J]. *Academy of Management Journal*, 1998(41).

[14] Demsetz, H., K. Lehn. The Structure of Corporate Ownership: Causes and Consequences [J]. *Journal of Political Economy*, 1985(93).

[15] Dunn, P.. The Impact of Insider Power on Fraudulent Financial Reporting[J]. *Journal of Management*, 2004(30).

[16] Fahlenbrach, Rüdiger, René M. Stulz. Managerial Ownership Dynamics and Firm Value[J]. *Journal of Financial Economics*, 2009(92).

[17] Fama Eugene F.. Agency Problems and the Theory of the Firm [J]. *The Journal of Political Economy*, 1980(88).

[18] Fama, French. Common Risk Factors in the Returns on Stocks and Bonds[J]. *Journal of Financial Economics*, 1993(33).

[19] Milton Friedman. *Monopoly and the Social Responsibility of*

Business and Labor [M]. University of Chicago Press, 2002.

[20] Frye, M.. Equity-Based Compensation for Employees: Firm Performance and Determinants [J]. *The Journal of Financial Research*, 2004(27).

[21] Gerhart, Barry, George T. Milkovich. Organizational Differences in Managerial Compensation and Financial Performance[J]. *The Academic of Management Journal*, 1990(33).

[22] Dechow P. M., R. G. Sloan. Executive Incentives and the Horizon Problem: An Empirical Investigation [J]. *Journal of Accounting and Economics*, 1991(14).

[23] Gompers P., Ishii J., Metrick A.. Extreme Governance: An Analysis of Dual-class Firms in the United States[J]. *The Review of Financial Studies*, 2010(23).

[24] Grossman, S., O. Hart. An Analysis of the Principal-Agent Problem[J]. *Econometrica*, 1983(51).

[25] Hall Brian J., Liebman Jeffrey B.. Are CEOs Really Paid Like Bureaucrats? [J]. *Quarterly Journal of Economics*, 1998(113).

[26] Haubrich Joseph. Risk Aversion, Performance Pay, and the Principal-Agent Problem [J]. *Journal of Political Economy*, 1994(102).

[27] Himmelberg, C., G. Hubbard, D. Palia. Understanding the Determinants of Managerial Ownership and the Link between Ownership and Performance[J]. *Journal of Financial Economics*, 1999(53).

[28] Hirsch, Fred. *Social Limits to Growth* [M]. Cambridge: Harvard University Press, 1976.

[29] Holderness, Clifford G., Randall S. Kroszner, Dennis P. Sheehan. Were the Good Old Days that Good? Changes in Managerial Stock Ownership since the Great Depression [J].

Journal of Finance, 1999(54).

[30] Holmstrom, B., P Milgrom. Aggregation and Linearity in the Provision of Intertemporal Incentives[J]. *Econometrica*, 1987(55).

[31] Holmstrom, B.. Moral Hazard and Observability [J]. *Bell Journal of Economics*, 1979(10).

[32] Holmstrom, B.. Managerial Incentive Problems: A Dynamic Perspective[J]. *Review of Economic Studies*, 1982(66).

[33] Ittner, C., R. Lambert, D. Larcker. The Structure and Performance Consequences of Equity Grants to Employees of New Economy Firms[J]. *Journal of Accounting and Economics*, 2003(34).

[34] Jensen M., Murphy K. J.. Performance Pay and Top-Management Incentives[J]. *Journal of Political Economy*, 1990(98).

[35] Joscow P., Rose N., Sherpard A.. Regulatory Constraints on CEO Compensation[R]. Brooking Papers: Microeconomics, 1993(6).

[36] La Porta, Rafael, Florencio Lopez-de-Silanes, Andrei Shleifer, Roberty Vishny. Investor Protection and Corporate Valuation[J], *Journal of Finance*, 2002(57).

[37] Lambert, Richard A.. The Use of Accounting and Security Price Measures of Performance in Managerial Contracts[J]. *Journal of Accounting and Economics*, 1993(16).

[38] Lewellen, W., Huntsman B.. Managerial Pay and Corporate Performance[J]. *American Economic Review*, 1970(4).

[39] McConnell, J. J., H. Servaes. Additional Evidence on Equity Ownership and Corporate Value[J]. *Journal of Financial Economics*, 1990(27).

[40] Mehran, H.. Executive Compensation Structure, Ownership, and Firm Performance [J]. *Journal of Financial Economics*, 1995(38).

[41] Mirrlees, J.. Notes on Welfare Economics, Information and

Uncertainty[R]. Essays in Equilibrium Behavior under Uncertainty, edited by Michael Balch, Daniel McFadden and Shif-yen Wu. Amsterdam: North-Holland, 1974.

[42] Mirrlees, J.. The Optimal Structure of Incentives and Authority within Organization[J]. *Bell Journal of Economics*, 1976(7).

[43] Morck, R., A. Shleifer, R. Vishny. Management Ownership and Market Valuation: An Empirical Analysis [J]. *Journal of Financial Economics*, 1988(20).

[44] Rappaport, A.. Executive Incentives vs. Corporate Growth[J]. *Harvard Business Review*, 1978(56).

[45] Richardson, Scott. Over-Investment of Free Cash Flow [J]. *Review of Accounting Studies*, 2006(11).

[46] Rosen Sherwin. Contracts and the Market for Executives[R]. In Lars Werin and Hans Wijkander, eds., Contract Economics (Blackwell, Cambridge, MA. And Oxford), 1992.

[47] Ross, S.. The Economic Theory of Agency: The Principal's Problem[J]. *American Economic Review*, 1973(63).

[48] Seifert, Bruce, Halit Gonenc, Jim Wright. The International Evidence on Performance, Investment, and Equity Ownership by Insiders and Blockholders [R]. European Management Association, Working Paper, 2002.

[49] Sesil, J., M. Kroumova, D. Kruse, J. Blasi. Broad-Based Employee Stock Options in the U. S. : Company Performance and Characteristics[R]. Rutgers University, Working Paper, 2000.

[50] Shapiro, C., J. Stiglitz. Equilibrium Unemployment as a Worker Discipline Device[J]. *American Economic Review*, 1984(74).

[51] Smith A.. *An Inquiry into the Nature and Causes of the Wealth of Nations*[M]. Fifth edition. London: Methuen and Co., Ltd., 1776.

[52] Spence, M., R. Zeckhauser. Insurance, Infermation and Individual Action[J]. *American Economic Review*, 1971(61).

[53] Taussings F. W., Baker W. S.. American Corporations and Their Executives: A Statistical Inquiry[J]. *Quarterly Journal of Economics*, 1925(40).

[54] Tosi H. L., Werner S., Katz J. P., Gomez-Mejia L. R.. How Much Does Performance Matter? A Meta-Analysis of CEO Pay Studies[J]. *Journal of Management*, 2000(26).

[55] Vuong, Q. H.. Likelihood Ratio Tests for Model Selection and Non-Nested Hypotheses[J]. *Econometrica*, 1989(57).

[56] Wilson, R.. The Structure of Incentive for Decentralization under Uncertainty[J]. *La Decision*, 1969(171).

[57] Yermack, D.. Good Timing: CEO Stock Option Awards and Company News Announcements[J]. *Journal of Finance*, 1997(52).

[58] Agrawal, Anup, Charles R. Knoeber, Theofanis Tsoulouhas. Are Outsiders Handicapped in CEO Successions? [J]. *Journal of Corporate Finance*, 2006(12).

[59] Chan, W.. External Recruitment versus Internal Promotion[J]. *Journal of Labor Economics*, 1996(14).

[60] Couglilan, A. T., Sehmidt R. M.. Executive Compensation, Management Turnover and The Firm Performance[J]. *Journal of Accounting and Economics*, 1985(28).

[61] Deepak K. Datta, James P. Guthrie. Executive Succession: Organizational Antecedents of CEO Characteristics[J]. *Strategic Management Journal*, 1994(15).

[62] Denis, D. J., D. K. Denis, A. Sarin.. Ownership Structure and Top Executive Turnover[J]. *Journal of Financial Economics*, 1997(45).

[63] Furtado, E. P. H., M. S. Rozeff. The Wealth Effects of

Company Initiated Management Changes[J]. *Journal of Financial Economics*, 1987(18).

[64] Goyal Vidhan. K., Chul W. Park. Board Leadership Structure and CEO Turnover[J]. *Journal of Corporate Finance*, 2002(8).

[65] Hambrick, D. C., Mason P.. Upper Echelons: The Organization as a Reflection of Its Top Managers[J]. *Academy of Management Review*, 1984(9).

[66] Harrison, J. R., D. L. Torres, S. Kukalis. The Changing of the Guard: Turnover and Structural Change in the Top-management Positions[J]. *Administrative Science Quarterly*, 1988(33).

[67] Huson, M. R., Malatesta P. H., R. Parrino. Managerial Succession and Firm Performance[J]. *Journal of Financial Economics*, 2004(74).

[68] Kaplan, S.. Top Executive Rewards and Firm Performance: A Comparison of Japan and the US[J]. *Journal of Political Economy*, 1994(102).

[69] Khurana, Rakesh, Nohria, Nitin. The Performance Consequences of CEO Turnover[R]. SSRN Working Paper, Harvard Business School, 2000(1).

[70] Lambert, R. A., Larcker, D. F., Weigelt, K.. The Structure of Organizational Incentives[J]. *Administrative Science Quarterly*, 1993(38).

[71] Lazear, E. P., S. Rosen. Rank-Order Tournaments as Optimum Labor Contracts[J]. *Journal of Political Economy*, 1981(89).

[72] Main, B. G., O'Reilly, C. A., Wade, J.. Top Executive Pay: Tournament or Teamwork? [J]. *Journal of Labor Economics*, 1993(11).

[73] Martin, K. J., McConnell, J. J.. Corporate Performance, Corporate Takeovers, and Management Turnover[J]. *Journal of*

Finance, 1991(46).

[74] Muravyev, A.. Turnover of Senior Managers in Russian Privatized Firms[J]. *Comparative Economic Studies*, 2003(45).

[75] Mikkelson W., M. Partch. The Decline of Takeovers and Disciplinary Managerial Turnover[J]. *Journal of Financial Economics*, 1997(44).

[76] Parrino, R.. CEO Turnover and Outside Succession: A Cross-Sectional Analysis[J]. *Journal of Financial Economics*, 1997(46).

[77] Rosen, S.. Prizes and Incentives in Elimination Tournaments[J]. *American Economic Review*, 1986(76).

[78] Tsai, W. H., J. H. Hung, Y. C. Kuo, L. Kuo. CEO Tenure in Taiwanese Family and Nonfamily Firms: An Agency Theory Perspective[J]. *Family Business Review*, 2006(19).

[79] Warner, J., R. Watts, K. Wruck. Stock Prices and Top Management Changes[J]. *Journal of Financial Economics*, 1988(20).

[80] Yermack, D.. Higher Market Valuation of Companies with a Small Board of Directors[J]. *Journal of Financial Economics*, 1996(40).

[81] Zajac, E. J., Westphal, J. D.. Who Shall Succeed? How CEO/ Board Preferences and Power Affect the Choice of New CEOs[J]. *Academy of Management Journal*, 1996(39).

[82] Alvarez-Cuadrado F., Monteiro G., Turnovsky S. J.. Habit Formation, Catching up with the Joneses, and Economic Growth [J]. *Journal of Economic Growth*, 2004(9).

[83] Tsoukis C.. Keeping up with the Joneses, Growth, and Distribution [J]. *Scottish Journal of Political Economy*, 2007(54).

[84] Abel A. B.. Asset Prices under Habit Formation and Catching up with the Joneses[J]. *American Economic Review*, 1990(80).

[85] Abel A. B.. Risk Premia and Term Premia in General Equilibrium [J]. *Journal of Monetary Economics*, 1999(43).

[86] Gali J.. Keeping up with the Joneses: Consumption Externalities, Portfolio Choice, and Asset Prices[J]. *Journal of Money, Credit and Banking*, 1994(26).

[87] Ljungqvist L., Uhlig H.. Tax Policy and Aggregate Demand Management under Catching up with the Joneses[J]. *American Economic Review*, 2000(90).

[88] Easterlin R. A.. Will Raising the Incomes of All Increase the Happiness of All? [J]. *Journal of Economic Behavior and Organization*, 1995(27).

[89] Clark A. E., Oswald A. J.. Satisfaction and Comparison Income [J]. *Journal of Public Economics*, 1996(61).

[90] Graham C., Pettinato S.. Happiness, Markets, and Democracy: Latin America in Comparative Perspective[J]. *Journal of Happiness Studies*, 2001(2).

[91] Main B. G., O'Reilly C. A., Wade J.. Top Executive Pay: Tournament or Teamwork? [J]. *Journal of Labor Economics*, 1993(11).

[92] Ang J. S., Cole R. A., Lin J. W.. Agency Costs and Ownership Structure[J]. *Journal of Finance*, 2000(55).

[93] Singh M., Davidson W. N.. Agency Costs, Ownership Structure and Corporate Governance Mechanisms[J]. *Journal of Banking & Finance*, 2003(27).

[94] Bouwman C.. The Geography of Executive Compensation[R]. Available at SSRN 2023870, 2012.

[95] Shue K.. Executive Networks and Firm Policies: Evidence from the Random Assignment of MBA Peers[J]. *Review of Financial Studies*, 2013(26).

[96] Bereskin F. L., Cicero D. C.. CEO Compensation Contagion: Evidence from an Exogenous Shock[J]. *Journal of Financial*

Economics，2013(107).

[97] Jensen M. C.. The Modern Industrial Revolution，Exit，and the Failure of Internal Control Systems[J]. *Journal of Finance*，1993(48).

[98] Yermack D.. Higher Market Valuation of Companies with a Small Board of Directors[J]. *Journal of Financial Economics*，1996(40).

中文文献

[1] 包宁,杜雯翠,王晓倩.所有制、行业垄断与高管薪酬差距——来自中国上市公司 2010 年的证据[J].经济问题探索,2012(9).

[2] 陈冬华,陈信元,万华林.国有企业中的薪酬管制与在职消费[J].经济研究,2005(2).

[3] 陈冬华.地方政府、公司治理与补贴收入——来自我国证券市场的经验证据[J].财经研究,2003(9).

[4] 陈晓,李静.地方政府财政行为在提升上市公司业绩中的作用探析[J].会计研究,2001(12).

[5] 陈信元,陈冬华,万华林,梁上坤.地区差异、薪酬管制与高管腐败[J].管理世界,2009(11).

[6] 陈旭东,谷静.上市公司高管薪酬与企业绩效的相关性研究[J].财会通讯(学术版),2008(6).

[7] 陈志广.高级管理人员报酬的实证研究[J].当代经济科学,2002(9).

[8] 谌新民,刘善敏.上市公司经营者报酬结构性差异的实证研究[J].经济研究,2003(8).

[9] 丁启军.行政垄断行业高利润来源研究——高效率,还是垄断定价?[J].产业经济研究,2010(5).

[10] 杜胜利,翟艳玲.总经理年度报酬决定因素的实证分析——以我国上市公司为例[J].管理世界,2005(8).

[11] 杜雯翠,陈玉明,高明华.内部提升、外部选拔与高管薪酬差距——基于锦标赛理论的模型研究[J].黑龙江社会科学,2012(4).

[12] 杜雯翠.中国国有上市公司监督机制对薪酬机制的替代效应研究[J].管理现代化,2012(5).

[13] 樊纲,王小鲁,朱恒鹏.中国市场化指数——各地区市场化相对进程2009年报告[M].经济科学出版社,2009.

[14] 方军雄.高管权力与企业薪酬变动的非对称性[J].经济研究,2011(4).

[15] 方军雄.我国上市公司高管的薪酬存在黏性吗?[J].经济研究,2009(3).

[16] 高明华,杜雯翠.垄断企业高管薪酬:不足还是过度?[J].学海,2010(3).

[17] 高明华,赵峰,杜雯翠.上市公司高管薪酬指数研究[J].商业研究,2011(8).

[18] 高明华.股权激励请减速缓行[J].董事会,2011(6).

[19] 高明华.国有企业改革目标:公共性还是盈利性[J].国企,2008(1).

[20] 高明华等.中国上市公司高管薪酬指数报告(2009)[M].经济科学出版社,2010.

[21] 高明华等.中国上市公司高管薪酬指数报告(2011)[M].经济科学出版社,2011.

[22] 高明华等.中国上市公司高管薪酬指数报告(2013)[M].经济科学出版社,2013.

[23] 管征.转型经济下我国城市商业银行高管薪酬影响因素分析[J].金融理论与实践,2010(7).

[24] 国家统计局.中国统计年鉴(2001～2010)[M].中国统计出版社,2001～2010.

[25] 过勇,胡鞍钢.行政垄断、寻租与腐败——转型经济的腐败机理分析[J].经济社会体制比较,2003(2).

[26] 韩朝华,周晓艳.国有企业利润的主要来源及其社会福利含义[J].

中国工业经济,2009(6).

[27] 郝洪,杨令飞.国资委经济增加值(EVA)考核指标解读[J].国际石油经济,2010(4).

[28] 胡鞍钢.腐败:中国最大的社会污染[J].国际经济评论,2001(2).

[29] [美]库尔特·勒布,托马斯·盖尔·穆尔.斯蒂格勒论文精萃[M].商务印书馆,1999.

[30] 李俊杰.我国垄断国企改革研究[D].中央财经大学博士论文,2008.

[31] 李琦.上市公司高级经理人薪酬影响因素分析[J].经济科学,2003(6).

[32] 李燕萍,孙红,张银.高管报酬激励、战略并购重组与公司绩效——来自中国A股上市公司的实证[J].管理世界,2008(12).

[33] 李由.公司制度论[M].北京师范大学出版社,2003.

[34] 李增泉.激励机制与企业绩效——一项基于上市公司的实证研究[J].会计研究,2000(1).

[35] 林俊清,黄祖辉,孙永祥.高管团队内薪酬差距、公司绩效和治理结构[J].经济研究,2003(4).

[36] 刘凤委,孙铮,李增泉.政府干预、行业竞争与薪酬契约——来自国有上市公司的经验证据[J].管理世界,2007(9).

[37] 刘浩.政府补助的会计制度变迁路径研究[J].当代经济科学,2002(2).

[38] 刘芍佳,李骥.超产权论与企业绩效[J].经济研究,1998(8).

[39] 刘迎秋,韩强,郭宏宇,吕凤勇.利率、债务率、汇率与经济增长[M].中国社会科学出版社,2010.

[40] 刘志彪,姜付秀.我国产业行政垄断的制度成本估计[J].江海学刊,2003(1).

[41] 罗宏,黄文华.国企分红、在职消费与公司业绩[J].管理世界,2008(9).

[42] 吕长江,赵宇恒.国有企业管理者激励效应研究——基于管理者权力的解释[J].管理世界,2008(11).

[43] 宁向东.公司治理理论(第2版)[M].中国发展出版社,2006.

[44] 邱均平.信息计量学[M].武汉大学出版社,2007.

[45] 邵平,刘林,孔爱国.高管薪酬与公司业绩的敏感性因素分析——金融业的证据(2000~2005年)[J].财经研究,2008(1).

[46] 石淑华.行政垄断的经济学分析[M].社会科学文献出版社,2006.

[47] 唐清泉,朱瑞华,甄丽明.我国高管人员报酬激励制度的有效性——基于沪深上市公司的实证研究[J].当代经济管理,2008(2).

[48] 天则经济研究所.中国经济的市场竞争状况:评估及政策建议[R].2011.

[49] 王克敏,王志超.高管控制权、报酬与盈余管理——基于中国上市公司的实证研究[J].管理世界,2007(7).

[50] 王学庆.垄断性行业的政府管制问题研究[J].管理世界,2003(8).

[51] 魏刚.高级管理层激励与上市公司经营绩效[J].经济研究,2000(3).

[52] 吴敬琏.当代中国经济改革[M].上海远东出版社,2004.

[53] 武治国,朱贵云.上市商业银行高管薪酬和经营绩效研究——基于五家上市商业银行2001~2006年面板数据[J].税务与经济,2008(3).

[54] 辛清泉,林斌,王彦超.政府控制、经理薪酬与资本投资[J].经济研究,2007(8).

[55] 辛清泉,谭伟强.市场化改革、企业业绩与国有企业经理薪酬[J].经济研究,2009(11).

[56] 徐勇.商业银行高管薪酬业绩敏感度的实证研究[J].金融发展研究,2009(4).

[57] 严海宁,汪红梅.国有企业利润来源解析:行政垄断抑或技术创新[J].改革,2009(11).

[58] 杨涛.从中石化又获补贴看制度缺陷[J].经济导刊,2008(4).

[59] 张俊瑞,赵静文,张建.高级管理层激励与上市公司经营绩效相关性实证分析[J].会计研究,2003(9).

[60] 章迪诚.中国国有企业改革编年史(1978~2005)[M].中国工人出

版社,2006.

[61] 赵峰,杜雯翠.中国上市公司高管薪酬指数发布会暨公司高管薪酬研讨会观点综述[J].经济研究参考,2010(48).

[62] 赵文红,李垣.中国国企经营者"在职消费"行为探讨[J].经济体制改革,1998(5).

[63] 郑玉歆,李玉红.工业新增利润来源及其影响因素:基于企业数据的经验研究[J].中国工业经济,2007(12).

[64] CCER"中国经济观察"研究组.我国资本回报率估测(1978～2006)——新一轮投资增长和经济景气微观基础[J].经济学(季刊),2007(3).

[65] 周建波,孙菊生.经营者股权激励的治理效应研究——来自中国上市公司的经验证据[J].经济研究,2003(5).

[66] 朱明秀.上市商业银行高管薪酬差距的影响因素[J].金融论坛,2010(4).

[67] 杜兴强,周泽.高管变更、继任来源与盈余管理[J].当代经济科学,2010(1).

[68] 龚玉池.公司绩效与高层更换[J].经济研究,2001(10).

[69] 姜跃龙.具有政府背景的高管继任影响公司价值吗?——托宾 Q 值视角下的解读[J].中山大学研究生学刊,2008(1).

[70] 柯江林,张必武,孙健敏.上市公司总经理更换、高管团队重组与企业绩效改进[J].南开管理评论,2007(3).

[71] 李新春,苏晓华.总经理继任:西方的理论和我国的实践[J].管理世界,2001(4).

[72] 林俊清,黄祖辉,孙永祥.高管团队内薪酬差距、公司绩效和治理结构[J].经济研究,2003(4).

[73] 刘星,蒋荣.中国上市公司 CEO 继任特征与公司业绩变化关系的实证研究[J].管理科学,2006(6).

[74] 马磊,辛立国.公司业绩、董事会特征与高管更换[J].产业经济评论,2008(4).

[75] 辛立国,马磊.上市公司高管继任模式选择的实证研究[J].产业经济评论,2009(12).

[76] 张必武,石金涛.总经理更换与高管团队的稳定性研究——来自中国上市公司的经验证据[J].财经研究,2006(1).

[77] 朱红军.高级管理人员更换与经营业绩[J].经济科学,2004(4).

[78] 赵奉军.收入与幸福关系的经济学考察[J].财经研究,2004(5).

[79] 田国强,杨立岩.对"幸福—收入之谜"的一个解答[J].经济研究,2006(11).

[80] 罗楚亮.城乡分割、就业状况与主观幸福感差异[J].经济学(季刊),2006(3).

[81] 罗楚亮.绝对收入、相对收入与主观幸福感——来自中国城乡住户调查数据的经验分析[J].财经研究,2009(11).

[82] 林俊清,黄祖辉,孙永祥.高管团队内薪酬差距、公司绩效和治理结构[J].经济研究,2003(4).

[83] 鲁海帆.高管团队内部货币薪酬差距与公司业绩关系研究——来自中国 A 股市场的经验证据[J].南方经济,2007(4).

[84] 葛伟,高明华.职位补偿、攀比效应与高管薪酬差距——以中国上市公司为例[J].经济经纬,2013(1).

[85] 张丽平,杨兴全,陈旭东.管理者权力、内部薪酬差距与公司价值[J].经济与管理研究,2013(5).

[86] 李实,刘小玄.攀比行为和攀比效应[J].经济研究,1986(8).

[87] 杜雯翠,高明华.市场结构、企业家能力与经营绩效——来自中国上市公司的经验证据[J].浙江工商大学学报,2013(1).

[88] 李明辉.股权结构、公司治理对股权代理成本的影响[J].金融研究,2009(2).

[89] 曾庆生,陈信元.何种内部治理机制影响了公司权益代理成本[J].财经研究,2006(2).

[90] 肖作平,陈德胜.公司治理结构对代理成本的影响[J].财贸经济,2006(10).

[91] 李寿喜. 产权、代理成本和代理效率[J]. 经济研究,2007(1).

[92] 高雷,宋顺林. 治理环境、治理结构与代理成本[J]. 经济评论, 2007(3).

后　　记

本书根据我的博士论文整理而成,同时收录了我博士毕业后在国有企业高管薪酬、垄断行业高管薪酬方面的几篇论文,它既是对我博士论文的再次检验,也是我对国有垄断企业高管薪酬问题的深入思考。

书稿即将完成,此刻,我心中充满感激。

感谢我的母校北京师范大学。2002年,我19岁,作为师大百年校庆后迎来的第一批新生,充满期待地踏进师大。2012年,我29岁,带着师大给予我的知识学问和处世哲学离开师大。整整十年,生命中最宝贵的青春时光在师大度过,人生中最重要的处事道理在师大学会。

感谢我的导师高明华教授。是高老师将我带进公司治理的研究领域,他多年来的悉心栽培和谆谆教导使我成长。高老师教给我的不仅是丰富的经济学知识,更多的是审慎的研究方法和严谨的治学精神。感触最深的是高老师每周二晚的读书会,2006年至今,我已经参加过上百次读书会。至今,我还记得第一次参加读书会时忐忑的心情,第一次在读书会上发言时泛红的双颊,第一次在读书会上介绍论文前认真的准备。正是这种学术氛围和无形压力,使我渐渐从青涩走向成熟。衷心感谢高老师,如果不是高老师七年来的精心培养,我至今还只是块顽石。今天的每一点成就,未来的每一分收获,都是高老师教诲的成果。

感谢我的同门。在读书会上,各位同门对我的每篇论文、每份报告提出了宝贵意见,他们的发言给了我很多启发,让我汲取了各方面的知识。

本书并不是终点,而是起点。我会以这本书稿为始,在今后的学习和工作中继续努力。

杜雯翠

2015年3月

图书在版编目(CIP)数据

国有垄断企业改革与高管薪酬/杜雯翠著. —上海：
东方出版中心,2016.1
(公司治理与国企改革研究丛书)
ISBN 978 - 7 - 5473 - 0893 - 6

Ⅰ.①国… Ⅱ.①杜… Ⅲ.①国有企业-垄断组织-
企业改革-研究-中国 Ⅳ.①F279.241

中国版本图书馆 CIP 数据核字(2015)第 291593 号

责任编辑　孟　芳
封面设计　郁　悦

国有垄断企业改革与高管薪酬

出版发行：东方出版中心
地　　址：上海市仙霞路 345 号
电　　话：62417400
邮政编码：200336
经　　销：全国新华书店
印　　刷：常熟新骅印刷有限公司
开　　本：710×1020 毫米　1/16
字　　数：220 千字
印　　张：17.25　插页 2
版　　次：2016 年 1 月第 1 版第 1 次印刷
ISBN 978 - 7 - 5473 - 0893 - 6
定　　价：52.00 元

东方出版中心邮购部　电话：(021)52069798